AF538171

HENRI PURNELL

DAS HÄKELBUCH

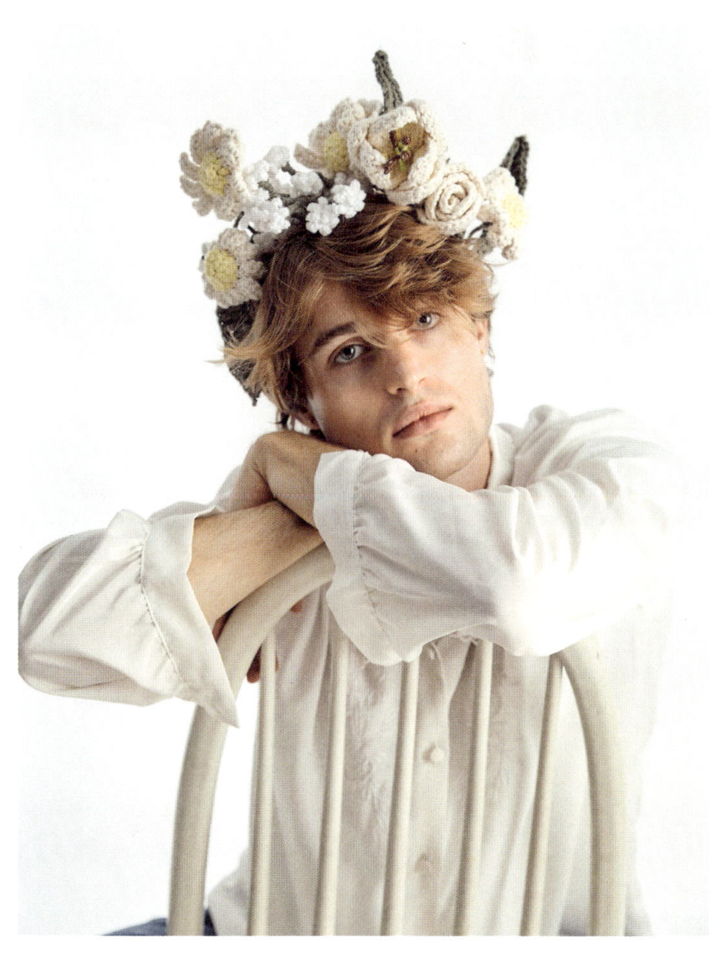

ÜBER DIESES BUCH

2020 entdeckte ich im Lockdown das Häkeln für mich und seither konnte ich die Häkelnadel nicht still liegen lassen. Über die zwei Jahre sammelten sich viele schöne Häkelprojekte an.

HÄKELN – EIN HOBBY, EINE LEIDENSCHAFT, EINE THERAPIE.

Häkeln ist ein Handwerk, eine Kunst und steht für viel mehr als nur veraltete und verstaubte Vorurteile. Seien es Amigurumi-Figuren, Einrichtungsgegenstände, Accessoires, Klamotten oder sogar Kostüme – dies alles lässt sich mit etwas Garn und einer Häkelnadel kreieren.

Als Musiker liebe ich es, kreativ zu sein und meine Leidenschaften zu kombinieren. Mein Ziel: Häkeln neu zu erfinden, cool zu machen und vor allem Menschen zu inspirieren. Tauche nun ein in meine Häkelwelt und entdecke 28 vielfältige und kreative Häkelprojekte.

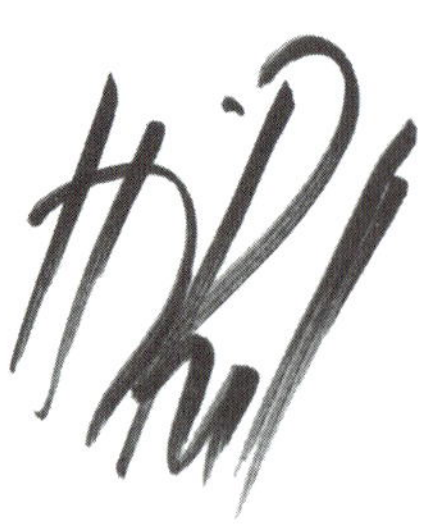

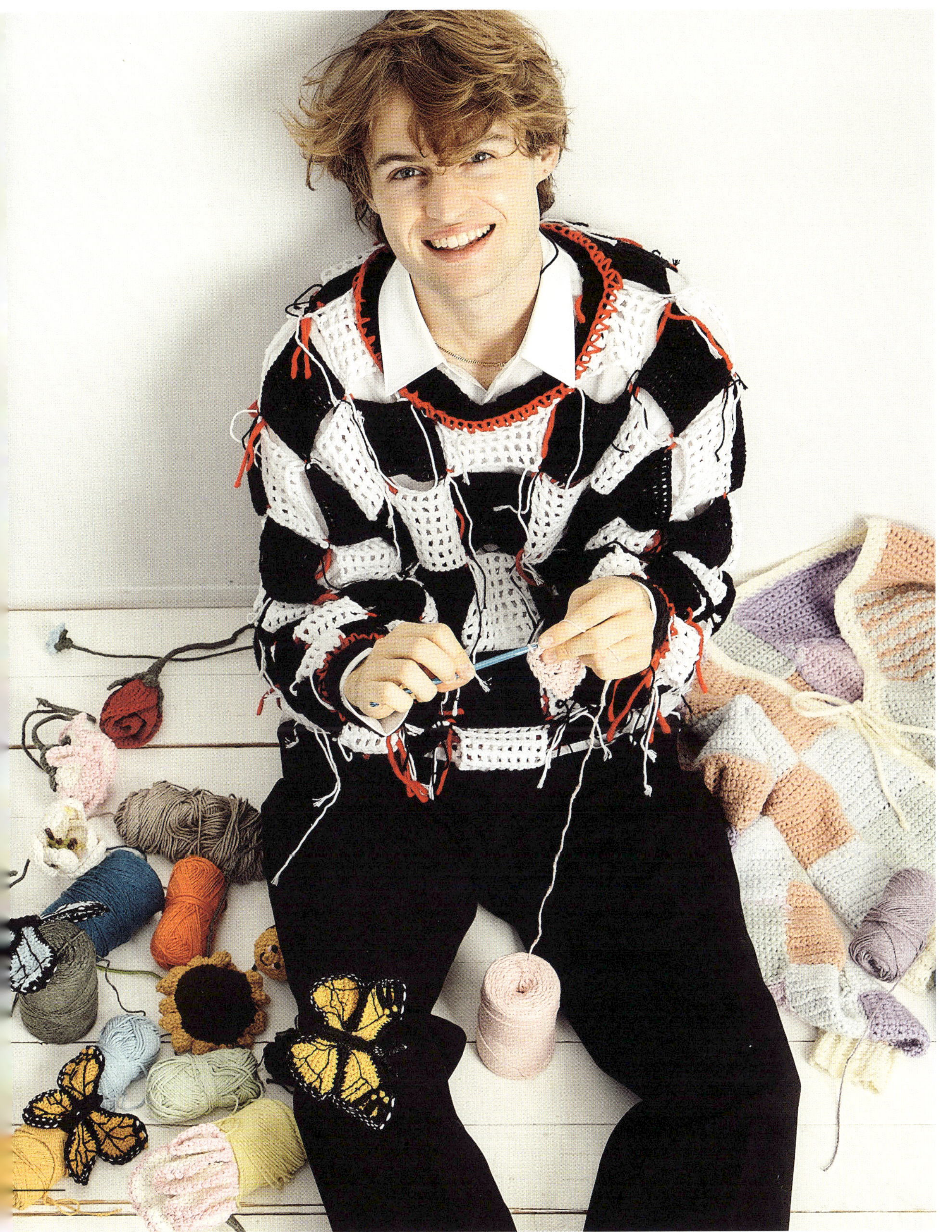

FLOWER POWER

12 TULIP

14 SUNFLOWER

17 LAVENDER

18 ROSE

20 DAFFODIL

23 DAISY

24 LILY

26 CARNATION

29 BABY'S BREATH

30 FORGET-ME-NOT

32 TINY BEE

34 BUTTERFLY

37 LEAF

38 FLOWER BOUQUET

39 FLOWER CROWN

PIECES FOR MY BESTIES

42 WAVE SUMMER DRESS
50 WAVE SUMMER TOP
54 BEAUTIFUL DAY SWEATER
60 HARRY STYLES CARDIGAN BUT CUTER
66 FLORAL LACE PANTS
72 M.I.A. SWEATER
78 ICED COFFEE SWEATER VEST

GET THE LOOK

86 CHECKERED BAG
92 CHECKERED BEANIE
96 CHECKERED FINGERLESS GLOVES
100 WAVY ACID BAG
104 SMILEY BAG
108 FORGET-ME-NOT BOOKMARK
110 SLUSHY BOOKMARK
112 STARRY NIGHT BAG
118 BLUE EYE BAG

122 GOOD TO KNOW
132 HENRI PURNELL
134 DANKE!
136 MAKING-OF

FLOWER

POWER

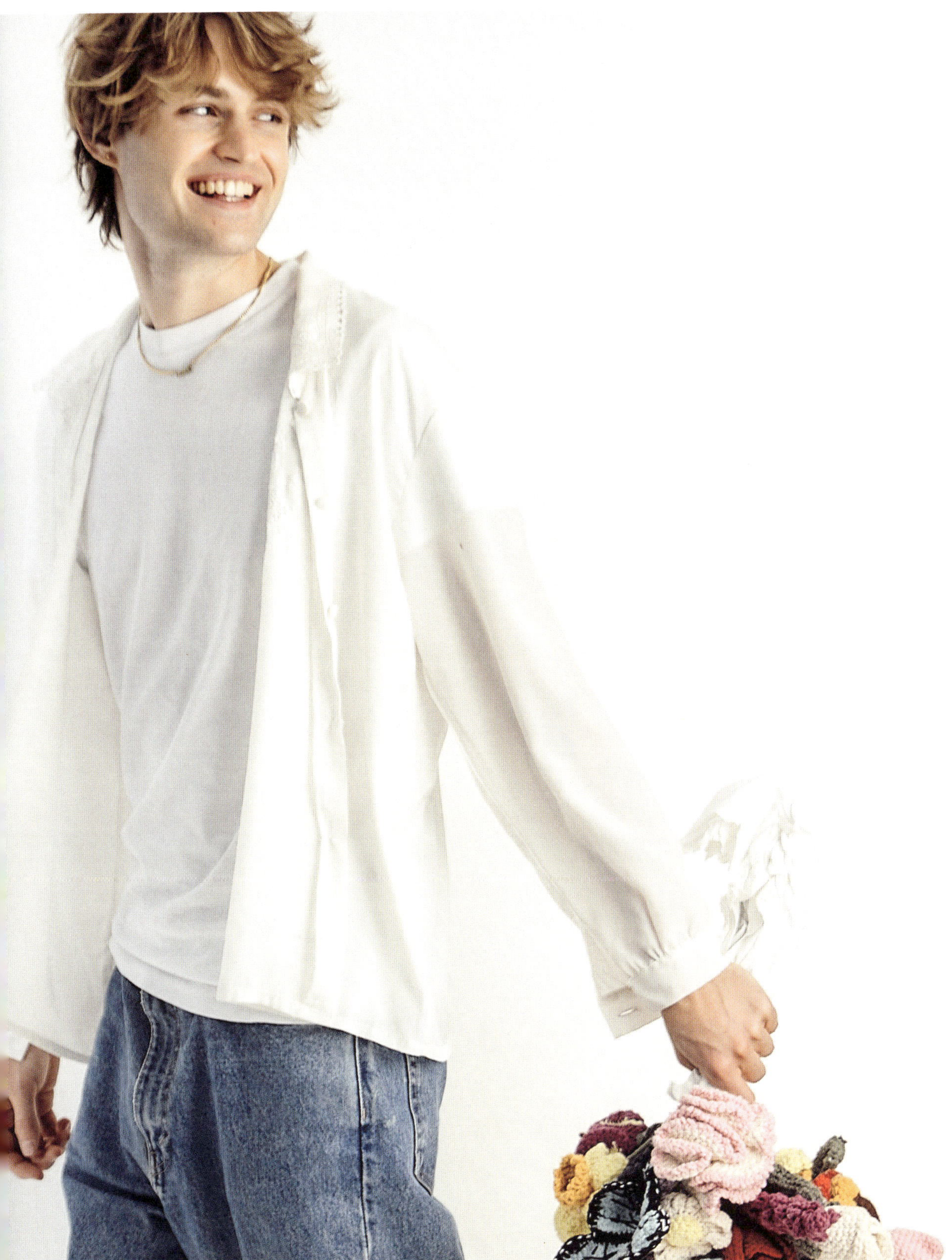

TULIP

MATERIAL

- Hoooked Eco Barbante (80 % recycelte Baumwolle, 20 % andere Fasern, LL 200 m/200 g) in Rosa und Grün, je 50 g oder Reste
- Häkelnadel 4,0 mm
- Schere
- Füllwatte
- Wollnadel
- Draht, ø 1,1 mm
- Heißkleber

Die Blüte ist ca. 6 cm und die fertige Tulpe ca. 30 cm groß. Die Anleitung für das Blatt findest du auf Seite 37.

ANLEITUNG

BLÜTE

Beginne mit Rosa.

Rd 0: Einen Magic-Ring anfertigen.
Rd 1: Häkle 6 fM in den Ring, ziehe nun den Faden fest an und schließe die Rd mit 1 Km in die 1. fM (= 6 fM). Überhäkle dann den Anfangsfaden mit den folgenden Rd.
Rd 2: 1 Steige-Lm, fM häkeln, dabei je 2 fM in jede M der Vor-Rd, 1 Km in die 1. fM der Rd (= 12 fM).
Rd 3: 1 Steige-Lm, fM häkeln, dabei je 2 fM in jede 2. M, 1 Km (= 18 fM).
Rd 4: 1 Steige-Lm, fM häkeln, dabei je 2 fM in jede 3. M, 1 Km (= 24 fM).
Rd 5-12: 1 Steige-Lm, 24 fM, 1 Km (= 24 fM).

Schneide das Garn nach ca. 25 cm ab und ziehe es durch die Schlinge, aber vernähe es nicht.
Stopfe die Blüte leicht mit Füllwatte aus. Forme mit Hilfe deiner Finger die Blütenspitze zu einem Kreuz, sodass 4 Zacken entstehen und sich die Seiten in der Mitte der Blüte treffen. Schließe mit deiner Wollnd und dem 25 cm langen Faden die obere Öffnung der Blüte, sodass das Kreuz bestehen bleibt.

BLÜTENSTÄNGEL

Schneide ein etwa 60 cm langes Stück Draht ab und biege diesen in der Mitte in zwei gleich große Hälften. Nun füge etwas Heißkleber auf das zusammengefaltete Ende und steche es mittig in die Unterseite der Blüte. Klebe danach das grüne Garn mit Heißkleber knapp unterhalb der Blüte am Draht fest und wickle es dicht um beide Drahtenden, die aus der Blüte herausragen, bis du das Ende des Blütenstängels erreicht hast. Schneide das grüne Garn ab und befestige es mit Heißkleber am unteren Ende des Drahtes.

Falls du hier ein Video-Tutorial benötigst, dann schaue doch gerne hier vorbei: https://youtu.be/JuETRcV8EGI

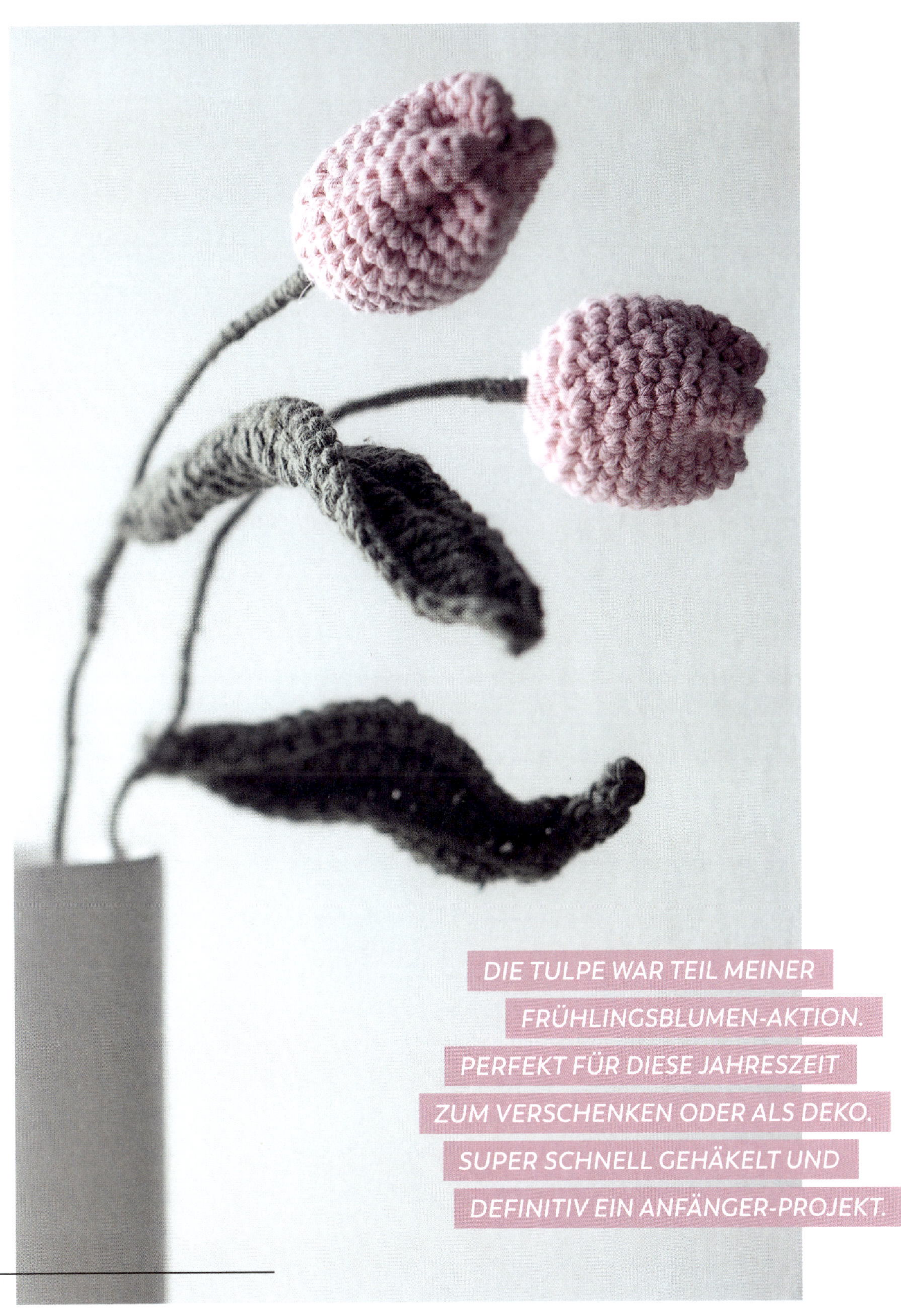

DIE TULPE WAR TEIL MEINER
FRÜHLINGSBLUMEN-AKTION.
PERFEKT FÜR DIESE JAHRESZEIT
ZUM VERSCHENKEN ODER ALS DEKO.
SUPER SCHNELL GEHÄKELT UND
DEFINITIV EIN ANFÄNGER-PROJEKT.

SUNFLOWER

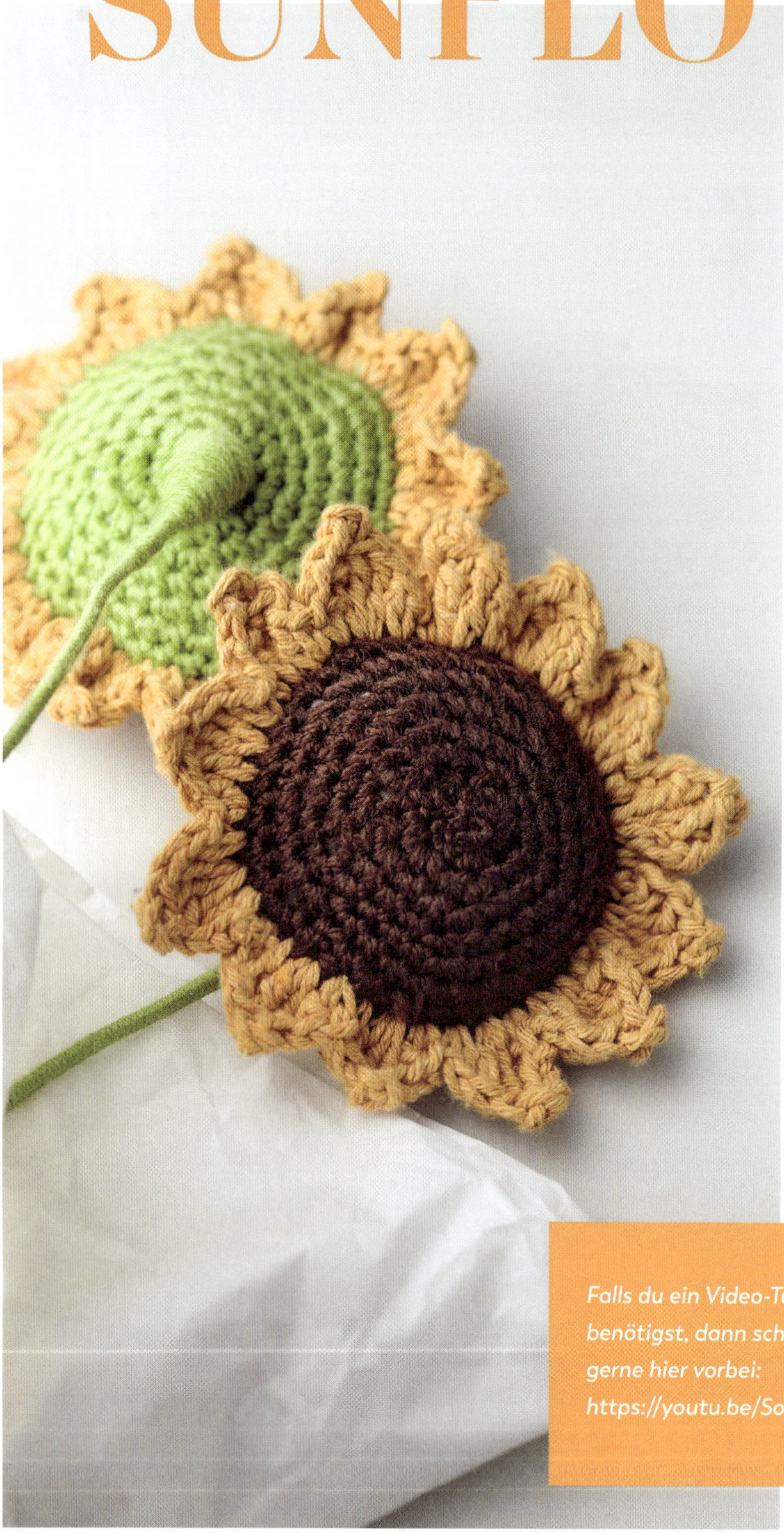

MATERIAL

- Hoooked Eco Barbante (80 % recycelte Baumwolle, 20 % andere Fasern, LL 200 m/200 g) in Braun, Gelb und Grün, je 50 g oder Reste
- Häkelnadel 4,0 mm
- Schere
- Füllwatte
- Wollnadel
- Draht, ø 1,1 mm
- Heißkleber

Die Blüte ist ca. 12 cm im Durchmesser und die fertige Sonnenblume ca. 40 cm groß.

Falls du ein Video-Tutorial benötigst, dann schaue doch gerne hier vorbei: https://youtu.be/SokI5UnE5QO

ANLEITUNG

BLÜTE

Häkle das vordere Mittelteil in Braun.

Rd 0: Einen Magic-Ring anfertigen.
Rd 1: Häkle 6 fM in den Ring, ziehe nun den Faden fest an und schließe die Rd mit 1 Km in die 1. fM (= 6 fM). Überhäkle dann den Anfangsfaden mit den folgenden Rd.
Rd 2: 1 Steige-Lm, je 2 fM in jede M der Vor-Rd, 1 Km in die 1. fM der Rd (= 12 fM).
Rd 3: 1 Steige-Lm, fM häkeln, dabei je 2 fM in jede 2. M, 1 Km (= 18 fM).
Rd 4: 1 Steige-Lm, fM häkeln, dabei je 2 fM in jede 3. M, 1 Km (= 24 fM).
Rd 5: 1 Steige-Lm, fM häkeln, dabei je 2 fM in jede 4. M, 1 Km (= 30 fM).
Rd 6: 1 Steige-Lm, fM häkeln, dabei je 2 fM in jede 5. M, 1 Km (= 36 fM).
Rd 7: 1 Steige-Lm, fM häkeln, dabei je 2 fM in jede 6. M, 1 Km (= 42 fM).
Rd 8: 1 Steige-Lm, in jede fM der Vor-Rd 1 fM häkeln, 1 Km (= 42 fM).

Schneide das Garn ab, ziehe es durch die Schlinge und vernähe es.
Häkle nun das hintere Mittelteil genauso, jedoch in Grün.
Vernähe nun alle Fäden mit der Wollnd.

DIE SONNENBLUME IST MEINE ABSOLUTE LIEBLINGSBLUME. SCHON ALS KIND WAR ICH BEGEISTERT VON DER GROSSEN BLÜTE UND VOR ALLEM AUCH VON DEN KERNEN UND DEM BROT. DIESE BLUME IST ETWAS GRÖSSER, JEDOCH SCHNELL UND EINFACH GEHÄKELT.

BLÜTENBLÄTTER

Lege nun die beiden Mittelteile (in Braun und Grün) aufeinander und führe die Häkelnd durch beide M (in Braun und Grün) des jeweiligen Mittelteils hindurch. Verbinde beide Teile mit 1 Km in Gelb.

Blatt 1: 1 fM und 1 Stb in die ersten beiden M (in Braun und Grün) der Mittelteile, in die nächsten beiden M der Mittelteile 2 DStb, 2 Lm, 1 Km in das obere Maschenglied des gerade gearbeiteten DStb und 1 weiteres DStb, in die folgenden beiden M der Mittelteile 1 Stb und 1 fM häkeln.
Blatt 2-11: Jeweils in die folgenden beiden M der Mittelteile 1 fM und 1 Stb, in die nächsten beiden M der Mittelteile 2 DStb, 2 Lm, 1 Km in das obere Maschenglied des gerade gearbeiteten DStb und 1 weiteres DStb, in die folgenden beiden M der Mittelteile 1 Stb und 1 fM häkeln.

Stopfe nun das Mittelteil mit etwas Füllwatte aus.

Blatt 12-14: Wie Blatt 2-11 häkeln und nach Beendigung des letzten Blütenblattes die Rd mit 1 Km schließen.

BLÜTENSTÄNGEL

Schneide ein etwa 60 cm langes Stück Draht ab und biege diesen in der Mitte in zwei gleich große Hälften. Nun füge etwas Heißkleber auf das zusammengefaltete Ende und steche es von unten seitlich in die Mitte der Blüte. Klebe danach das grüne Garn mit Heißkleber knapp unterhalb der Blüte am Draht fest und wickle es dicht um beide Drahtenden, die aus der Blüte herausragen, bis du das Ende des Blütenstängels erreicht hast. Schneide das grüne Garn ab und befestige es mit Heißkleber am unteren Ende des Drahtes.

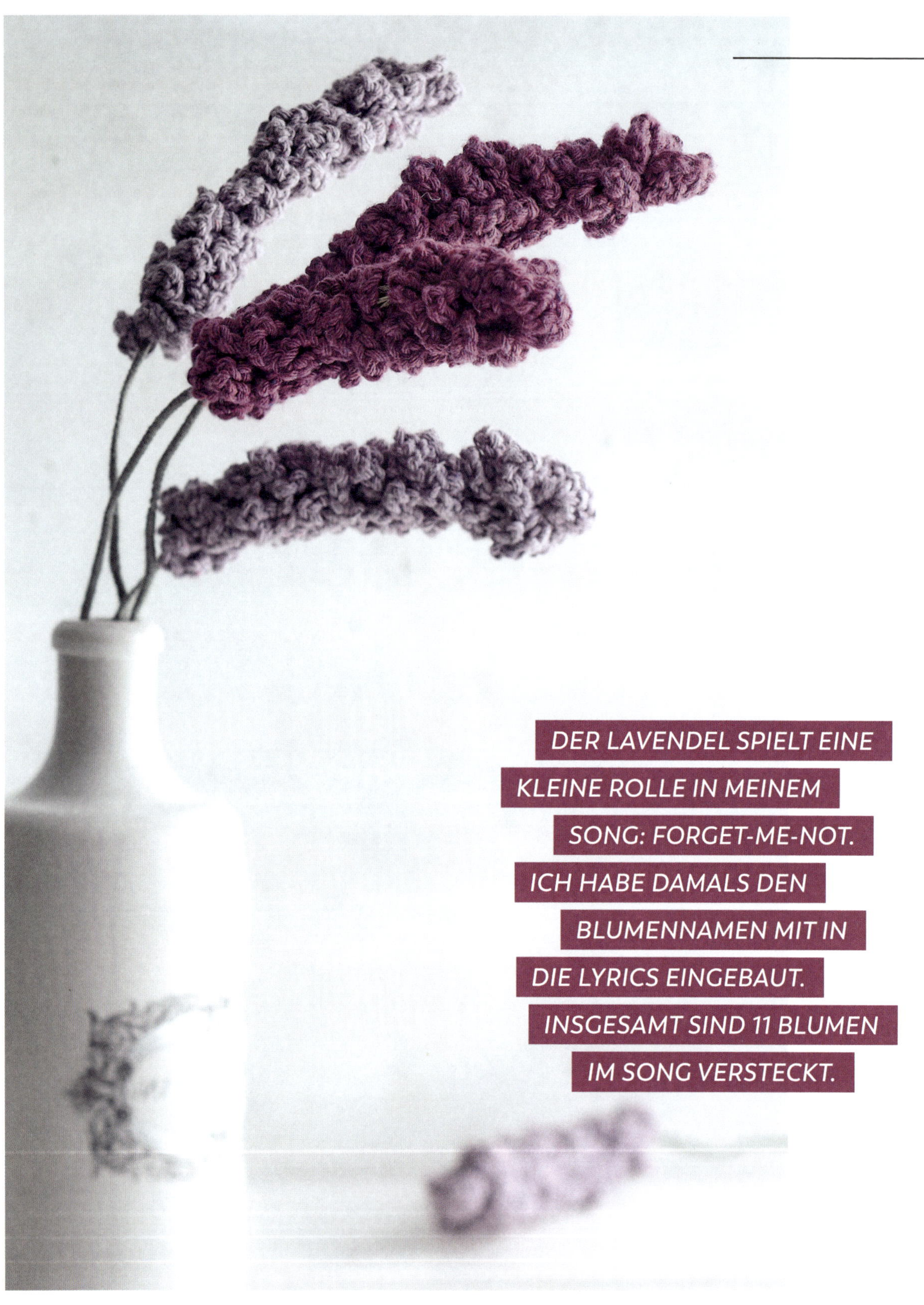

DER LAVENDEL SPIELT EINE KLEINE ROLLE IN MEINEM SONG: FORGET-ME-NOT. ICH HABE DAMALS DEN BLUMENNAMEN MIT IN DIE LYRICS EINGEBAUT. INSGESAMT SIND 11 BLUMEN IM SONG VERSTECKT.

LAVENDER

Falls du hierfür ein Video-Tutorial benötigst, dann schaue doch gerne hier vorbei: https://youtu.be/ZzTdWfziNIO

MATERIAL

- Hoooked Eco Barbante (80 % recycelte Baumwolle, 20 % andere Fasern, LL 200 m/200 g) in Lila und Grün, je 50 g oder Reste
- Häkelnadel 4,0 mm
- Schere
- Wollnadel
- Draht, ø 1,1 mm
- Heißkleber

Die Blüte ist ca. 15 cm und der fertige Lavendel ca. 30 cm groß.

ANLEITUNG

LAVENDELBLÜTE

Beginne mit Lila.

R 0: Schlage 55 Lm an.
R 1: 3 Steige-Lm, 4 Stb in die 4. Lm von der Nd aus, 3 Lm, 1 Km wieder in die 4. Lm, * 1 Km, 7 Lm und 1 Km in die folgende Lm, ab * bis zum Ende der R fortlaufend wdh. Schneide den Faden ab, ziehe ihn durch die Schlinge und vernähe ihn.

BLÜTENSTÄNGEL

Schneide ein etwa 60 cm langes Stück Draht ab und biege diesen in der Mitte in zwei gleich große Hälften. Klebe danach das grüne Garn mit Heißkleber auf das zusammengefaltete Ende und wickle es dicht um beide Drähte, bis du das Ende des Blütenstängels erreicht hast. Schneide das grüne Garn ab und befestige es mit Heißkleber am unteren Ende des Drahtes. Befestige nun mit Heißkleber das erste Blütenblatt der Lavendelspirale am oberen Ende des Drahtes. Wickle die Lavendelspirale um den Draht und klebe diese nach und nach mit Heißkleber fest.

HÖRE DOCH BEI GELEGENHEIT IN DEN SONG HINEIN:

https://hibesties.bfan.link/henripurnell-forget-me-not

ROSE

MATERIAL

- Hoooked Eco Barbante (80 % recycelte Baumwolle, 20 % andere Fasern, LL 200 m/200 g) in Rot und Grün, je 50 g oder Reste
- Häkelnadel 4,0 mm
- Schere
- Wollnadel
- Draht, ø 1,1 mm
- Heißkleber

Die offene Blüte ist ca. 9 cm, die geschlossene kleinere Blüte ca. 7 cm und die fertige Rose ca. 35 cm groß.

ANLEITUNG

KLEINES ROSENBLATT (3x)

Beginne mit Rot.

Rd 0: Einen Magic-Ring anfertigen.
Rd 1: Häkle 6 fM in den Ring, ziehe nun den Faden fest an und schließe die Rd mit 1 Km in die 1. fM (= 6 fM). Überhäkle dann den Anfangsfaden mit den folgenden Rd.
Rd 2: 1 Steige-Lm, je 2 fM in jede M der Vor-Rd, 1 Km in die 1. fM der Rd (= 12 fM).
Rd 3: 1 Steige-Lm, fM häkeln, dabei je 2 fM in jede 2. M, 1 Km (= 18 fM).
Rd 4: 1 Steige-Lm, fM häkeln, dabei je 2 fM in jede 3. M, 1 Km (= 24 fM).
Rd 5: 1 Steige-Lm, fM häkeln, dabei je 2 fM in jede 4. M, 1 Km (= 30 fM).

Schlage noch 4 Lm zusätzlich an, schneide das Garn nach ca. 25 cm ab und ziehe es durch die Schlinge, aber vernähe es nicht.

GROSSES ROSENBLATT (2x)

Beginne mit Rot.

Rd 0: Einen Magic-Ring anfertigen.
Rd 1: Häkle 6 fM in den Ring, ziehe nun den Faden fest an und schließe die Rd mit 1 Km in die 1. fM (= 6 fM). Überhäkle dann den Anfangsfaden mit den folgenden Rd.
Rd 2: 1 Steige-Lm, je 2 fM in jede M der Vor-Rd, 1 Km in die 1. fM der Rd (= 12 fM).
Rd 3: 1 Steige-Lm, fM häkeln, dabei je 2 fM in jede 2. M, 1 Km (= 18 fM).
Rd 4: 1 Steige-Lm, fM häkeln, dabei je 2 fM in jede 3. M, 1 Km (= 24 fM).
Rd 5: 1 Steige-Lm, fM häkeln, dabei je 2 fM in jede 4. M, 1 Km (= 30 fM).
Rd 6: 1 Steige-Lm, fM häkeln, dabei je 3 fM in jede 8. M und je 2 fM in jede 9. M, 1 Km (= 39 fM).

Schlage noch 4 Lm zusätzlich an und häkle 1 DStb in die letzte Km. Schneide das Garn nach ca. 25 cm ab und ziehe es durch die Schlinge, aber vernähe es nicht.

Falls du hierfür ein Video-Tutorial benötigst, dann schaue doch gerne hier vorbei: https://youtu.be/k3AMSwFo0GM

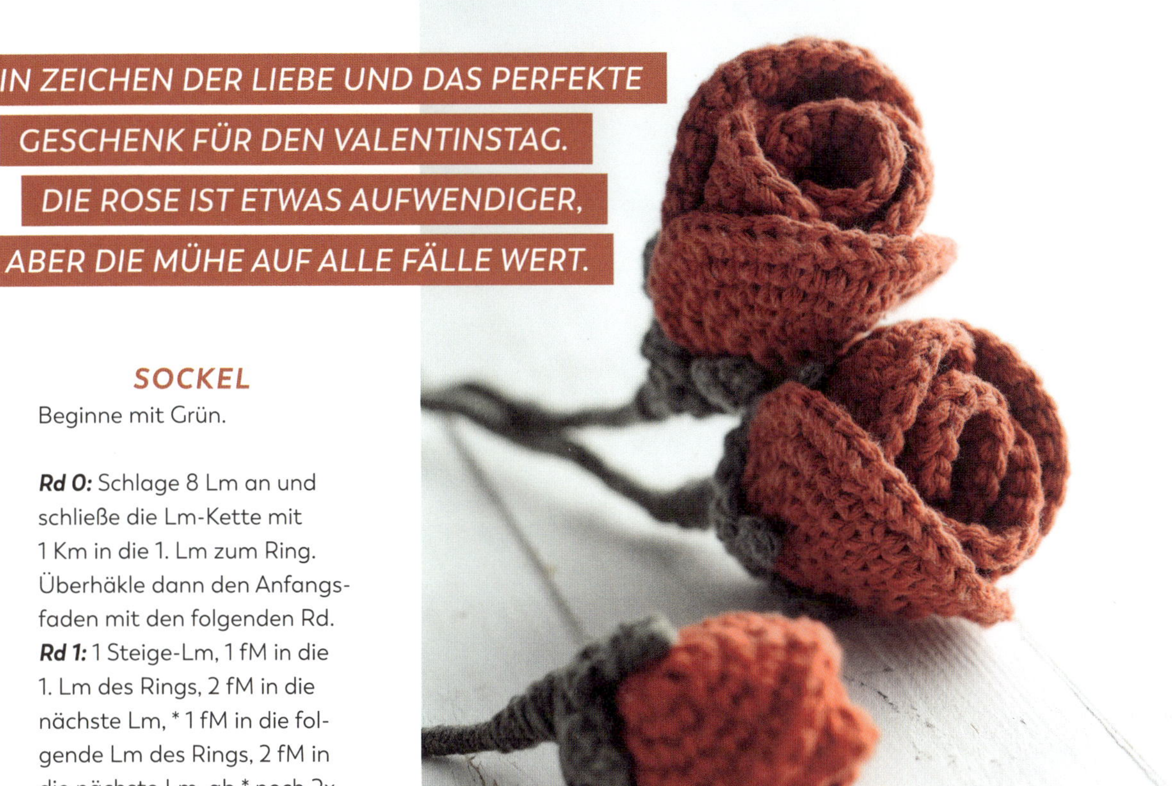

EIN ZEICHEN DER LIEBE UND DAS PERFEKTE GESCHENK FÜR DEN VALENTINSTAG. DIE ROSE IST ETWAS AUFWENDIGER, ABER DIE MÜHE AUF ALLE FÄLLE WERT.

SOCKEL

Beginne mit Grün.

Rd 0: Schlage 8 Lm an und schließe die Lm-Kette mit 1 Km in die 1. Lm zum Ring. Überhäkle dann den Anfangsfaden mit den folgenden Rd.
Rd 1: 1 Steige-Lm, 1 fM in die 1. Lm des Rings, 2 fM in die nächste Lm, * 1 fM in die folgende Lm des Rings, 2 fM in die nächste Lm, ab * noch 2x wdh und die Rd mit 1 Km in die 1. fM schließen (= 12 fM).
Rd 2: 1 Steige-Lm, je 1 fM in jede M der Vor-Rd und die Rd mit 1 Km in die 1. fM schließen (= 12 fM).
Rd 3: * 5 Lm, 1 Km in die 2. Lm von der Nd aus, 1 fM, 1 hStb, 1 fM in die folgenden 3 Lm, 1 Km in die folgende fM der 2. Rd, je 1 Km in die folgenden beiden fM der 2. Rd, ab * noch 3x wdh und die Rd mit 1 Km schließen. Den Faden abschneiden, durch die Schlinge ziehen und mit der Wollnd vernähen.

ROSENBLÜTE

Rolle dein erstes kleines Blütenblatt seitlich ein und fixiere es mit Heißkleber. Nun lege die weiteren beiden kleinen Blütenblätter fächerförmig um die Blütenmitte und klebe diese mit Heißkleber fest. Überklebe die Lücken der ersten Blütenreihe fächerförmig mit den großen Blütenblättern. Achte darauf, dass alle Endfäden nach unten zeigen. Führe diese durch das Loch im Sockel, schiebe ihn dicht an die Unterseite der Blüte und klebe ihn fest. Du kannst nun die Blütenblätter nach außen klappen, um deine Rose zu öffnen.

GESCHLOSSENE ROSE

Um eine geschlossene Rose zu häkeln, benötigst du nur 3 kleine Blütenblätter.

BLÜTENSTÄNGEL

Schneide ein etwa 60 cm langes Stück Draht ab und biege diesen in der Mitte in zwei gleich große Hälften. Nun füge etwas Heißkleber auf das zusammengefaltete Ende und steche es mittig in die Unterseite der Blüte. Klebe danach das grüne Garn mit Heißkleber knapp unterhalb der Blüte am Draht fest und wickle es dicht um beide Drahtenden, die aus der Blüte herausragen, bis du das Ende des Blütenstängels erreicht hast. Schneide das grüne Garn ab und befestige es mit Heißkleber am unteren Ende des Drahtes.

DAFFODIL

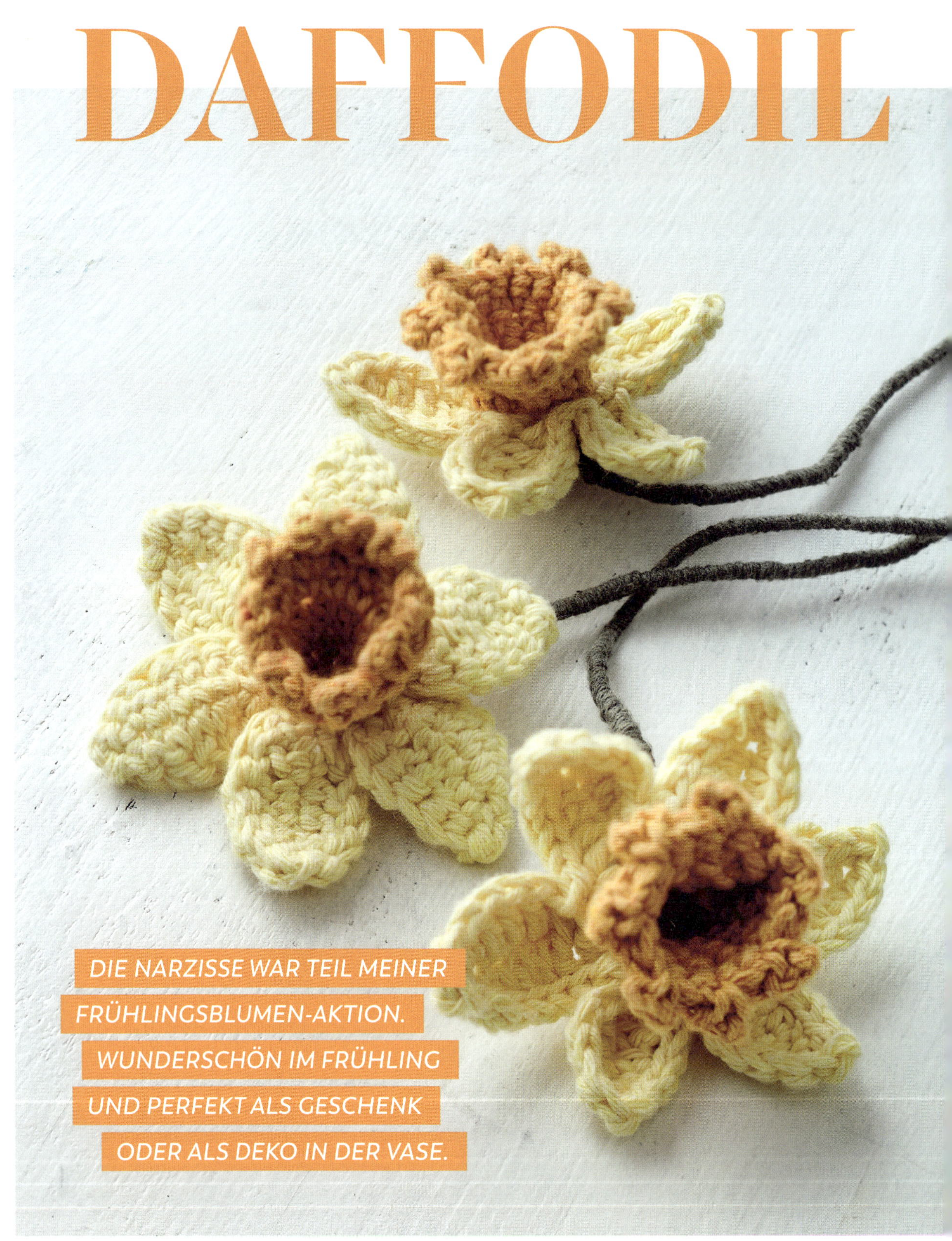

DIE NARZISSE WAR TEIL MEINER FRÜHLINGSBLUMEN-AKTION. WUNDERSCHÖN IM FRÜHLING UND PERFEKT ALS GESCHENK ODER ALS DEKO IN DER VASE.

MATERIAL

- Hoooked Eco Barbante (80 % recycelte Baumwolle, 20 % andere Fasern, LL 200 m/200 g) in Dunkelgelb, Hellgelb und Grün, je 50 g oder Reste
- Häkelnadel 4,0 mm
- Schere
- Wollnadel
- Draht, ø 1,1 mm
- Heißkleber

Die Blüte ist ca. 9 cm im Durchmesser und die fertige Narzisse ist ca. 35 cm groß.

Falls du hierfür ein Video-Tutorial benötigst schaue gerne hier vorbei: https://youtu.be/JuETRcV8EGI

ANLEITUNG

BLÜTENMITTE

Beginne mit Dunkelgelb.

Rd 0: Schlage 4 Lm an und schließe die Lm-Kette mit 1 Km in die 1. Lm zum Ring. Überhäkle dann den Anfangsfaden mit den folgenden Rd.
Rd 1: 1 Steige-Lm, in jede Lm des Rings 2 fM häkeln und die Rd mit 1 Km in die 1. fM schließen (= 8 fM).
Rd 2: 1 Steige-Lm, fM häkeln, dabei je 2 fM in jede 2. M der Vor-Rd, 1 Km in die 1. fM der Rd (= 12 fM).
Rd 3-5: 1 Steige-Lm, 12 fM, 1 Km (= 12 fM).
Rd 6: 1 Steige-Lm, fM häkeln, dabei je 2 fM in jede 3. M, 1 Km (= 16 fM).
Rd 7: 1 Steige-Lm, 3 Lm, 1 Km in dieselbe M, je 1 Km in die folgenden beiden M, * 3 Lm, 1 Km in dieselbe M, je 1 Km in die folgenden beiden M, ab * bis zum Ende der Rd fortlaufend wdh und mit 1 Km zur Rd schließen. Schneide das Garn ab, ziehe es durch die Schlinge und vernähe es.

BLÜTENBLÄTTER

Befestige nun das hellgelbe Garn außen an einer fM der 3. Rd des Blütenstempels mit einem Knoten. Häkle zuerst jeweils die linke Seite der Blütenblätter.

Rd 1: Blatt 1: Schlage 8 Lm an, 1 Km in die 2. Lm von der Nd aus, je 1 fM, 1 hStb, 3 Stb und 1 hStb in die folgenden 6 Lm, befestige nun das Blatt mit 1 Km in der nächsten fM der 3. Rd des Blütenstempels und häkle 1 weitere Km in die folgende M.

Blatt 2-6: Wie Blatt 1, dann die Rd mit 1 Km schließen.

Häkle nun jeweils die rechte Seite der Blütenblätter.

Rd 2: Blatt 1: 1 hStb, 3 Stb, 1 hStb, 1 fM, 1 Km in die andere Seite des Lm-Anschlags, 1 Lm, gehe mit 8 Km zurück zur Basis des Blütenblattes.

Blatt 2-6: Wie Blatt 1, dann die Blätter-Rd mit 1 Km schließen.

Schneide das Garn ab, ziehe es durch die Schlinge und vernähe es.

BLÜTENSTÄNGEL

Schneide ein etwa 60 cm langes Stück Draht ab und biege diesen in der Mitte in zwei gleich große Hälften. Nun füge etwas Heißkleber auf das zusammengefaltete Ende und steche es seitlich in den Blütenstempel. Klebe danach das grüne Garn mit Heißkleber knapp unterhalb der Blüte am Draht fest und wickle es dicht um beide Drahtenden, die aus der Blüte herausragen, bis du das Ende des Blütenstängels erreicht hast. Schneide das grüne Garn ab und befestige es mit Heißkleber am unteren Ende des Drahtes.

MATERIAL

- Hoooked Eco Barbante (80 % recycelte Baumwolle, 20 % andere Fasern, LL 200 m/200 g) in Weiß, Gelb und Grün, je 50 g oder Reste
- Häkelnadel 4,0 mm
- Schere
- Füllwatte
- Wollnadel
- Draht, ø 1,1 mm
- Heißkleber

Die Blüte ist ca. 8 cm im Durchmesser und das fertige Gänseblümchen ist ca. 35 cm groß. Die Anleitung für das Blatt findest du auf Seite 37.

Falls du hierfür ein Video-Tutorial benötigst, schaue doch gerne hier vorbei: https://youtu.be/ZzTdWfziNIO

ANLEITUNG

BLÜTE

Häkle die 1. Halbkugel in Gelb.

Rd 0: Einen Magic-Ring anfertigen. Überhäkle dann den Anfangsfaden mit den folgenden Rd.
Rd 1: Häkle 6 fM in den Ring, ziehe nun den Faden fest an und schließe die Rd mit 1 Km in die 1. fM (= 6 fM).
Rd 2: 1 Steige-Lm, fM häkeln, dabei je 2 fM in jede 2. M der Vor-Rd, 1 Km in die 1. fM der Rd (= 9 fM).
Rd 3: 1 Steige-Lm, fM häkeln, dabei je 2 fM in jede 3. M, 1 Km (= 12 fM).

Häkle nun die 2. Halbkugel genauso, jedoch in Grün. Vernähe nun alle Fäden mit der Wollnd.

BLÜTENBLÄTTER

Lege nun die zwei Blütenhalbkugeln (in Gelb und Grün) aufeinander und führe die Häkelnd durch beide M (in Gelb und Grün) der jeweiligen Blütenhalbkugeln hindurch. Verbinde beide Halbkugeln mit 1 Km in Weiß.

Blatt 1: 6 Lm, 1 fM in die 2. Lm von der Nd aus, je 1 hStb in die folgenden 3 Lm, 1 fM in die nächste Lm, 1 Km in die nächsten beiden M (in Gelb und Grün) der Blüte um das Blütenblatt zu befestigen und die Halbkugeln zu verbinden.

Blatt 2-9: Wie Blatt 1 häkeln.

Stopfe nun die beiden Halbkugeln mit Füllwatte aus.

Blatt 10-12: Wie Blatt 1 häkeln und nach Beendigung der letzten Blüte die Rd mit 1 Km schließen.

BLÜTENSTÄNGEL

Schneide ein etwa 60 cm langes Stück Draht ab und biege diesen in der Mitte in zwei gleich große Hälften. Nun füge etwas Heißkleber auf das zusammengefaltete Ende und steche es mittig in die Unterseite der Blüte. Klebe danach das grüne Garn mit Heißkleber knapp unterhalb der Blüte am Draht fest und wickle es dicht um beide Drahtenden, die aus der Blüte herausragen, bis du das Ende des Blütenstängels erreicht hast. Schneide das grüne Garn ab und befestige es mit Heißkleber am unteren Ende des Drahtes.

HÖRE DOCH MAL HINEIN:
https://hibesties.bfan.link/henripurnell-forget-me-not

DAISY

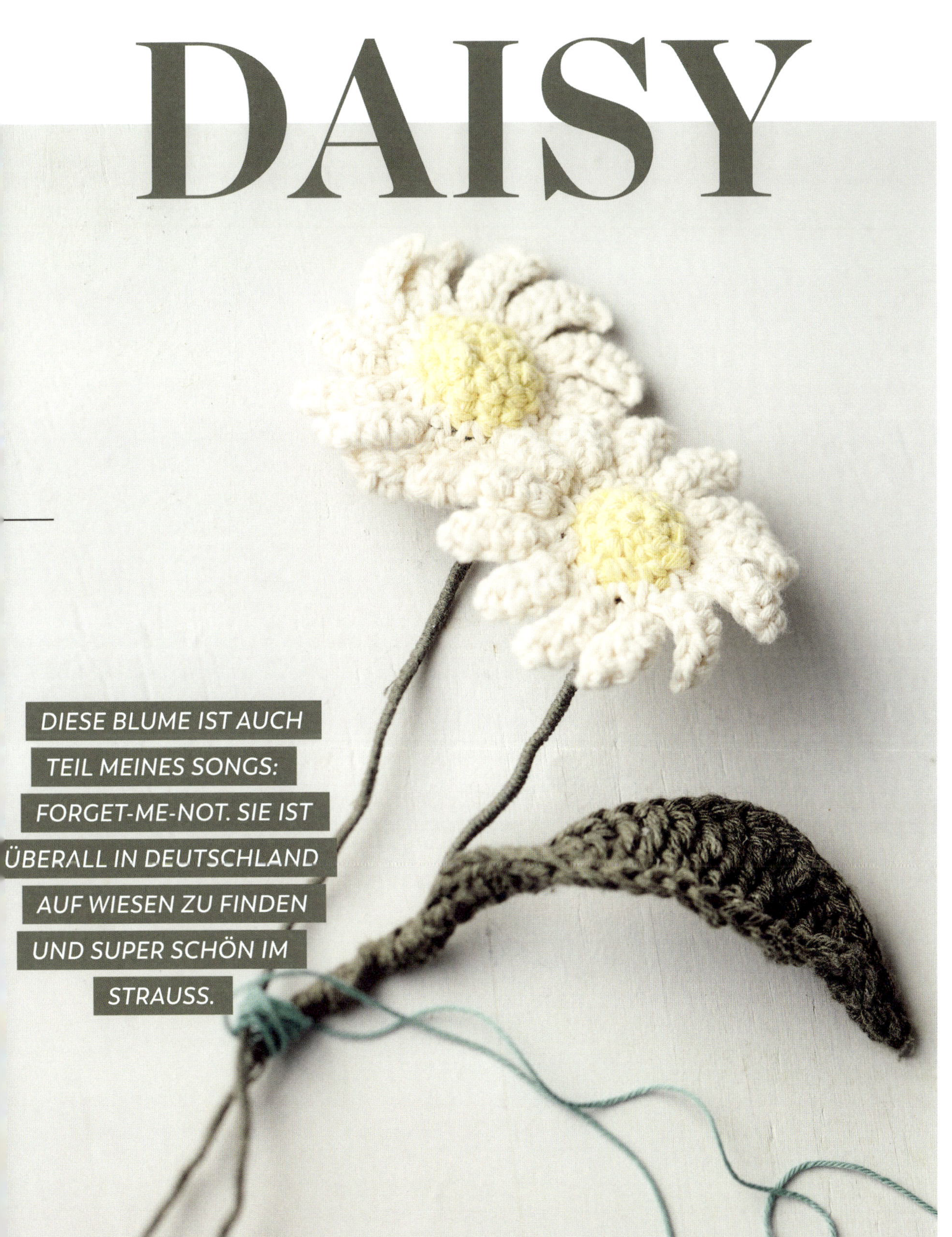

DIESE BLUME IST AUCH TEIL MEINES SONGS: FORGET-ME-NOT. SIE IST ÜBERALL IN DEUTSCHLAND AUF WIESEN ZU FINDEN UND SUPER SCHÖN IM STRAUSS.

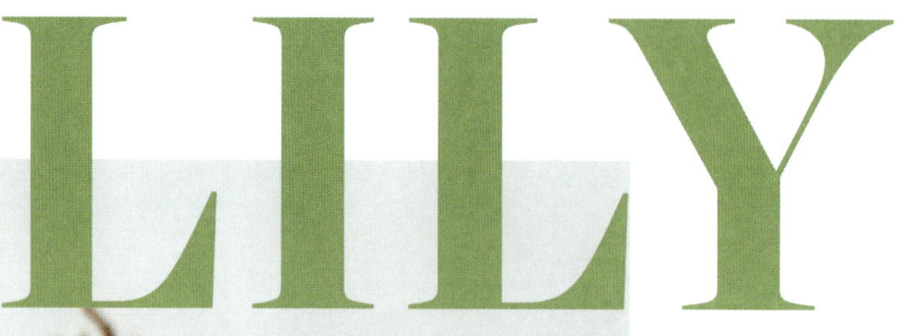

LILY

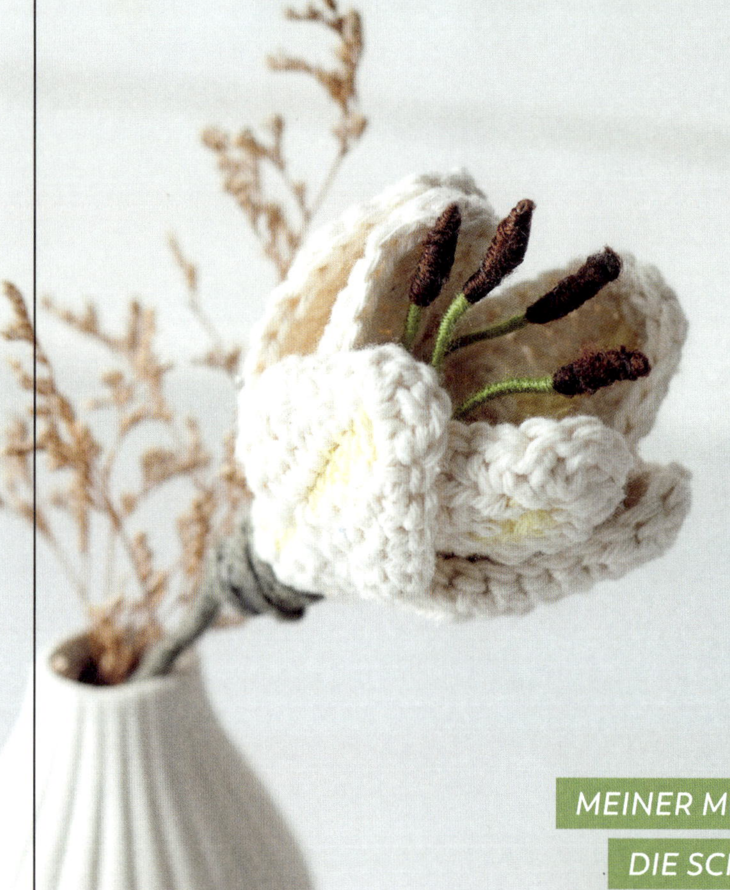

MATERIAL

- Hoooked Eco Barbante (80 % recycelte Baumwolle, 20 % andere Fasern, LL 200 m/200 g) in Weiß, Gelb, Grün und Braun, je 50 g oder Reste
- Häkelnadel 4,0 mm
- Schere
- Wollnadel
- Draht, ø 1,1 mm
- Heißkleber

Die Blüte ist ca. 12 cm und die fertige Lilie ca. 40 cm groß.

MEINER MEINUNG NACH DIE SCHÖNSTE UND ÄSTHETISCHSTE BLUME IN DIESEM BUCH. TROPISCH UND AUSGEFALLEN , DABEI JEDOCH EIN ETWAS AUFWENDIGERES PROJEKT. ABER ES LOHNT SICH!

ANLEITUNG

BLÜTENBLATT (6x)

Beginne mit in Gelb.

R 0: Schlage 12 Lm an.
R 1: 1 Km in die 2. Lm von der Nd aus, je 1 Km in die folgenden 10 Lm.

Wechsel nun zu Weiß, indem du die letzten beiden Schlingen der letzten Km bereits in Weiß abmaschst. Schneide das gelbe Garn ab.
Häkle nun um die gelbe Mittellinie. Wende dafür mit 1 Lm.

Rd 2: Arbeite in jede Km 1 M wie folgt: 1 fM, 1 hStb, 1 Stb, 1 DStb, 2 Dreifach-Stb, 1 DStb, 1 Stb, 1 hStb, 1 fM, nun häkle auf der anderen Seite zurück: 1 fM, 1 hStb, 1 Stb, 1 DStb, 2 Dreifach-Stb, 1 DStb, 1 Stb, 1 hStb, 1 fM und schließe die Rd mit 1 Km in die 1. fM der Rd.
Rd 3: 1 Steige-Lm, 12 fM, 3 Stb in dieselbe M, 12 fM auf der anderen Seite und 4 Lm. Schneide den Faden nach ca. 10 cm ab.

BLÜTENSTEMPEL (4x)

Schneide ein etwa 8 cm langes Stück Draht ab und klebe das braune Garn mit Heißkleber an einem Ende des Drahtes fest, umwickle die ersten 3 cm des Drahtes, schneide das braune Garn ab und befestige es mit Heißkleber. Umwickle den restlichen Draht mit grünem Garn und klebe es ebenso fest, wie beim braunen Garn beschrieben.

SOCKEL

Beginne mit Grün.

Rd 0: Schlage 8 Lm an und schließe die Lm-Kette mit 1 Km in die 1. Lm zum Ring. Überhäkle dann den Anfangsfaden mit den folgenden Rd.
Rd 1: 1 Steige-Lm, 1 fM in die 1. Lm des Rings, 2 fM in die nächste Lm, * 1 fM in die folgende Lm des Rings, 2 fM in die nächste Lm, ab * noch 2x wdh und die Rd mit 1 Km in die 1. fM schließen (= 12 fM).
Rd 2: 1 Steige-Lm, je 1 fM in jede M der Vor-Rd und die Rd mit 1 Km in die 1. fM schließen (= 12 fM).
Rd 3: * 5 Lm, 1 Km in die 2. Lm von der Nd aus, 1 fM, 1 hStb, 1 fM in die folgenden 3 Lm, 1 Km in die folgende fM der 2. Rd, je 1 Km in die folgenden beiden fM der 2. Rd, ab * noch 3x wdh und die Rd mit 1 Km schließen. Den Faden abschneiden und mit der Wollnd vernähen.

BLÜTE

Klebe alle vier Blütenstempel mit Heißkleber ans Ende eines Blütenblattes. Ordne 2 weitere Blütenblätter facherförmig um die Blütenstempel an und fixiere sie mit Heißkleber. Klebe die restlichen 3 Blütenblätter so um die Blüte, dass sie versetzt zu den 3 inneren Blütenblättern liegen, dabei darauf achten, dass alle Endfäden nach unten zeigen. Führe diese durch das Loch im Sockel, schiebe den Sockel dicht an die Unterseite der Blüte und klebe ihn fest. Du kannst nun die Blütenblätter nach außen klappen, um deine Blume zu öffnen.

BLÜTENSTÄNGEL

Schneide ein etwa 60 cm langes Stück Draht ab und biege diesen in der Mitte in zwei gleich große Hälften. Nun füge etwas Heißkleber auf das zusammengefaltete Ende und steche es mittig in die Unterseite der Blüte.
Klebe danach das grüne Garn mit Heißkleber knapp unterhalb der Blüte am Draht fest und wickle es dicht um beide Drahtenden, die aus der Blüte herausragen, bis du das Ende des Blütenstängels erreicht hast. Schneide das grüne Garn ab und befestige es mit Heißkleber am unteren Ende des Drahtes.

Falls du hierfür ein Video-Tutorial benötigst schaue gerne hier vorbei: https://youtu.be/Sokl5UnE5Q0

CARNATION

MATERIAL

- Hoooked Eco Barbante (80 % recycelte Baumwolle, 20 % andere Fasern, LL 200 m/200 g) in Rosa, Weiß und Grün, je 50 g oder Reste
- Häkelnadel 4,0 mm
- Schere
- Wollnadel
- Draht, ø 1,1 mm
- Heißkleber

Die Blüte ist ca. 8 cm und die fertige Nelke ca. 35 cm groß.

ANLEITUNG

BLÜTE

Beginne mit Weiß.

Rd 0: Schlage 4 Lm an und schließe die Lm-Kette mit 1 Km in die 1. Lm zum Ring. Überhäkle dann den Anfangsfaden mit den folgenden Rd.
Rd 1: 2 Steige-Lm als Ersatz für das 1. Stb, 11 Stb in den Ring häkeln und die Rd mit 1 Km in die obere Steige-Lm schließen (= 12 Stb).
Rd 2: 2 Steige-Lm als Ersatz für das 1. Stb, dann in jedes Stb der Vor-Rd bzw. in die oberste Steige-Lm 2 Stb häkeln und die Rd mit 1 Km schließen (= 24 Stb).
Rd 3: 2 Steige-Lm als Ersatz für das 1. Stb, dann in jedes Stb der Vor-Rd bzw. in die oberste Steige-Lm 2 Stb häkeln und die Rd mit 1 Km schließen (= 48 Stb).
Rd 4 und 5: 2 Steige-Lm als Ersatz für das 1. Stb, dann in jedes Stb der Vor-Rd bzw. in die oberste Steige-Lm 2 Stb häkeln und die Rd mit 1 Km schließen (= 192 Stb in Rd 5).

Falls du hierfür ein Video-Tutorial benötigst schaue doch gerne hier vorbei: https://youtu.be/eTofXsAGmg0

Schneide das Garn nach ca. 50 cm ab und ziehe es durch die Schlinge, aber vernähe es nicht. Befestige nun das rosafarbene Garn an deinem Projekt mit einem Knoten.

Rd 6: * 2 Lm, 1 Km in die nächste M der Vor-Rd, ab * bis zum Ende der Rd fortlaufend wdh und die Rd mit 1 Km schließen. Schneide das Garn ab, ziehe es durch die Schlinge und vernähe es.

FIXIEREN DER BLÜTENFORM

Nimm nun dein weißes Garn und webe es von innen durch die Stb der 3. Rd, ziehe den Faden fest an und vernähe ihn.

SOCKEL

Beginne mit Grün.

Rd 0: Schlage 8 Lm an und schließe die Lm-Kette mit 1 Km in die 1. Lm zum Ring. Überhäkle dann den Anfangsfaden mit den folgenden Rd.
Rd 1: 1 Steige-Lm, 1 fM in die 1. Lm des Rings, 2 fM in die nächste Lm, * 1 fM in die folgende Lm des Rings, 2 fM in die nächste Lm, ab * noch 2x wdh und die Rd mit 1 Km in die 1. fM schließen (= 12 fM).

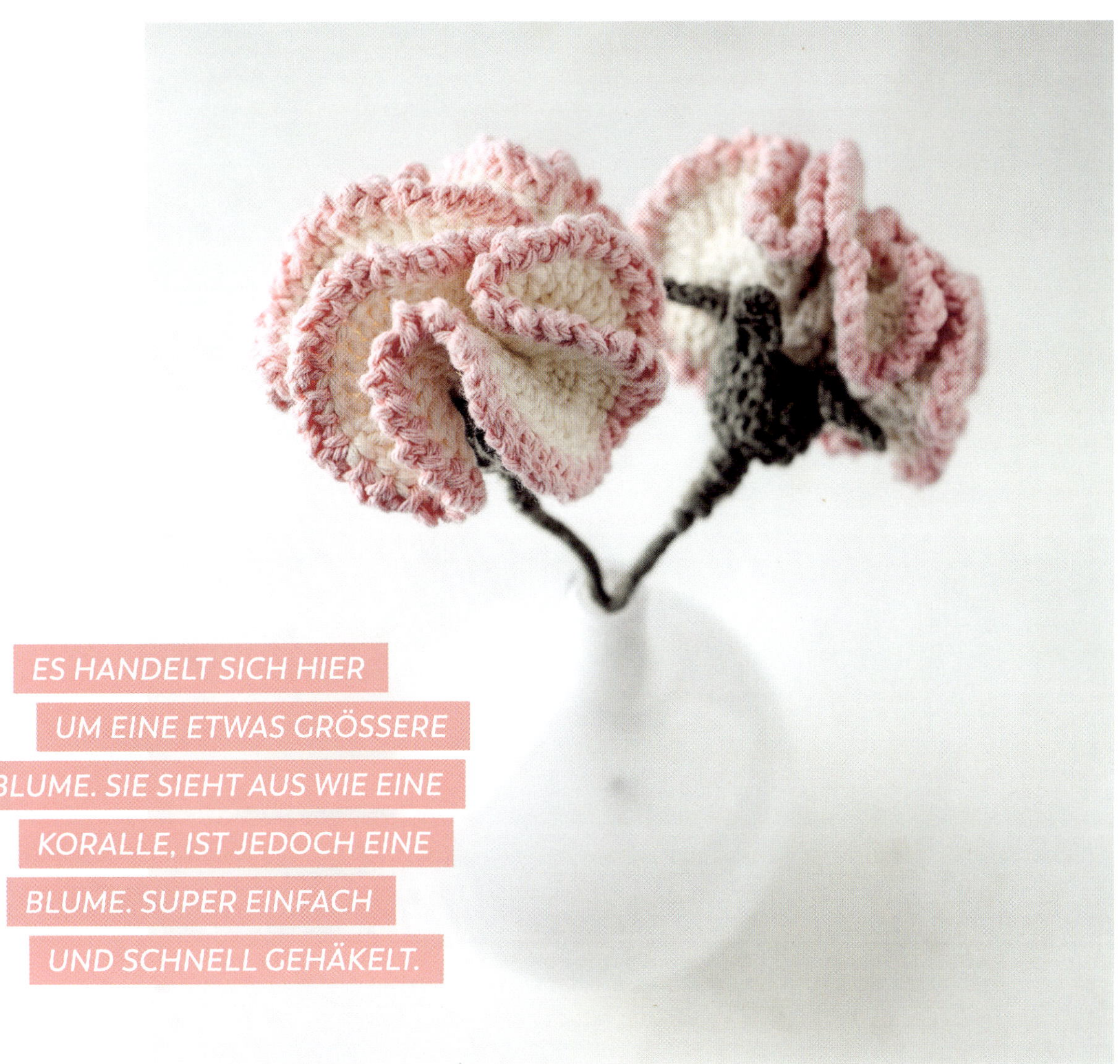

ES HANDELT SICH HIER UM EINE ETWAS GRÖSSERE BLUME. SIE SIEHT AUS WIE EINE KORALLE, IST JEDOCH EINE BLUME. SUPER EINFACH UND SCHNELL GEHÄKELT.

Rd 2: 1 Steige-Lm, je 1 fM in jede M der Vor-Rd und die Rd mit 1 Km in die 1. fM schließen (= 12 fM).

Rd 3: * 5 Lm, 1 Km in die 2. Lm von der Nd aus, je 1 hStb in die folgenden 3 Lm, 1 Km in die folgende fM der 2. Rd, je 1 Km in die folgenden beiden fM der 2. Rd, ab * noch 3x wdh und die Rd mit 1 Km schließen. Den Faden abschneiden und mit der Wollnd vernähen.

BLÜTENSTÄNGEL

Schneide hierfür ein etwa 120 cm langes Stück Draht ab und biege diesen so, dass er vierfach liegt. Nun füge etwas Heißkleber auf ein Ende und steche es mittig in die Unterseite der Blüte. Stülpe nun den Sockel von unten über den Draht und über den unteren Teil der Blüte und befestige diesen mit Heißkleber. Klebe danach das grüne Garn mit Heißkleber knapp unterhalb der Blüte am Draht fest und wickle es dicht um die vier Drahtenden, die aus der Blüte herausragen, bis du das Ende des Blütenstängels erreicht hast. Schneide das grüne Garn ab und befestige es mit Heißkleber am unteren Ende des Drahtes.

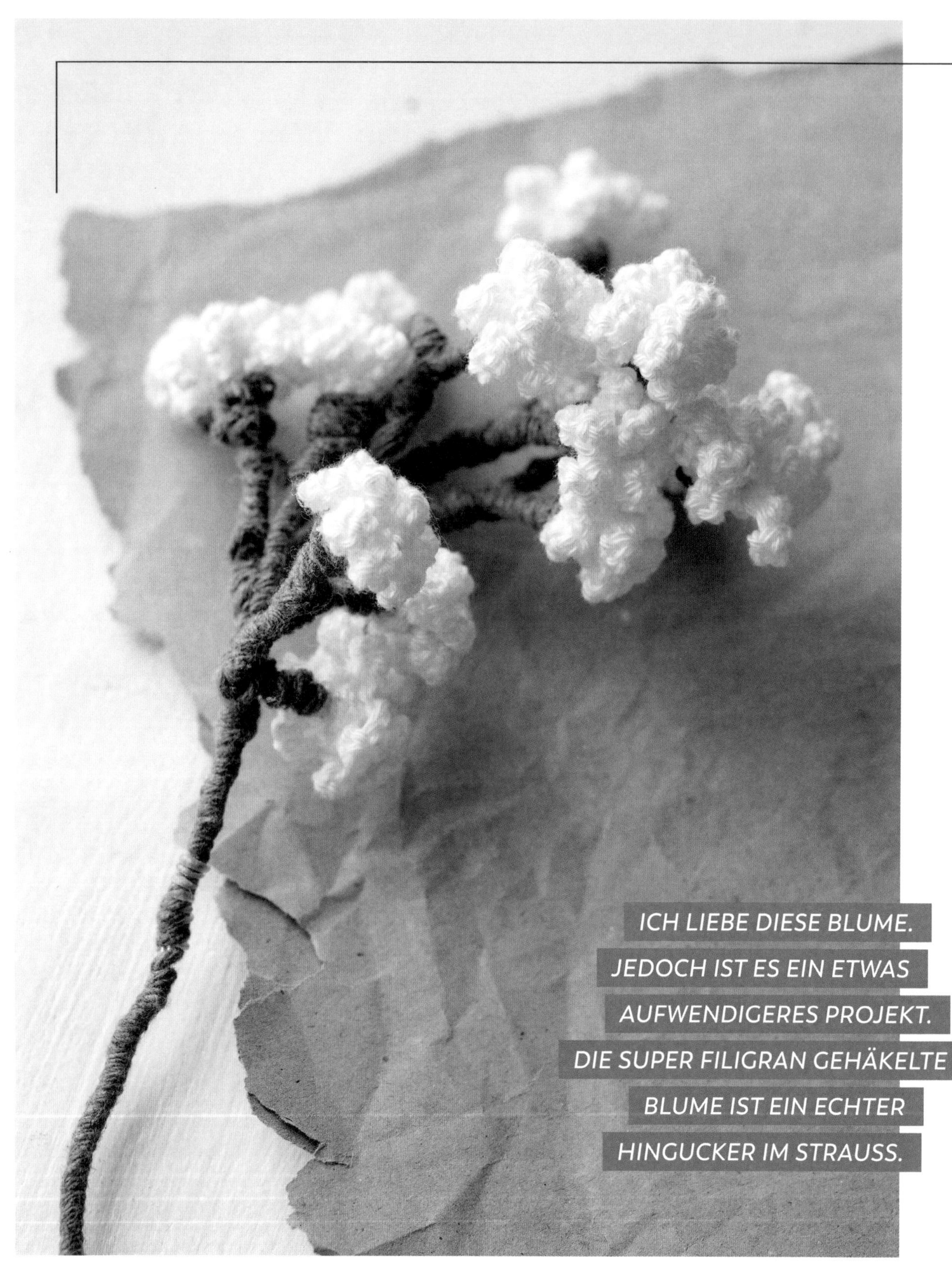
ICH LIEBE DIESE BLUME.
JEDOCH IST ES EIN ETWAS
AUFWENDIGERES PROJEKT.
DIE SUPER FILIGRAN GEHÄKELTE
BLUME IST EIN ECHTER
HINGUCKER IM STRAUSS.

BABY'S BREATH

MATERIAL

- Gründl Cotton Quick uni (100 % Baumwolle, LL 125 m/50 g) in Weiß, 50 g oder Reste
- Hoooked Eco Barbante (80 % recycelte Baumwolle, 20 % andere Fasern, LL 200 m/200 g) in Grün, je 50 g oder Reste
- Häkelnadel 2,5 mm
- Schere
- Wollnadel
- Draht, ø 1,1 mm
- Heißkleber

Die einzelne Blüte ist ca. 2 cm im Durchmesser und das fertige Schleierkraut ca. 35 cm groß.

ANLEITUNG

BLÜTE (16x)

Beginne mit Weiß.

R 0: Schlage 12 Lm an. Überhäkle dann den Anfangsfaden mit der folgenden R.
R 1: Die 1. M übergehen, dann ab der 2. M von der Nd aus 11 fM häkeln (= 11 fM).
R 2: 4 Lm, je 1 fM in die 2.-4. Lm von der Nd aus, 1 Km in die darunterliegende fM der 1. R, 1 Km in die folgende fM der 1. R, * 4 Lm, je 1 fM in die 2.-4. Lm von der Nd aus, 1 Km in die darunterliegende fM der 1. R, ab * noch 9x wdh (= 11 Blütenblätter).

Schneide das Garn ab, ziehe es durch die Schlinge und vernähe es.

FORMEN DER BLÜTE

Forme nun deine Blüte, indem du sie einrollst und dabei nach und nach mit Heißkleber fixierst.

BLÜTENAST

Schneide ein etwa 70 cm langes Stück Draht ab und biege diesen in der Mitte in zwei gleich große Hälften. Nun biegst du dir kleine Ästchen aus den Hälften am Stiel entlang. Befestige nun deine Blüten mit Heißkleber an den Enden deiner Ästchen. Klebe danach das grüne Garn mit Heißkleber knapp unterhalb der Blüten und wickle es dicht um den gesamten Drah, bis du alle Ästchen umwickelt und das Ende des Blütenstängels erreicht hast. Schneide das grüne Garn ab und befestige es mit Heißkleber am unteren Ende des Drahtes.

FORGET-ME-NOT

MATERIAL

- Hoooked DK Soft Cotton (100 % recycelte Baumwolle, LL 85 m/50 g) in Gelb, Hellblau, Schwarz und Grün, je 50 g oder Reste
- Häkelnadel 3,0-4,0 mm
- Schere
- Wollnadel
- Draht, ø 1,1 mm
- Heißkleber

Die Blüte ist ca. 3 cm im Durchmesser und das fertige Vergissmeinnicht ca. 22 cm groß.
Die kleinen Vergissmeinnicht-Blüten auf dem Cover sind ca. 2 cm groß.

ANLEITUNG

BLÜTE

Beginne mit Gelb.

Rd 0: Schlage 4 Lm an und schließe die Lm-Kette mit 1 Km in die 1. Lm zum Ring. Überhäkle dann den Anfangsfaden mit den folgenden Rd.
Rd 1: * 3 Lm, 1 Km in den Lm-Ring häkeln, ab * noch 4x wdh und die Rd mit 1 Km schließen (= 5 Blütenblätter).

Schneide nun den Faden ab und befestige das blaue Garn mit einem Knoten an einem der gelben Bogen aus 3 Lm.

Rd 2: 2 Lm, 1 Puffstich/Büschelmasche (= * 1 Umschlag, um den Lm-Bogen herum einstechen, Faden holen und lang ziehen, ab * 3x wdh, alle auf der Nadel befindlichen Schlingen auf einmal abmaschen), 2 Lm, 1 Km in denselben Lm-Bogen, ** 1 Km in den folgenden Lm-Bogen, 2 Lm, 1 Puffstich/Büschelmasche in denselben Lm-Bogen, 2 Lm, 1 Km in denselben Lm-Bogen, ab ** noch 3x wdh und die Rd mit 1 Km schließen. Schneide das Garn ab, ziehe es durch die Schlinge und vernähe es.

SOCKEL

Beginne mit Grün.

Rd 0: Schlage 4 Lm an und schließe die Lm-Kette mit 1 Km in die 1. Lm zum Ring. Überhäkle dann den Anfangsfaden mit den folgenden Rd.
Rd 1: 1 Steige-Lm, 6 fM in den Ring häkeln und die Rd mit 1 Km in die 1. fM schließen (= 6 fM).
Rd 2: 1 Steige-Lm, je 1 fM in jede M der Vor-Rd und die Rd mit 1 Km in die 1. fM schließen (= 6 fM).

HÖRE DOCH GERNE MAL HINEIN:
https://hibesties.bfan.link/henripurnell-forget-me-not

Rd 3: * 3 Lm, 1 fM in die 2. Lm von der Nd aus, 1 Km in die folgende fM der 2. Rd, 1 Km in die folgende fM der 2. Rd, ab * noch 2x wdh und die Rd mit 1 Km schließen. Den Faden abschneiden und mit der Wollnd vernähen.

BLÜTENSTÄNGEL

Schneide ein etwa 40 cm langes Stück Draht ab und biege diesen in der Mitte in zwei gleich große Hälften. Klebe das schwarze Garn mit Heißkleber an einem Ende des Drahtes fest, umwickle die ersten 3 cm des Drahtes, schneide das schwarze Garn ab und befestige es mit Heißkleber. Steche mit dem schwarzen Ende von unten in die Mitte des Sockels, sodass die schwarze Spitze hervorsteht. Nun setzte die Blüte auf und sichere alle Teile mit Heißkleber. Umwickle den restlichen Draht mit grünem Garn und klebe es ebenso fest, wie es beim schwarzen Garn beschrieben wird.

ZARTE VARIANTE

Du kannst auch eine zartere und kleinere Variante der Blume häkeln, wie du sie auch auf dem Cover siehst. Benutze hierfür die Qualität Rainbow Lace von Hobbii (100 % Baumwolle, LL 280 m/50 g) in Gelb und Hellblau und eine Häkelnadel 2,0 mm. Für das Foto auf dem Cover habe ich nur die Blüte gehäkelt, du kannst aber natürlich auch Sockel und Stängel noch hinzufügen. Dann benötigst du das Garn noch in den Farben Schwarz und Grün.

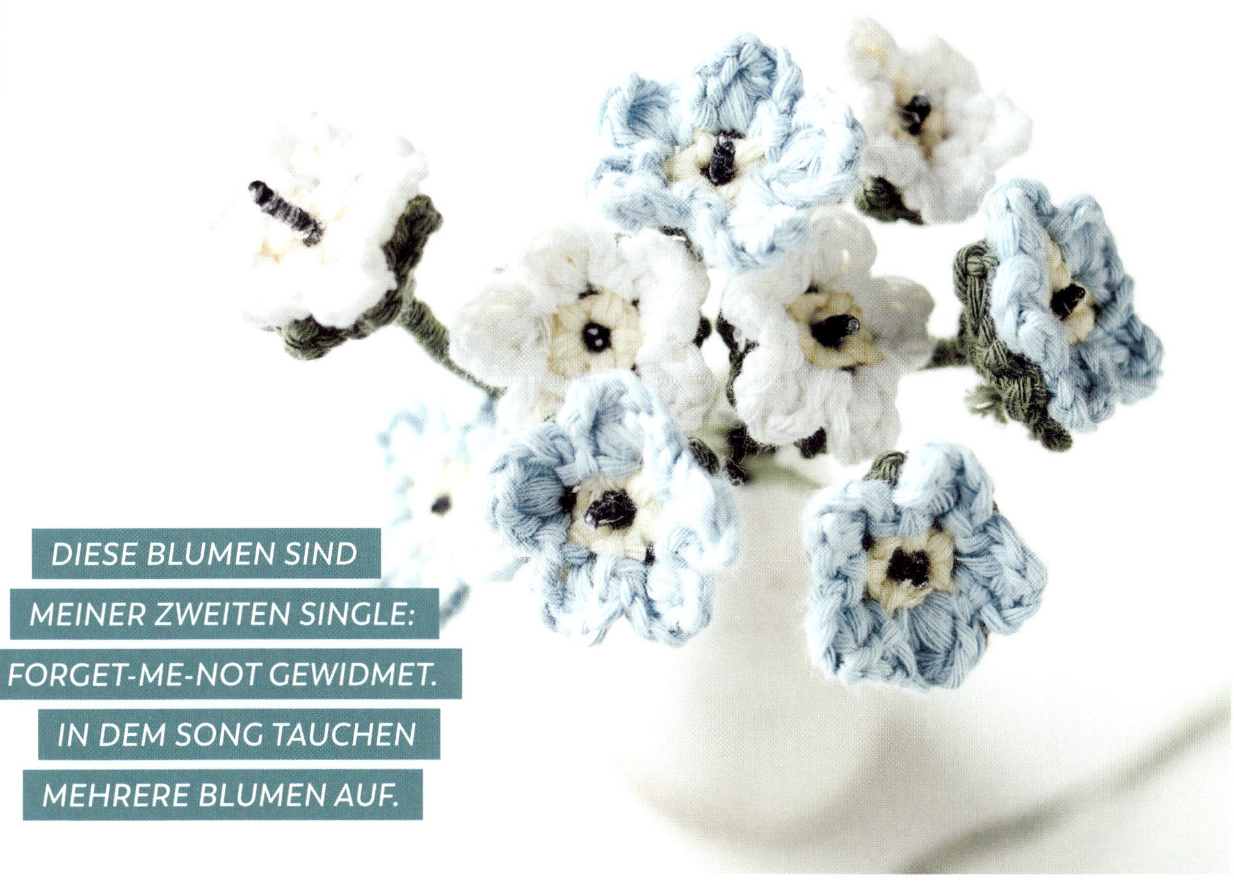

DIESE BLUMEN SIND MEINER ZWEITEN SINGLE: FORGET-ME-NOT GEWIDMET. IN DEM SONG TAUCHEN MEHRERE BLUMEN AUF.

TINY BEE

MATERIAL

- Hoooked Eco Barbante (80 % recycelte Baumwolle, 20 % andere Fasern, LL 200 m/200 g) in Gelb, Schwarz, Weiß, Rosa und Grün, je 50 g oder Reste
- Häkelnadel 4,0 mm
- Schere
- Füllwatte
- Wollnadel
- Draht, ø 1,1 mm
- Heißkleber
- 2 kleine schwarze Perlen
- Nähnadel
- Nähgarn in Schwarz

Die kleine Biene ist ca. 8 cm lang und ohne Flügel ca. 5 cm hoch.

*Anleitung inspiriert von Hooked by Robin

ANLEITUNG

KÖRPERHÄLFTE VORNE

Beginne mit Gelb.

Rd 0: Einen Magic-Ring anfertigen. Überhäkle dann den Anfangsfaden mit den folgenden Rd.
Rd 1: Häkle 6 fM in den Ring, ziehe nun den Faden fest an und schließe die Rd mit 1 Km in die 1. fM (= 6 fM).
Rd 2: 1 Steige-Lm, je 2 fM in jede M der Vor-Rd, 1 Km in die 1. fM der Rd (= 12 fM).
Rd 3: 1 Steige-Lm, fM häkeln, dabei je 2 fM in jede 2. M, 1 Km (= 18 fM).
Rd 4: 1 Steige-Lm, fM häkeln, dabei je 2 fM in jede 3. M, 1 Km (= 24 fM).
Rd 5 und 6: 1 Steige-Lm, 24 fM, 1 Km (= 24 fM).

Wechsel nun zu Schwarz.

Rd 7-9: 1 Steige-Lm, 24 fM, 1 Km (= 24 fM).

KÖRPERHÄLFTE HINTEN

Beginne mit Schwarz.

Rd 0: Lege einen Magic-Ring. Überhäkle dann den Anfangsfaden mit den folgenden Rd.
Rd 1: Häkle 6 fM in den Ring, ziehe nun den Faden fest an und schließe die Rd mit 1 Km in die 1. fM (= 6 fM).
Rd 2: 1 Steige-Lm, fM häkeln, dabei je 2 fM in jede M der Vor-Rd, 1 Km in die 1. fM der Rd (= 12 fM).
Rd 3: 1 Steige-Lm, fM häkeln, dabei je 2 fM in jede 2. M, 1 Km (= 18 fM).

Wechsel nun zu Gelb.

Rd 4: 1 Steige-Lm, fM häkeln, dabei je 2 fM in jede 3. M, 1 Km (= 24 fM).
Rd 5: 1 Steige-Lm, 24 fM, 1 Km (= 24 fM).

Nähe beide Körperhälften mit einem Stück Garn und einer Wollnd zusammen. Achtung: Zunächst die Naht nicht ganz schließen, damit du deine Biene mit Watte füllen kannst. Danach die restliche Naht schließen.

FLÜGEL (2x)

Beginne mit Weiß.

Rd 0: Einen Magic-Ring anfertigen.
Rd 1: 8 fM, ziehe nun den Faden fest an und schließe die Rd mit 1 Km in die 1. fM (= 8 fM).

FERTIGSTELLEN

Nähe deine Flügel mit Garn und Wollnd mittig auf die Biene. Nun stickst du mit schwarzem Garn einen Mund vorne an der Biene. Benutze nun die Nähnadel und Garn und befestige damit deine schwarzen Perlen oberhalb des Mundes. Setze nun in Rosa Konturen unter die Augen, benutze hierfür deine Wollnd.

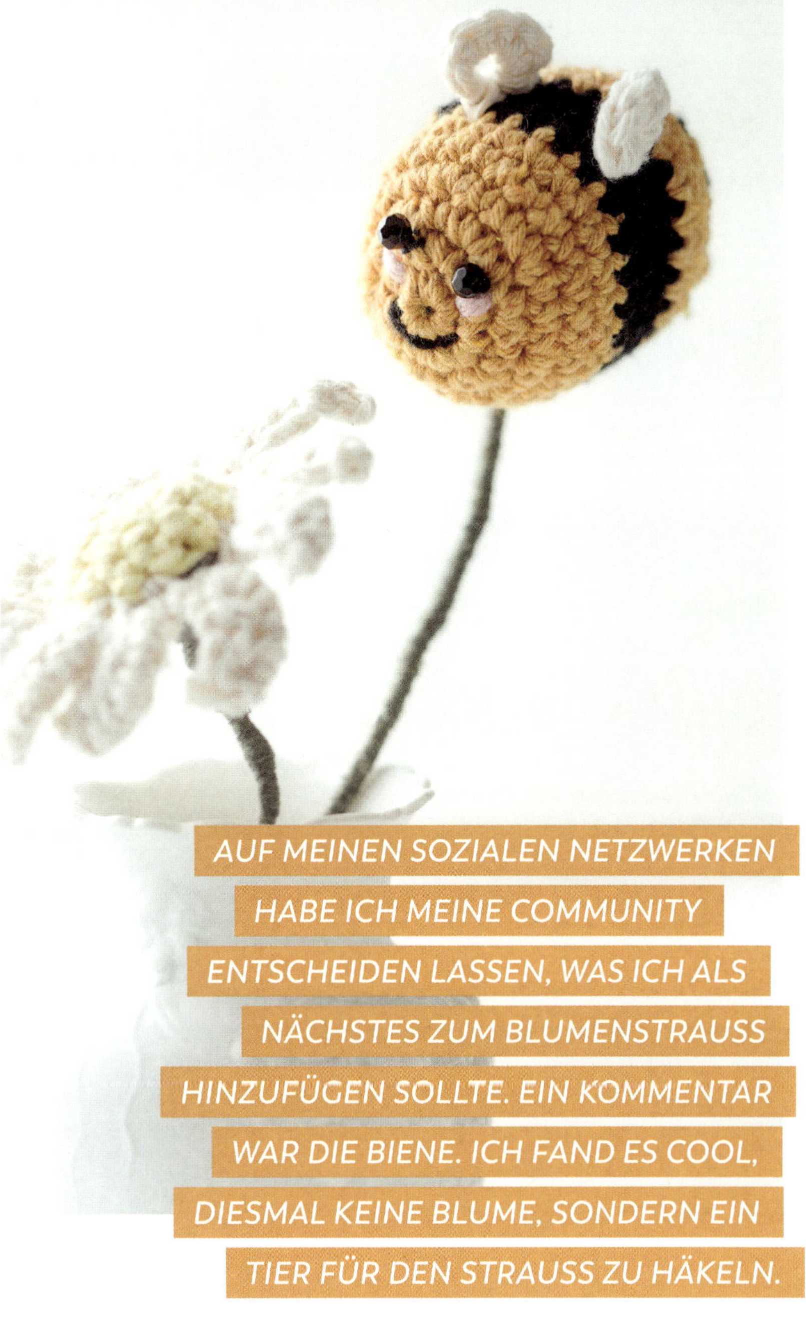

AUF MEINEN SOZIALEN NETZWERKEN HABE ICH MEINE COMMUNITY ENTSCHEIDEN LASSEN, WAS ICH ALS NÄCHSTES ZUM BLUMENSTRAUSS HINZUFÜGEN SOLLTE. EIN KOMMENTAR WAR DIE BIENE. ICH FAND ES COOL, DIESMAL KEINE BLUME, SONDERN EIN TIER FÜR DEN STRAUSS ZU HÄKELN.

STÄNGEL

Möchtest du deine Biene zu deinem Blumenstrauß hinzufügen, rate ich dir die Biene auf einem Stängel zu befestigen. Schneide hierfür ein etwa 120 cm langes Stück Draht ab und biege diesen so, dass er vierfach liegt. Nun füge etwas Heißkleber auf ein Ende und steche es mittig in die Unterseite der Biene. Klebe danach das grüne Garn mit Heißkleber knapp unterhalb der Biene am Draht fest und umwickle es dicht, bis du das Ende des Stängels erreicht hast. Schneide das grüne Garn ab und befestige das Ende mit Heißkleber am unteren Ende des Drahtes.

BUTTERFLY

MATERIAL

- Häkelnadel 2,5 mm
- Schere
- Wollnadel
- Füllwatte

ORANGEFARBENER SCHMETTERLING

- Cotton Quick uni von Gründl (100 % Baumwolle, LL 125 m/50 g) in Orange, Weiß und Schwarz, je 50 g oder Reste

BLAUER SCHMETTERLING

- Hoooked DK Soft Cotton (100 % recycelte Baumwolle, LL 85 m/50 g) in Hellblau, je 50 g oder Reste
- Cotton Quick uni von Gründl (100 % Baumwolle, LL 125 m/50 g) in Weiß und Schwarz, je 50 g oder Reste

Der orangefarbene Schmetterling ist ca. 13 cm breit und ca. 10 cm hoch.
Der blaue Schmetterling ist ca. 15 cm breit und ca. 12 cm hoch.

ANLEITUNG

UNTERER FLÜGEL (2x)

Beginne in Orange bzw. in Hellblau.

R 0: Schlage 10 Lm an.
R 1: 1 Stb in die 3. Lm von der Nadel aus, 2x je 1 Stb, 1 hStb, 1 fM und 3x je 1 Km, 1 Wende-Lm.
R 2: 3x je 1 Km, 1 fM, 1 hStb, 4x je 1 Stb, 2 Wende-Lm.
R 3: 1 Stb in die 1. M, 2 Stb in die nächste M, 1 Stb, 1 hStb, 1 fM, 4x je 1 Km, 1 Wende-Lm.
R 4: 4x je 1 Km, 2x je 1 fM, 1 hStb, 2 Stb, 1 Stb, 2 Stb, 2 Stb, 1 Lm.

SCHWARZE UMRANDUNG

Befestige das schwarze Garn am Ende der R 4 mit einem Knoten. Häkle nun 1 Rd um den Flügel (siehe Häkelschrift). Der Pfeil gibt die Häkelrichtung an.

Rd 1: 2 Steige-Lm, 8 x je 1 Stb, 1 hStb, 7 x je 1 fM, 3x je 1 Km, 3x je 1 fM, 2x je 1 hStb, 2 Stb, 1 Stb, 2 Stb, 1 Stb, 2 Stb, 2x je 2 DStb, 1 Stb und schließe die Rd mit 1 Km in die oberste Steige-Lm.

OBERER FLÜGEL (2x)

Beginne in Orange bzw. in Hellblau.

R 0: Schlage 15 Lm an.
R 1: 1 Stb in die 3. Lm von der Nadel aus, 4x je 1 Stb, 1 hStb, 4x je 1 fM, 3x je 1 Km, 1 Wende-Lm.
R 2: 3x je 1 Km, 3x je 1 fM, 1 hStb, 6 x je 1 Stb, 2 Stb, 2 Wende-Lm.
R 3: 1 Stb in die 1. M, 4x je 1 Stb, 2 Stb, 1 hStb, 3x je 1 fM, 5x je 1 Km, 1 Wende-Lm.
R 4: 4x je 1 Km, 1 fM, 3x je 1 hStb, 2 Stb, 2 DStb, 1 DStb, 1 Stb, 2 Stb, 1 hStb, 1 fM, 2x je 1 Km, 1 Lm.

SCHWARZE UMRANDUNG

Befestige das schwarze Garn am Ende der R 4 mit einem Knoten. Häkle nun 1 Rd um den Flügel (siehe Häkelschrift). Der Pfeil gibt die Häkelrichtung an.

Rd 1: 2 Steige-Lm, 4x je 1 Stb, 3 Stb, 1 hStb, 10 x je 1 fM, 3x je 1 Km, 8 x je 1 fM, 2 hStb, 2 Stb, 1 Stb, 2 Stb, 3x je 1 DStb, 2 Lm, 1 Km in den Kopf des DStb, 1 Stb und schließe die Rd mit 1 Km in die oberste Steige-Lm.

HÖRE DOCH GERNE MAL HINEIN:
https://hibesties.bfan.link/henripurnell-happier

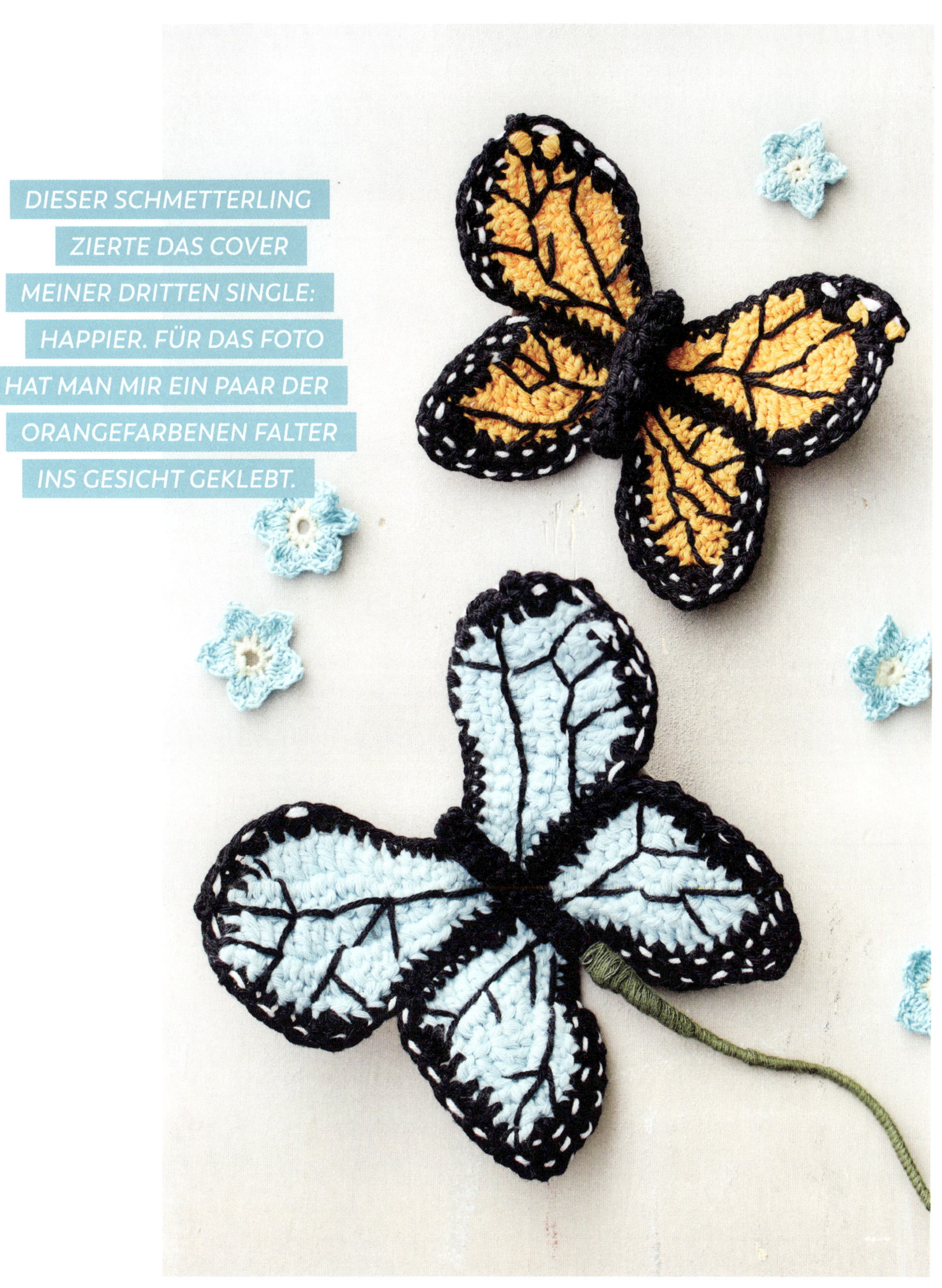

DIESER SCHMETTERLING ZIERTE DAS COVER MEINER DRITTEN SINGLE: HAPPIER. FÜR DAS FOTO HAT MAN MIR EIN PAAR DER ORANGEFARBENEN FALTER INS GESICHT GEKLEBT.

HÄKELSCHRIFT UNTERER FLÜGEL

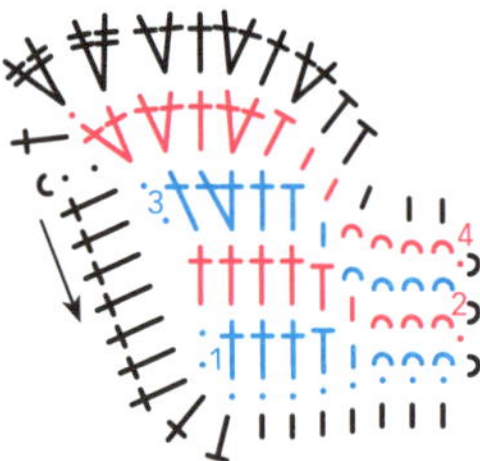

HÄKELSCHRIFT OBERER FLÜGEL

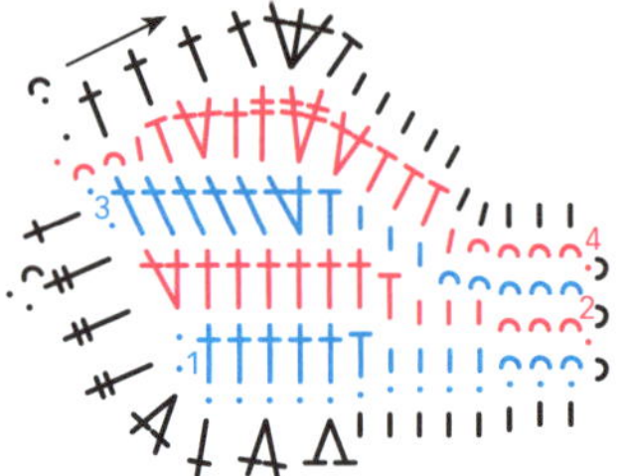

- · = Luftmasche
- ⌒ = Kettmasche
- ı = feste Masche
- T = halbes Stäbchen
- † = Stäbchen
- ← = Richtungspfeil

VERBINDUNG

Nähe jeweils den oberen Flügel mit schwarzem Garn und der Wollnd an den unteren Flügel. Dann nähe beide Flügelpaare aneinander.

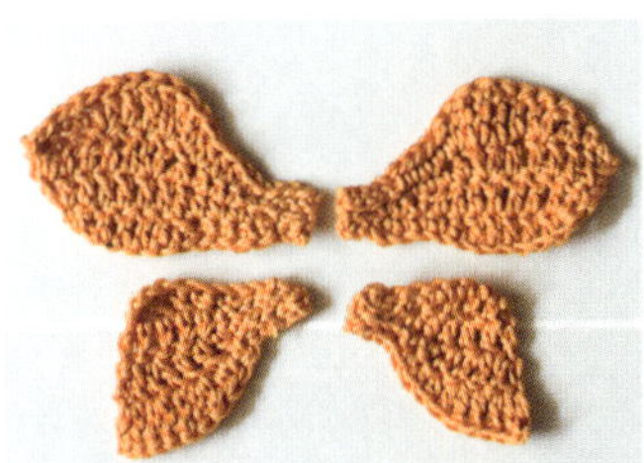

VERZIERUNG

Besticke nun nach Belieben die schwarze Umhäkelung der Flügel in Weiß und die orangefarbenen bzw. hellblauen Flächen in Schwarz. Du kannst auch Knötchenstiche (siehe Seite 130) aufsticken.

KÖRPER

Beginne in Schwarz.

Rd 0: Einen Magic-Ring anfertigen. Überhäkle dann den Anfangsfaden mit den folgenden Rd.
Rd 1: 2 Steige-Lm, 6 Stb in den Ring, ziehe nun den Faden fest an und schließe die Rd mit 1 Km in die oberste Steige-Lm (= 6 Stb).
Rd 2-4: 2 Steige-Lm, je 1 Stb in jedes Stb der Vor-Rd, 1 Km in die oberste Steige-Lm (= 6 Stb). Schneide das Garn nach ca. 25 cm ab und ziehe es durch die Schlinge, aber vernähe es nicht. Stopfe nun den Körper mit Füllwatte aus.
Rd 5: Häkel in jedes Stb der Vor-Rd 1 Km.

Nähe mit dem Restgarn zunächst die Öffnung zu. Dann nähe den Körper in die Mitte des Schmetterlings.

OPTION: FÜSSE & FÜHLER

Schneide ein etwa 3 cm langes Stück Draht ab und klebe das schwarze Garn mit Heißkleber an einem Ende des Drahtes fest, umwickle den Draht, schneide das Garn ab und befestige es mit Heißkleber. Dann klebe Fühler bzw. Füße an den Schmetterling.

OPTION: STAB

Schneide ein etwa 60 cm langes Stück Draht ab und biege diesen in der Mitte in zwei gleich große Hälften. Nun füge etwas Heißkleber auf das zusammengefaltete Ende und steche es von unten in die Mitte des Schmetterlings.
Klebe danach das grüne Garn mit Heißkleber knapp unterhalb des Schmetterlings am Draht fest und wickle es dicht um beide Drahtenden, bis du das Ende des Stabs erreicht hast. Schneide das grüne Garn ab und befestige es mit Heißkleber am unteren Ende des Drahtes.

Falls du hierfür ein Video-Tutorial benötigst, dann schaue gerne hier vorbei: https://youtu.be/ZzTdWfziNIO

LEAF

MATERIAL

- Hoooked Eco Barbante (80 % recycelte Baumwolle, 20 % andere Fasern, LL 200 m/200 g) in Grün, 50 g oder Reste
- Häkelnadel 4,0 mm
- Schere
- Wollnadel
- Draht, ø 1,1 mm
- Heißkleber

Das fertige Blatt ist 5 cm breit und 17 cm lang.

SORGE FÜR EIN BISSCHEN GRÜN IN DEINEM STRAUSS UND HÄKLE DIR EIN PAAR BLÄTTER FÜR DIE BLUMEN – GANZ EINFACH UND GANZ SCHNELL.

ANLEITUNG

BLATT

Schneide ein etwa 10-12 cm langes Stück Draht ab. Klebe nun das grüne Garn an eines der Drahtenden ca. 4 cm vom Anfang entfernt und wickle das Garn ca. 5x (in Richtung Anfang) um den Draht, um es gut zu befestigen. Nun wird direkt weitergehäkelt. Führe dafür deine Häkelnd unter den Draht hindurch, hole den Faden, sodass 1 Schlinge auf der Nd liegt, führe nun die Häkelnd über das Drahtende und hole den Faden erneut, ziehe ihn durch die auf der Nd befindlichen Schlinge (= 1 Km), 1 Lm. Jetzt geht es weiter mit dem eigentlichen Blatt. Die nachfolgenden M werden immer um den Draht herum gehäkelt. Überhäkle dabei den Anfangsfaden mit der folgenden R.

Rd 1: 1 fM, 4 Stb, 10 DStb, 4 Stb, 1 fM (= 1. Seite des Blattes). Drehe den Draht nun um 180° und häkle für die 2. Seite des Blattes noch einmal 1 fM, 4Stb, 10 DStb, 4 Stb, 1 fM um den Draht herum. Stich dafür zwischen die M der 1. Blattseite ein. Verbinde die letzte M und die 1. M mit 1 Km.

Rd 2: 1 Steige-Lm, häkle nun in jede M der 1. Rd 1 fM und schließe die Rd mit 1 Km.

Schneide den Faden nach ca. 15 cm ab und ziehe ihn durch die Schlinge, aber vernähe ihn nicht. Kürze das Drahtende der Spitze auf die eigentliche Blattlänge. Befestige nun das frei gelassene Drahtende vom Anfang am Blumenstängel und umwickle beides mit dem überschüssigen Garn. Klebe das Endstück vom Garn am Stängel fest.

FLOWER BOUQUET

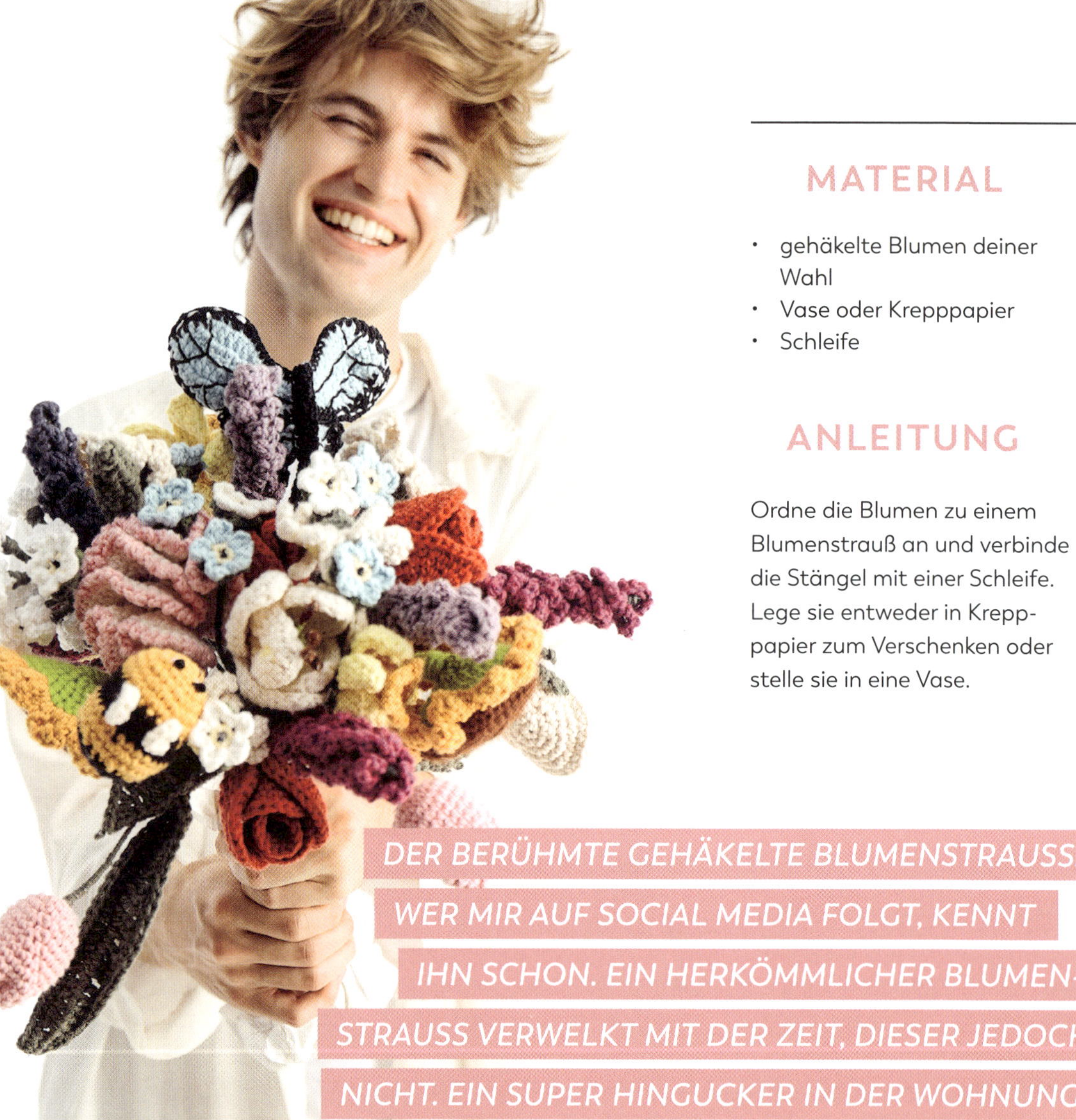

MATERIAL

- gehäkelte Blumen deiner Wahl
- Vase oder Krepppapier
- Schleife

ANLEITUNG

Ordne die Blumen zu einem Blumenstrauß an und verbinde die Stängel mit einer Schleife. Lege sie entweder in Krepppapier zum Verschenken oder stelle sie in eine Vase.

DER BERÜHMTE GEHÄKELTE BLUMENSTRAUSS. WER MIR AUF SOCIAL MEDIA FOLGT, KENNT IHN SCHON. EIN HERKÖMMLICHER BLUMENSTRAUSS VERWELKT MIT DER ZEIT, DIESER JEDOCH NICHT. EIN SUPER HINGUCKER IN DER WOHNUNG, ZU HOCHZEITEN ODER ALS GESCHENK.

DU BRAUCHST EIN AUSGEFALLENES KOSTÜM FÜR DIE NÄCHSTE MOTTOPARTY? DANN BASTLE DIR AUS DEINEN GEHÄKELTEN BLUMEN EINE KRONE. SUPER EINFACH UND SUPERSCHNELL.

MATERIAL

- gehäkelte Blumen deiner Wahl (4-5 Blumen)
- Draht, ø 1,1 mm

ANLEITUNG

Schneide ein etwa 50 cm langes Stück Draht ab und forme es zu einem Kreis, nimm den Draht dafür zweifach. Achte darauf, dass der Kreis gut um den Kopf passt. Nun befestige die Blumen am Draht, indem du die Blumenstängel um den Kreis wickelst. Fertig.

FLOWER CROWN

PIECES

FOR MY BESTIES

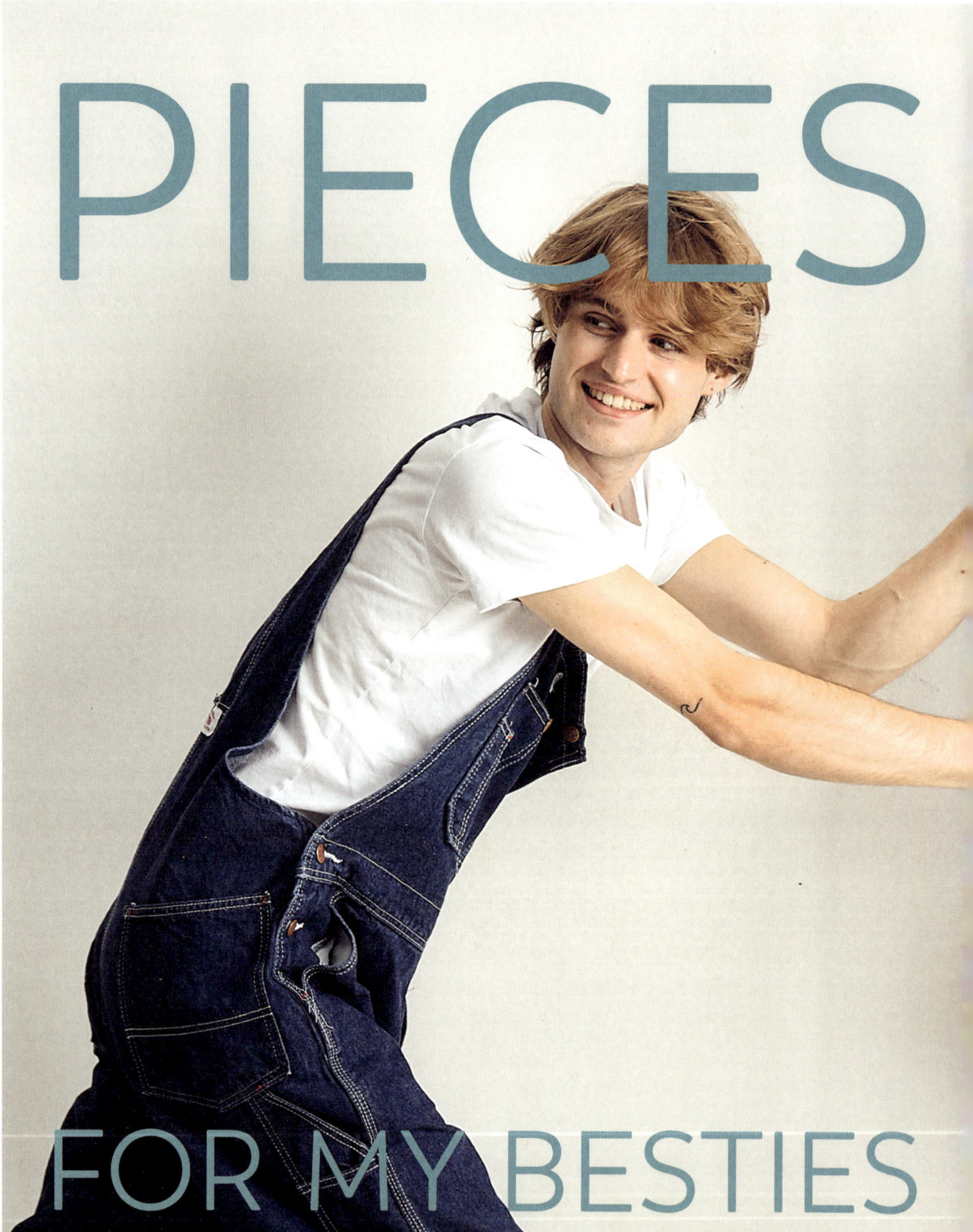

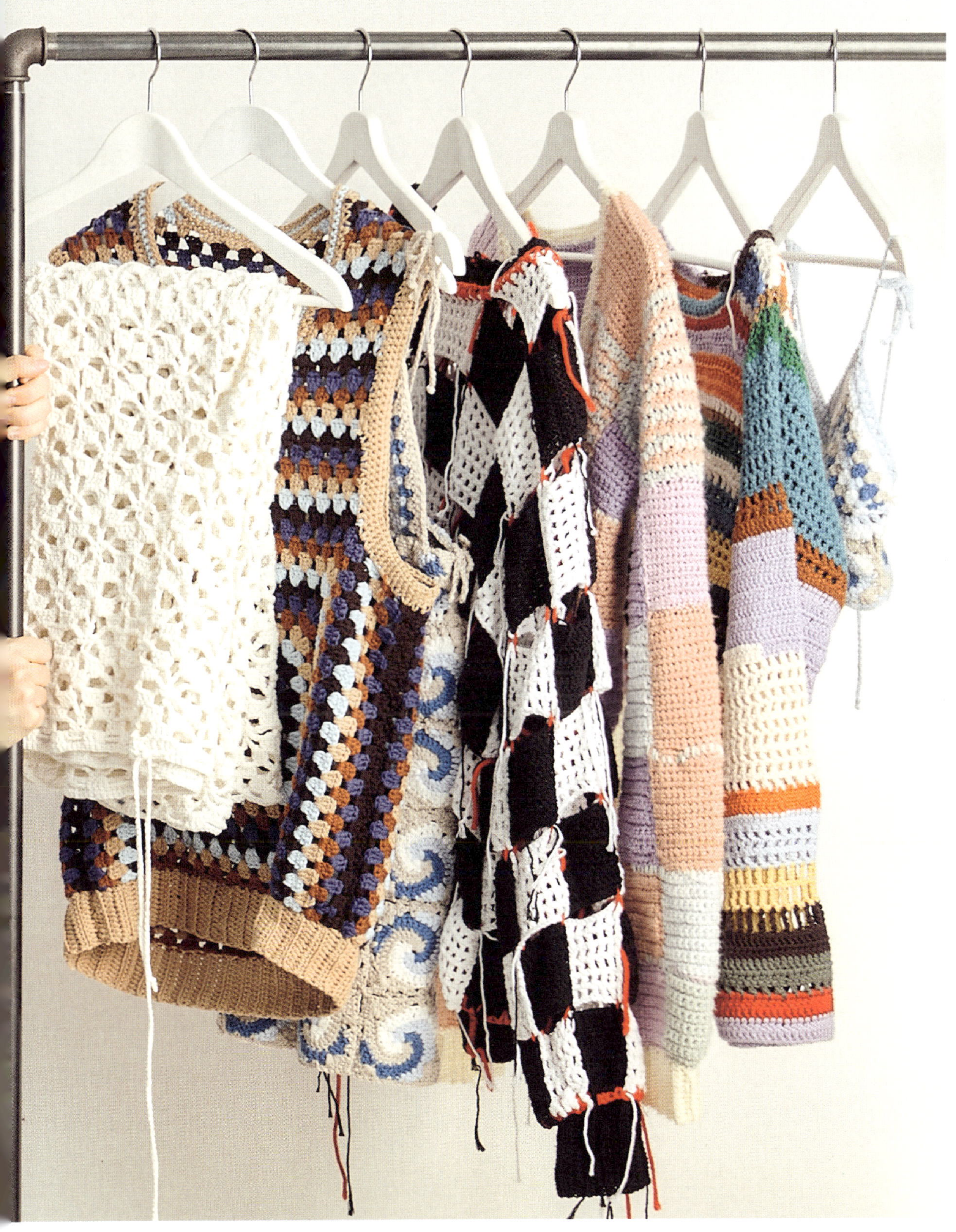

WAVE SUMMER DRESS

MATERIAL

- Hoooked DK Soft Cotton (100 % recycelte Baumwolle, LL 85 m/50 g) in Beige, 300 g und Dunkelblau, Hellblau und Weiß, je 150 g
- Häkelnadel 3,0-4,0 mm
- Schere
- Wollnadel
- Maßband

Dies ist ein Patchwork-Kleid und entspricht der Größe Small, für die Größen M (1 Rd mehr), L (2 Rd mehr) und XL (3 Rd mehr) fügst du jeweils eine Reihe mehr zu deinem Patch hinzu.

Tipp: Benutze ein Kleid, das dir sehr gut passt als Vorlage.

FARBWECHSEL

Für den Farbwechsel jeweils in der neuen Farbe mit 1 Km an der entsprechenden Stelle neu anschlingen.

ANLEITUNG

WELLEN-PATCH (54x)

Beginne mit Weiß.

Rd 0: Schlage 4 Lm an und schließe die Lm-Kette mit 1 Km in die 1. Lm zum Ring.
Rd 1 in Weiß (Farbe 1): Häkle 1 Steige-Lm, 1 fM, hStb und 2 Stb in den Ring, ziehe mit deiner Häkelnd eine große Schlaufe, damit sich die gehäkelten M nicht auftrennen und befestige deine nächste Farbe (Hellblau) neben deinem letzten weißen Stb mit 1 Km.
Rd 1 in Hellblau (Farbe 2): Häkle 1 Steige-Lm, 1 fM, hStb und 2 Stb in den Ring, ziehe mit deiner Häkelnd eine große Schlaufe, damit sich die gehäkelten M nicht auftrennen und befestige deine nächste Farbe (Dunkelblau) neben deinem letzten hellblauen Stb mit 1 Km.
Rd 1 in Dunkelblau (Farbe 3): Häkle 1 Steige-Lm, 1 fM, hStb und 2 Stb in den Ring, ziehe mit deiner Häkelnd eine große Schlaufe, damit sich die ge-

Falls du hierfür ein Video-Tutorial benötigst, dann schaue gerne hier vorbei: https://youtu.be/6hrJoeuOots

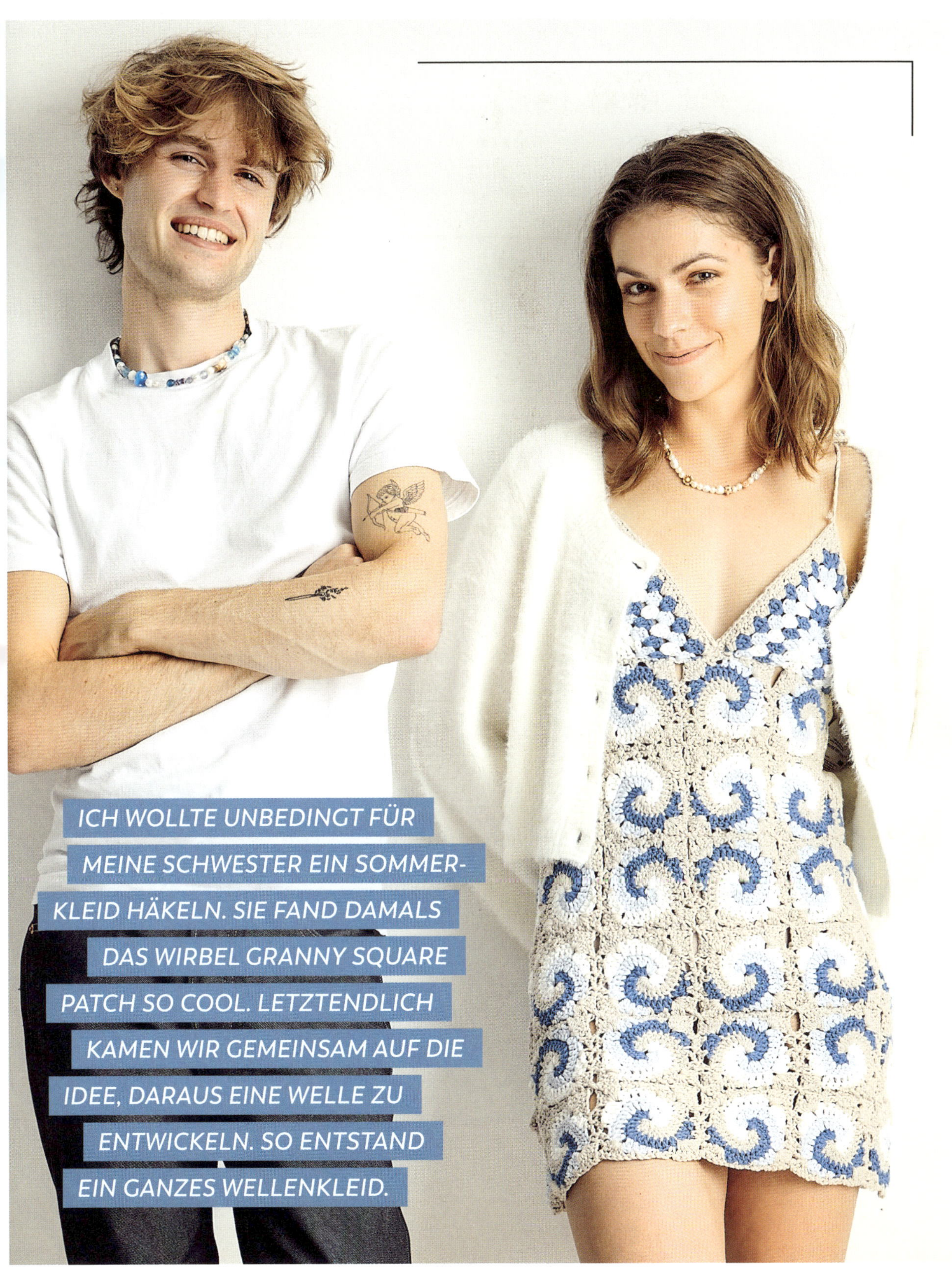

ICH WOLLTE UNBEDINGT FÜR MEINE SCHWESTER EIN SOMMERKLEID HÄKELN. SIE FAND DAMALS DAS WIRBEL GRANNY SQUARE PATCH SO COOL. LETZTENDLICH KAMEN WIR GEMEINSAM AUF DIE IDEE, DARAUS EINE WELLE ZU ENTWICKELN. SO ENTSTAND EIN GANZES WELLENKLEID.

häkelten M nicht auftrennen und befestige deine nächste Farbe (Beige) neben deinem letzten dunkelblauen Stb mit 1 Km.

Rd 1 in Beige (Farbe 4): Häkle 1 Steige-Lm, 1 fM, hStb und 2 Stb in den Ring, ziehe mit deiner Häkelnd eine große Schlaufe, damit sich die gehäkelten M nicht auftrennen.

Nimm die weiße Schlinge wieder auf, ziehe die Schlinge fest und häkle in Weiß weiter.

Rd 2: Häkle 2 Stb in die 1. hellblaue fM, 1 Stb in das hellblaue hStb und 2 Stb in das 1. hellblaue Stb, ziehe eine große Schlaufe, damit sich die gehäkelten M nicht auftrennen und nimm die Schlaufe deiner nächsten Farbe wieder auf. Häkle nun mit den folgenden 3 Farben genauso wie mit der 1. Farbe.

Nimm die weiße Schlinge wieder auf, ziehe die Schlinge fest und häkle in Weiß weiter.

Rd 3: Häkle 2 Stb in das folgende hellblaue Stb, je 1 Stb in die folgenden 3 hellblauen Stb und 2 Stb in das folgenden hellblaue Stb. Ziehe eine große Schlaufe, und nimm die Schlaufe deiner nächsten Farbe wieder auf. Häkle nun mit den folgenden 3 Farben genauso wie mit der 1. Farbe.

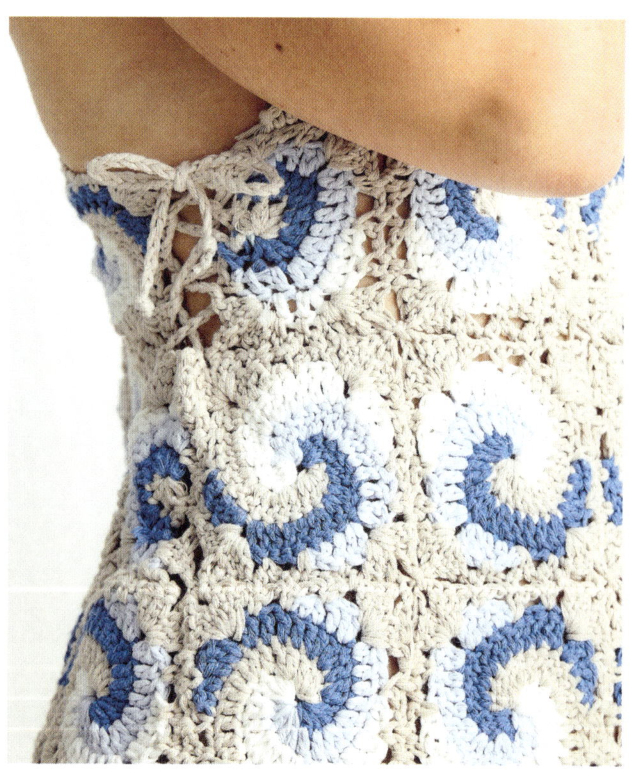

Nimm die weiße Schlinge wieder auf, ziehe die Schlinge fest und häkle in Weiß weiter.

Rd-Abschluss: Häkle 2 Stb in das folgende hellblaue Stb und je 1 Stb, 1 hStb, 1 fM und 1 Km in die folgenden 4 hellblauen Stb. Schneide den weißen Faden ab, ziehe ihn durch die Schlaufe und vernähe ihn. Nimm die Schlaufe deiner nächsten Farbe wieder auf. Häkle nun diesen Abschluss mit den folgenden 3 Farben genauso wie mit der 1. Farbe.

OPTIONAL FÜR GRÖSSERE GRÖSSEN

Um einen größeren Patch zu erzielen, häkelst du vor der Abschluss-Rd weitere Rd an.

Rd 4: In jeder Farbe 2 Stb in die folgende M, je 1 Stb in die folgenden 5 M, 2 Stb in die nächste M häkeln (= Größe M-L).

Rd 5: In jeder Farbe 2 Stb in die folgende M, je 1 Stb in die folgenden 7 M, 2 Stb in die nächste M häkeln (= Größe L-XL).

HALBES WELLEN-PATCH (4x)

Beginne mit Dunkelblau.

Rd 0: Einen Magic-Ring anfertigen.

R 1 in Dunkelblau: Häkle 1 Steige-Lm, 1 fM, hStb und 2 Stb in den Ring, ziehe mit deiner Häkelnd eine große Schlaufe, damit sich die gehäkelten M nicht auftrennen und befestige deine nächste Farbe (Beige) neben

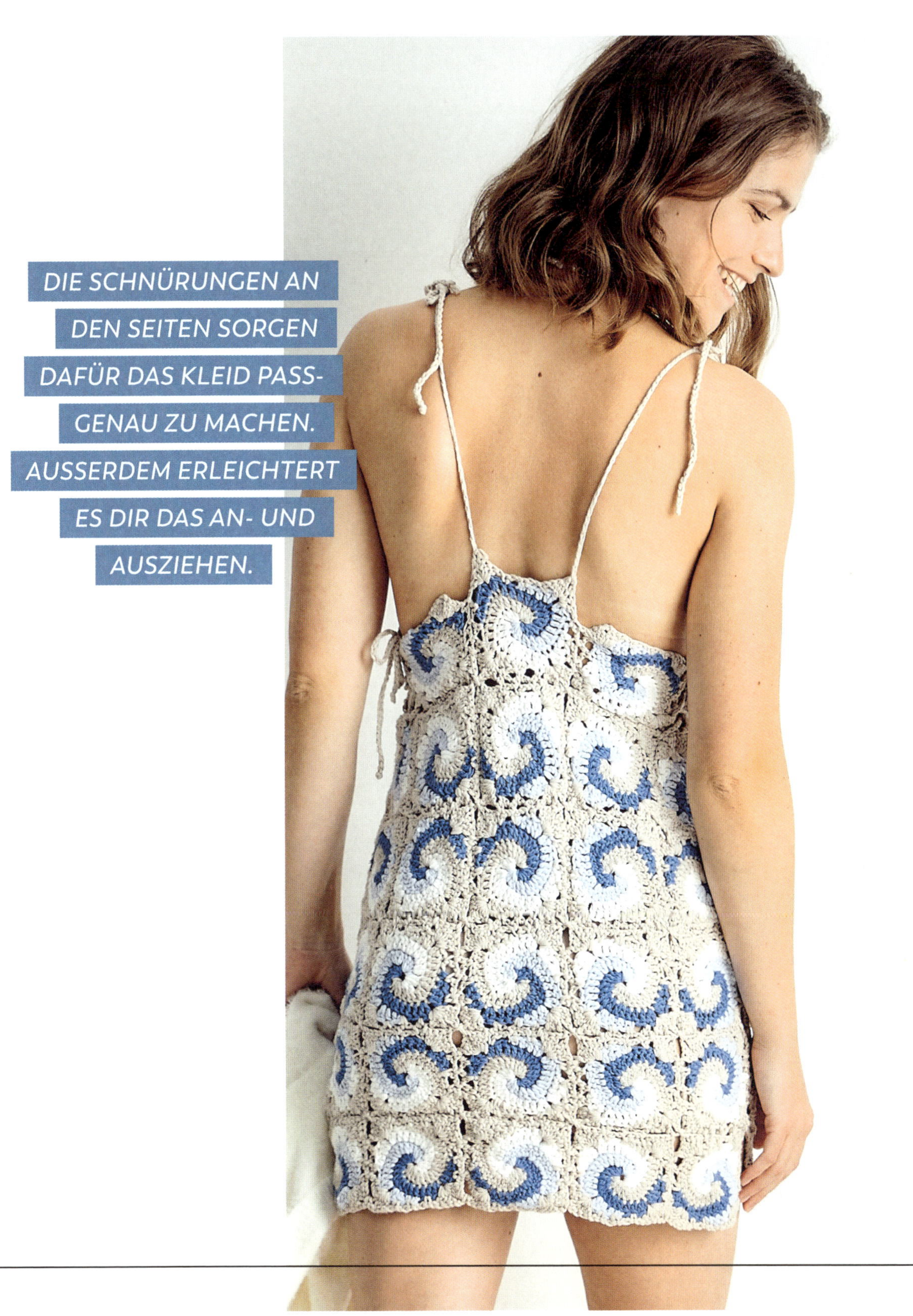

DIE SCHNÜRUNGEN AN DEN SEITEN SORGEN DAFÜR DAS KLEID PASSGENAU ZU MACHEN. AUSSERDEM ERLEICHTERT ES DIR DAS AN- UND AUSZIEHEN.

deinem letzten dunkelblauen Stb mit 1 Km.

R 2 in Beige: Häkle 1 Steige-Lm, 1 fM, hStb und 2 Stb in den Ring. Schneide den beigefarbenen Faden ab, ziehe ihn durch die Schlaufe und vernähe ihn. Nimm die dunkelblaue Schlinge wieder auf, ziehe die Schlinge fest und häkle in Dunkelblau weiter.

R 3 in Dunkelblau: Häkle je 2 Stb, 1 Stb, 2 Stb und 2 Stb in die folgenden 4 beigefarbenen M. Schneide den dunkelblauen Faden ab, ziehe ihn durch die Schlaufe und vernähe ihn.

R 4 in Hellblau: Befestige das hellblaue Garn mit einem Knoten am rechten Rand (an der 1. dunkelblauen fM). Häkle nun 2 Steige-Lm und in die 11 dunkelblauen M je 1 Stb, 1 Stb, 2x 2 Stb, 3x 1 Stb, 2x 2 Stb, 1 Stb und 1 hStb. Schneide den hellblauen Faden ab, ziehe ihn durch die Schlaufe und vernähe ihn.

Abschluss-R in Weiß: Befestige das weiße Garn mit einem Knoten am rechten Rand (an der 2. hellblauen Steige-Lm). Häkle nun 2 Steige-Lm und in die 7 hellblauen M je 1 Stb, 2x 2 Stb, 1 Stb, 1 hStb, 1 fM und 1 Km. Schneide den weißen Faden ab, ziehe ihn durch die Schlaufe und vernähe ihn.

OPTIONAL FÜR GRÖSSERE GRÖSSEN

Um einen größeren Patch zu erzielen, häkelst du vor der Abschluss-Rd weitere Rd an.

R 5: Befestige dein weißes Garn mit einem Knoten auf der rechten Seite. Häkle 2 Lm, 1 Stb in dieselbe M, 1 Stb, 2x 2 Stb, je 1 Stb in die folgenden 3 M, 2x 2 Stb, 5x 1 Stb, 1x 2 Stb, 1 hStb (= Größe M-L)

R 6: Befestige dein beigefarbenes Garn mit einem Knoten auf der rechten Seite. Häkle 2 Lm, 1 Stb in dieselbe M, 1 Stb, 2x 2 Stb, je 1 Stb in die folgenden 5 M, 2x 2 Stb, 5x 1 Stb, 1x 2 Stb, 7 Stb (= Größe L-XL)

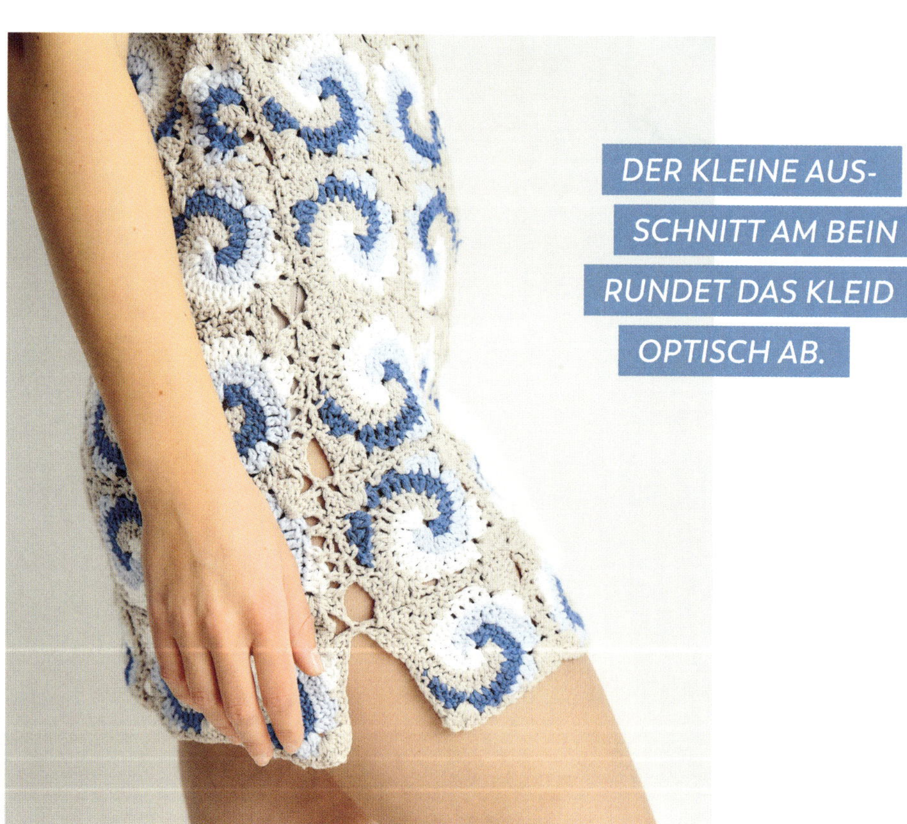

DER KLEINE AUSSCHNITT AM BEIN RUNDET DAS KLEID OPTISCH AB.

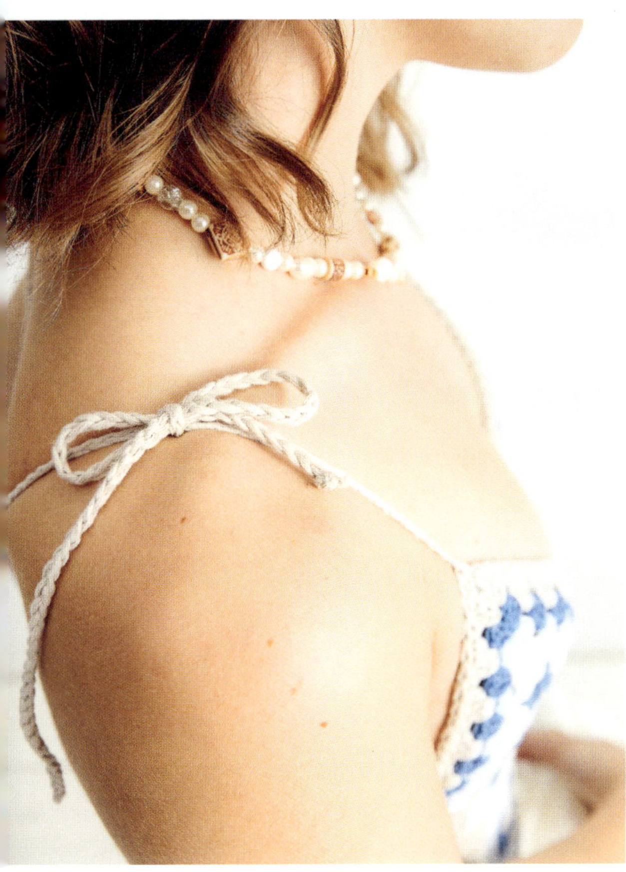

Patches werden umhäkelt, wie in Häkelschrift 1 in Rot angedeutet. Verbinde dann die Patches beim Umhäkeln mit Km an den mit Pfeil gekennzeichneten Stellen. Benutze hierfür das beigefarbene Garn und beginne beim Doppelpfeil mit R 1 (rot gezeichnet). Zum besseren Verständnis ist die R 2 in Grün und die R 3 in Blau dargestellt. Das Verbindungsschema zeigt einen Teil der Patches und muss sinngemäß ergänzt werden. Ich empfehle dir hier auch noch einmal in mein Video zu schauen. Dort erkläre ich dir noch einmal genau, wie es geht.

Cup: Nähe nun deine beiden Cups mittig an der oberen Kante des Vorderteils mit einer Wollnd fest.

Optional Verzierung: Du kannst, um deine Cups zu verzieren, eine weitere R fM um die äußere R deines Cups häkeln.

Träger: Befestige nun dein beigefarbenes Garn an den Spitzen deiner Cups und häkle eine Lm-Kette von 60 Lm. Wiederhole den Prozess an der Rückseite deines Kleides an den Ecken deines mittleren Patches. Verbinde die 4 Träger-Schnüre jeweils mit zwei Schleifen oberhalb deiner Schulter.

Seitenschnürung: 120 Lm anschl und die Enden jeweils verknoten. Fädel nun deinen Lm-Strang wie bei einem Korsett an den Seiten durch die Lm-Bogen hindurch und schließe sie mit einer Schleife, um das Kleid an deinen Körper anzupassen.

CUP (2x)

FARBFOLGE

Je 1 Rd/R in Weiß, Hellblau, Dunkelblau, Weiß, Hellblau, Dunkelblau und Beige. Beginne mit Weiß.

Rd 0: Schlage 4 Lm an und schließe die Lm-Kette mit 1 Km in die 1. Lm zum Ring.

R 1: 2 Steige-Lm (ersetzt das 1. Stb), 2 Stb, 1 Lm, 6 Stb, 1 Lm, 6 Stb in den Ring häkeln und die Rd mit 1 Lm und 1 Km in die 2. Steige-Lm schließen. Schneide das Garn ab, ziehe es durch die Schlinge und vernähe es.

R 2: 2 Steige-Lm, 2 Stb, 3 Stb zwischen das 3. und 4. der 6 weißen Stb, 5 Stb, 1 Lm und 5 Stb in die folgende Lm, 3 Stb zwischen das 3. und 4. der 6 weißen Stb, 1 Stb.

Häkle nun in der oben genannten Farbfolge nach der Häkelschrift weiter bis zur 7. R.

Optional: Für einen größeren Cup häkelst du mehr R an.

FERTIGSTELLUNG

Verbindung der Patches: Ordne zuerst alle Patches nach den Schemazeichnungen für Vorder-, Rücken- und Seitenteile an. Dann verbinde die Patches wie im Verbindungsschema exemplarisch dargestellt. Die

HÄKELSCHRIFT 1

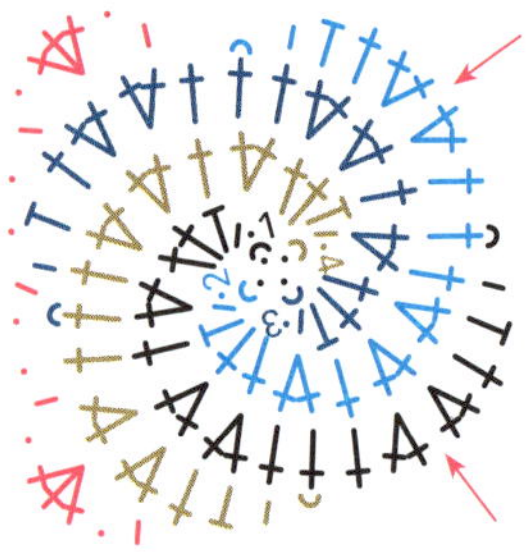

HÄKELSCHRIFT 2

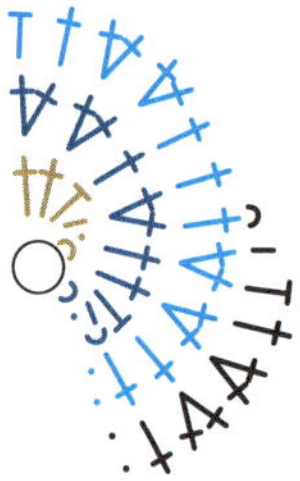

HÄKELSCHRIFT 3

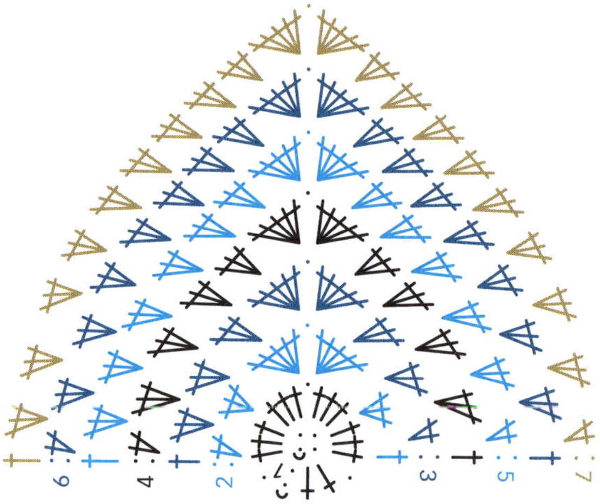

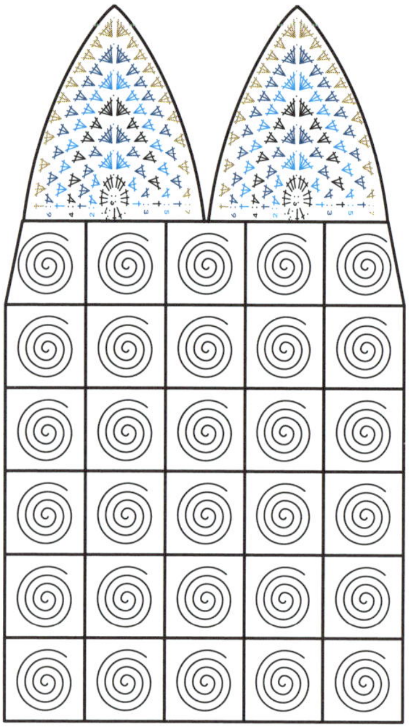

SCHEMA VORDERTEIL

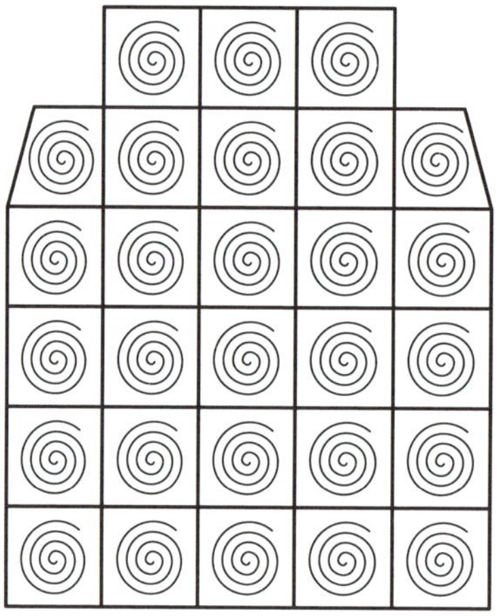

SCHEMA RÜCKENTEIL

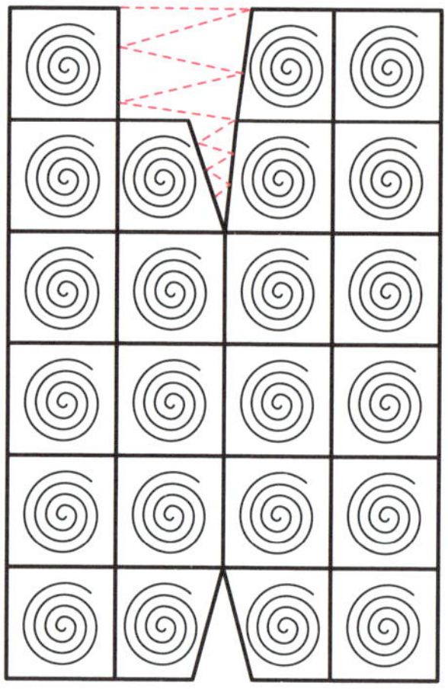

SCHEMA SEITENTEIL

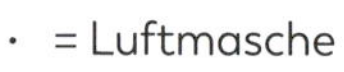

· = Luftmasche

ı = feste Masche

† = Stäbchen

← = Richtungspfeil

VERBINDUNGSSCHEMA

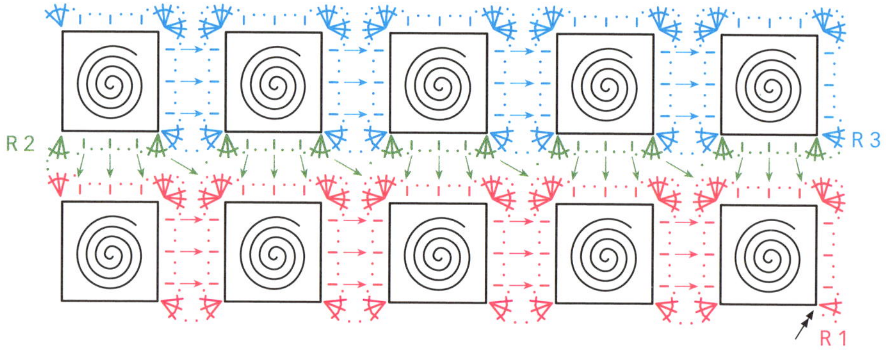

R 2

R 3

R 1

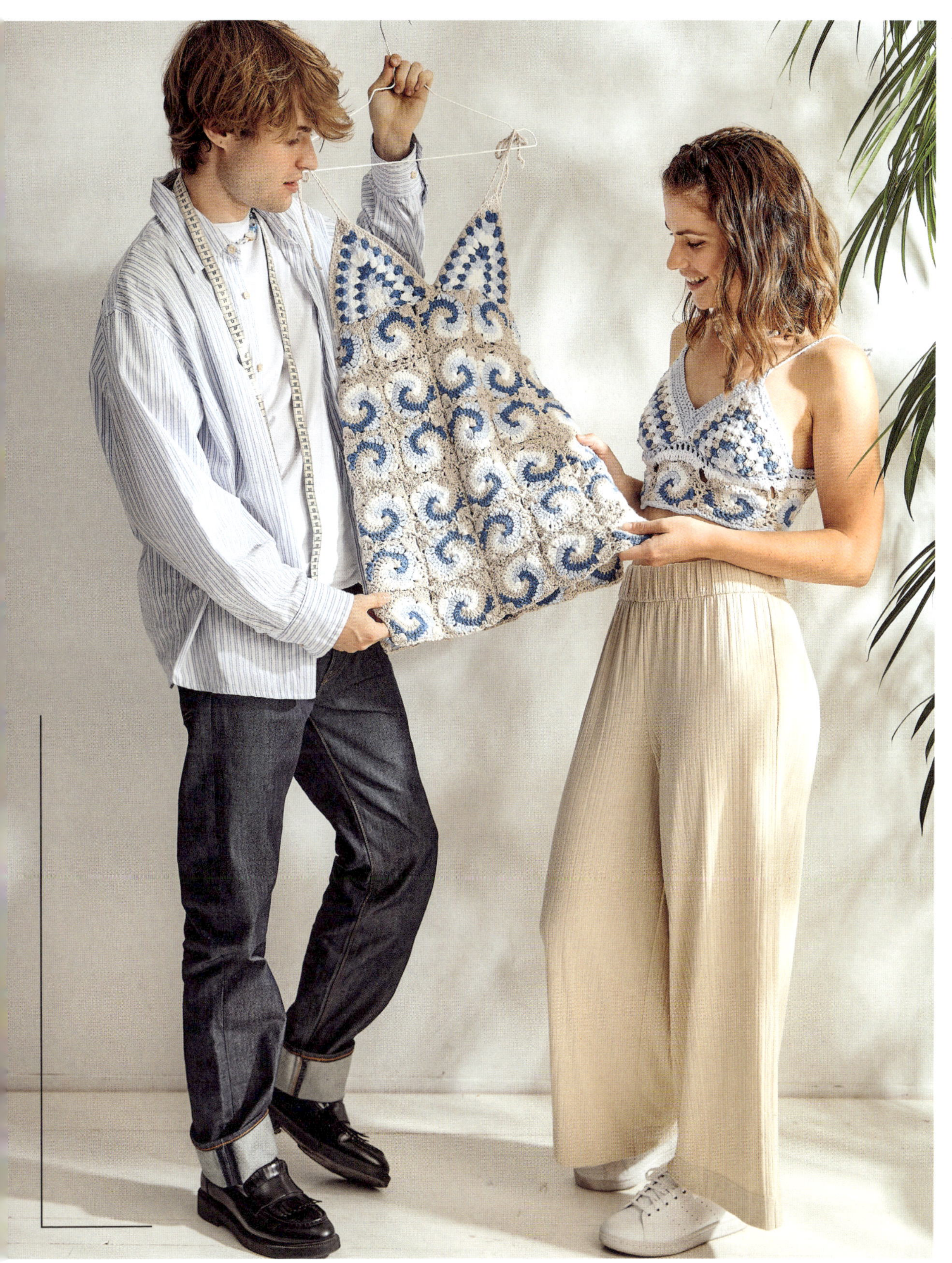

WAVE SUMMER TOP

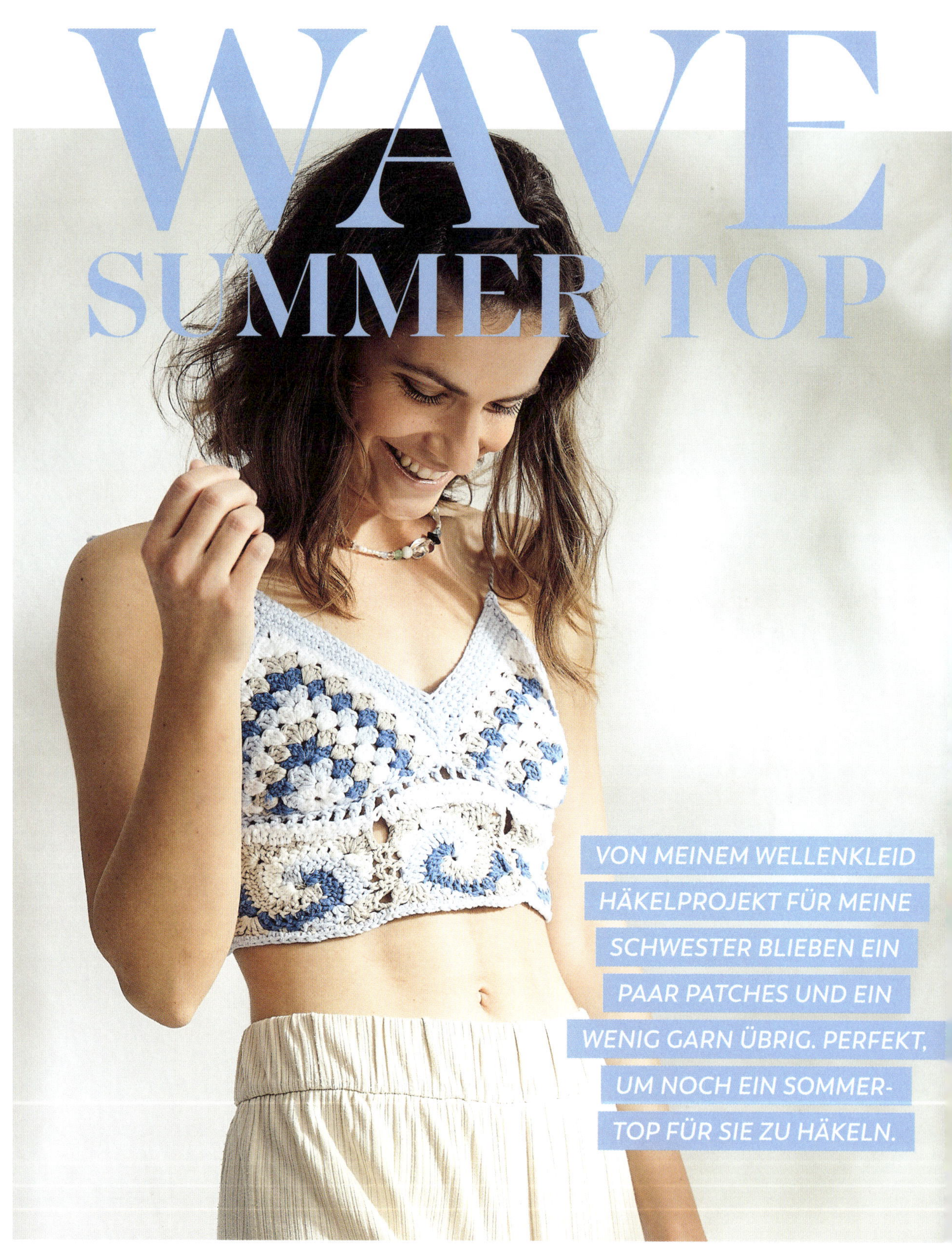

VON MEINEM WELLENKLEID HÄKELPROJEKT FÜR MEINE SCHWESTER BLIEBEN EIN PAAR PATCHES UND EIN WENIG GARN ÜBRIG. PERFEKT, UM NOCH EIN SOMMER-TOP FÜR SIE ZU HÄKELN.

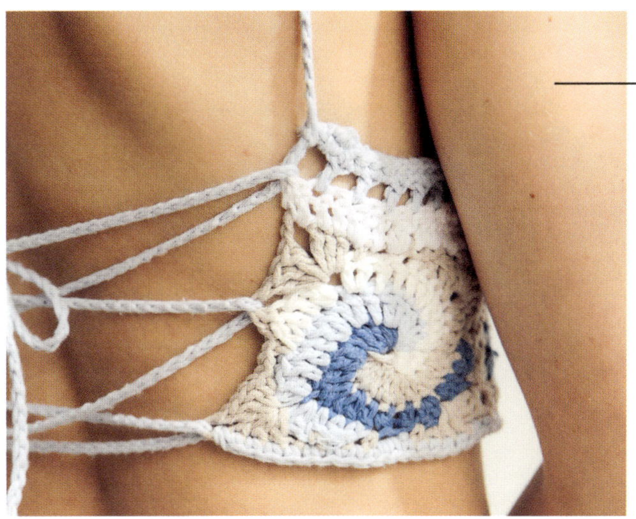

MATERIAL

- Hoooked DK Soft Cotton (100 % recycelte Baumwolle, LL 85 m/50 g) in Hellblau, 100 g, in Weiß, Beige und Dunkelblau, je 50 g
- Häkelnadel 3,0-4,0 mm
- Schere
- Wollnadel
- Maßband

Dies ist ein Patchwork-Top und entspricht der Größe Small, für die größere Größen fügst du jeweils eine Reihe mehr zu deinem Patch hinzu: M (1 Runde mehr), L (2 Runden mehr) und XL (3 Runden mehr) .

Tipp: Benutze ein Top, das dir sehr gut passt als Vorlage.

FARBWECHSEL

Für den Farbwechsel jeweils in der neuen Farbe mit 1 Km an der entsprechenden Stelle neu anschlingen.

ANLEITUNG

WELLEN PATCH (5x)

Die Anleitung findest du auf Seite 42 (s. Wellenkleid)

CUP (2x)

FARBFOLGE

Je 1 Rd/R in Weiß, * Hellblau, Dunkelblau, Beige und Weiß, ab * noch 1x wdh
Beginne mit Weiß.

Rd 0: Schlage 4 Lm an und schließe die Lm-Kette mit 1 Km in die 1. Lm zum Ring.
R 1: 2 Steige-Lm (ersetzt das 1. Stb), 2 Stb, 1 Lm, 6 Stb, 1 Lm, 6 Stb in den Ring häkeln und die Rd mit 1 Lm und 1 Km in die 2. Steige-Lm schließen. Schneide das Garn ab, ziehe es durch die Schlinge und vernähe es.
R 2: 2 Steige-Lm, 2 Stb, 1 Lm, 3 Stb zwischen das 3. und 4. der 6 weißen Stb, 1 Lm, 3 Stb, 1 Lm und 3 Stb in die folgende Lm, 1 Lm, 3 Stb zwischen das 3. und 4. der 6 weißen Stb, 1 Lm und 3 Stb in die folgende Lm.

Häkle nun in der oben genannten Farbfolge nach der Häkelschrift weiter bis zur 9. R.

FERTIGSTELLUNG

Verbindung der Patches: Ordne und verbinde die Patches wie im Verbindungsschema dargestellt. Die Patches werden umhäkelt, wie gezeichnet. Verbinde dann die Patches beim Umhäkeln mit Km an den mit Pfeil gekennzeichneten Stellen. Benutze hierfür das beigefarbene Garn und beginne beim Doppelpfeil mit R 1 (rot gezeichnet). Häkle danach R 1.2 (grün gezeichnet).

Befestige nun das weiße Garn an der oberen linken Ecke deines 5. Patches und häkle R 2 (schwarz gezeichnet) auf die obere Kante der Patches. Schneide das Garn ab, ziehe es durch die Schlinge und vernähe es.
Befestige nun das hellblaue Garn und häkle R 3 (hellblau gezeichnet).

Cup: Nähe nun deine beiden Cups mittig an der oberen Kante des Vorderteils mit einer Wollnadel fest.

Optional Verzierung: Du kannst, um deine Cups zu verzieren, eine weitere R fM um die äußere R deines Cups häkeln.
Verzierung: Schmücke dein Top mit weiteren Verzierungen. Ich habe z.B. die Cups weiter mit fM umhäkelt, um den Ausschnitt zu minimieren. Außerdem habe ich eine weitere R fM an der unteren Kante der Patches hinzugefügt.
Korsettschnürung: In Hellblau 200 Lm anschl und die Enden jeweils verknoten. Fädel nun deinen Lm-Strang durch die Lm-Bogen an den Seiten von Patch 1 und 5 wie bei einem Korsett und schließe sie mit einer Schleife, um das Top an deinen Körper anzupassen.
Schulterträger: Befestige nun dein hellblaues Garn an den Spitzen deiner Cups und häkle eine Lm-Kette von 60 Lm. Wiederhole den Prozess an der Rückseite deines Tops an den Ecken des 1. und 5. Patches. Verbinde die 4 Träger Schnüre jeweils mit zwei Schleifen oberhalb deiner Schulter.

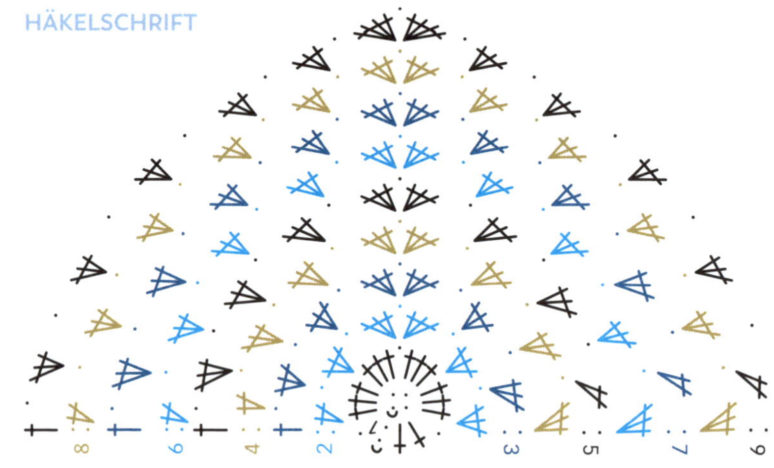

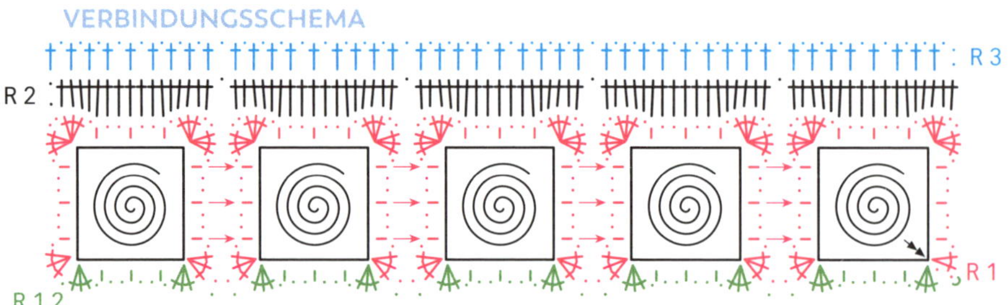

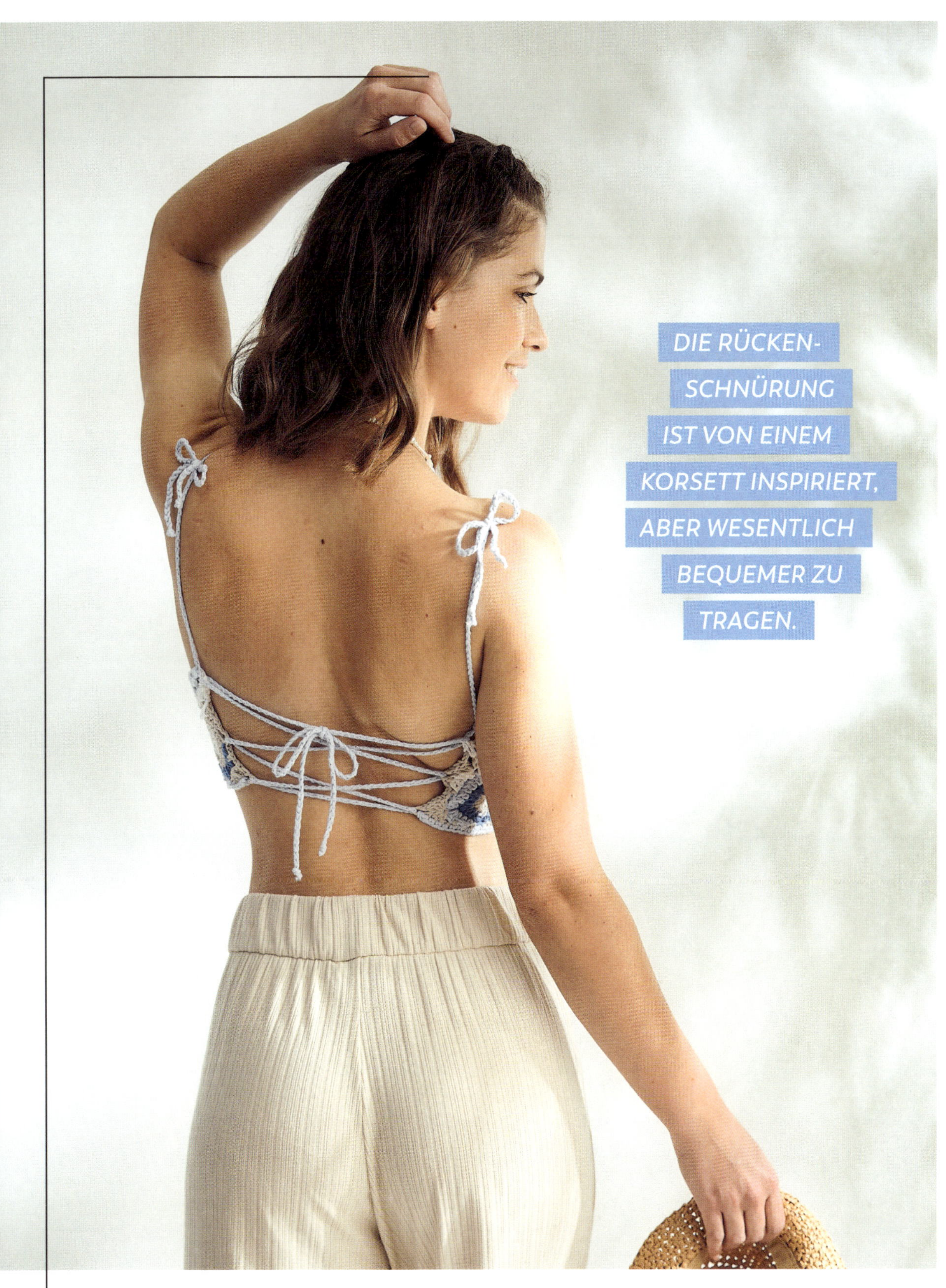
DIE RÜCKEN-
SCHNÜRUNG
IST VON EINEM
KORSETT INSPIRIERT,
ABER WESENTLICH
BEQUEMER ZU
TRAGEN.

BEAUTIFUL DAY SWEATER

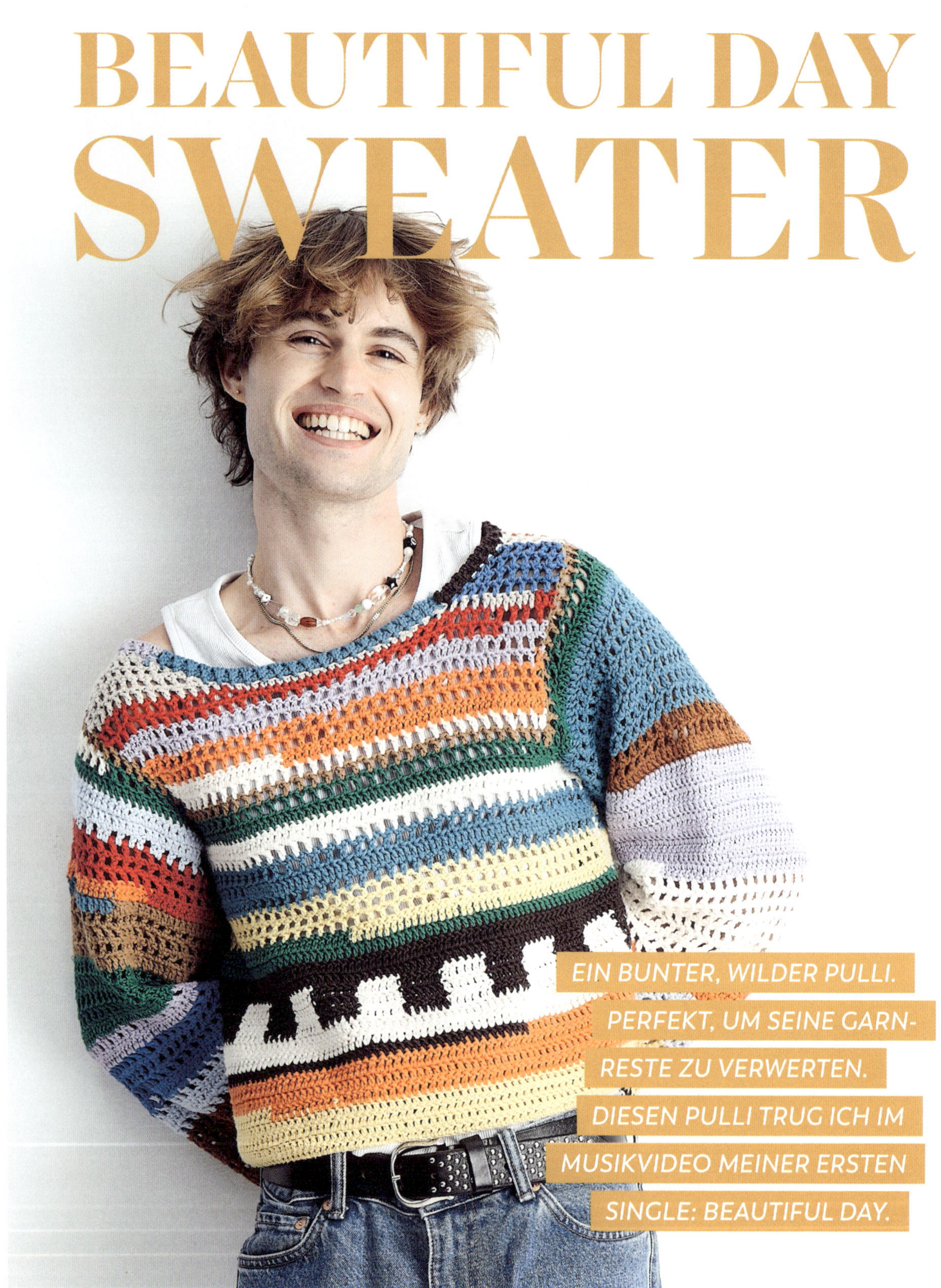

EIN BUNTER, WILDER PULLI. PERFEKT, UM SEINE GARN-RESTE ZU VERWERTEN. DIESEN PULLI TRUG ICH IM MUSIKVIDEO MEINER ERSTEN SINGLE: BEAUTIFUL DAY.

MATERIAL

- Hoooked DK Soft Cotton (100 % recycelte Baumwolle, LL 85 m/50 g) in den Farben deiner Wahl. Meine Empfehlung: Gelb, Creme, Orange, Dunkelbraun, Dunkelgrün, Petrol, Hellbraun, Lila, Rot, Hellblau, insgesamt 500 g
- Häkelnadel 3,0 mm
- Schere
- Wollnadel
- Maßband
- Maschenmarkierer

Diese Anleitung entspricht einer Herrengröße Small und einer Damengröße Medium.

Tipp: Benutze hierfür einen Pulli, der dir gut passt als Referenz.

So kannst du den Pullover nach deinen persönlichen Vorlieben enger oder weiter gestalten: Kontrolliere die Weite deines Vorder- und Rückenteils nach ein paar ersten Reihen und prüfe, ob die Maße mit Blick auf deinen Referenzpulli so passen. Je nachdem, wie locker oder fest du häkelst, könnte der Pullover größer oder kleiner ausfallen. Falls der Pullover noch nicht die richtige Größe hat, kannst du eine kleinere (wenn der der Pullover zu groß ist) oder größere (wenn der Pullover zu klein ist) Häkelnadel verwenden.

ANLEITUNG

VORDER- UND RÜCKENTEIL (= Körperteil)

Beginne mit einer Farbe deiner Wahl.

R 0: Schlage 155 Lm locker an (entspricht ca. 92 cm Umfang).

Hier häkelst du die Anzahl an Lm, sodass diese Kette die perfekte Passform um deinen Bauch hat.

R 1: 1 Stb in die 3. Lm von der Nd aus, dann in jede Lm des Anschlags 1 Stb häkeln und wenden.
R 2-25: 2 Steige-Lm, dann in jedes Stb der Vor-R 1 Stb häkeln und wenden.

Du solltest jetzt eine Gesamthöhe von ca. 26 cm erreicht haben.

Achtung: Bei diesem Projekt kannst du die Farben und Häkelmuster so oft wechseln, wie du willst. Ich empfehle mindestens 2-3 R dieselbe Farbe zu benutzen und dann zu wechseln. Das gilt auch für die Häkelmuster. Ich wechsle hier zwischen normalen Stäbchen, Gittermuster (= * 1 Stb, die folgende M mit 1 Lm übergehen, ab * fortlaufend wdh) und Schachbrettmuster, dass bei der Checkered Bag, Checkered Beanie und den Checkered Fingerless Gloves zum Einsatz kommt (siehe Seite 86-99) hin und her, ganz ohne festen Plan und wie es mir gerade gefällt. So wird der Sweater ein einzigartiges Designer-Stück.

ÄRMEL (2x)

R 0: Schlage 75 Lm locker an (entspricht ca. 46 cm Umfang).

Hier häkelst du die Anzahl an Lm, sodass diese Kette die perfekte Passform um deinen Oberarm/Schulter hat.

R 1: 1 Stb in die 3. Lm von der Nd aus, dann in jede Lm des Anschlags 1 Stb häkeln und wenden.
R 2-25: 2 Steige-Lm, dann in jedes Stb der Vor-R 1 Stb häkeln und wenden.

Du solltest jetzt eine Gesamthöhe von ca. 56 cm erreicht haben.

Achtung: Hier häkelst du so lange, bis die Fläche die gesamte Länge deines Armes erfasst und du knapp unter der Schulter angekommen bist, wenn du den Ärmel einmal „anprobierst". Du kannst auch hier Farben und Muster nach Belieben wechseln und auch innerhalb einer R mit ihnen spielen.

HÄKELSCHRIFT 1

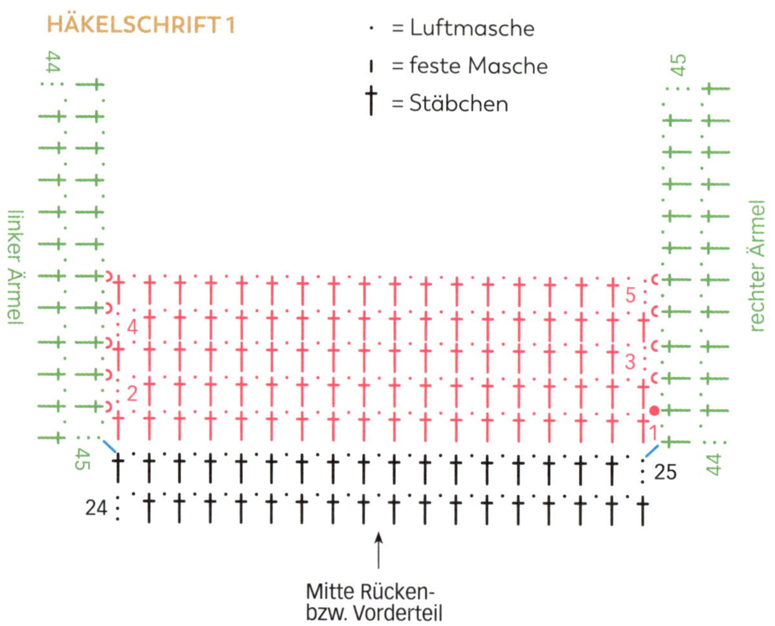

HÄKELSCHRIFT 2

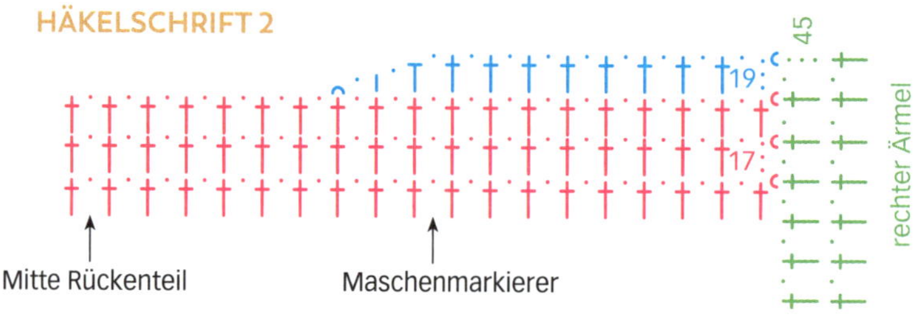

HÄKELSCHRIFT 3

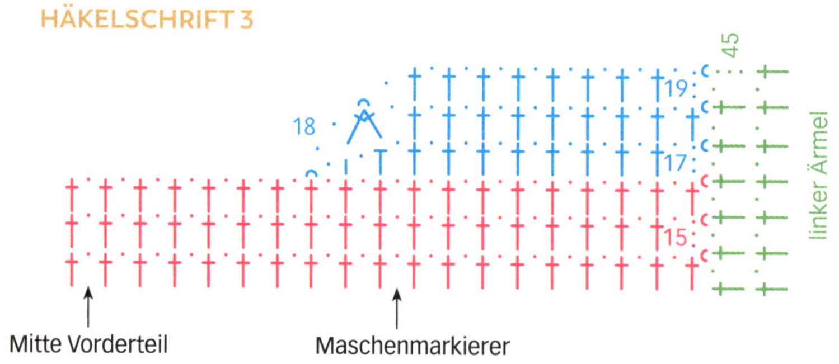

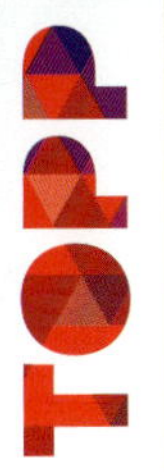

SO BUNT WIE DAS LEBEN

Makramee

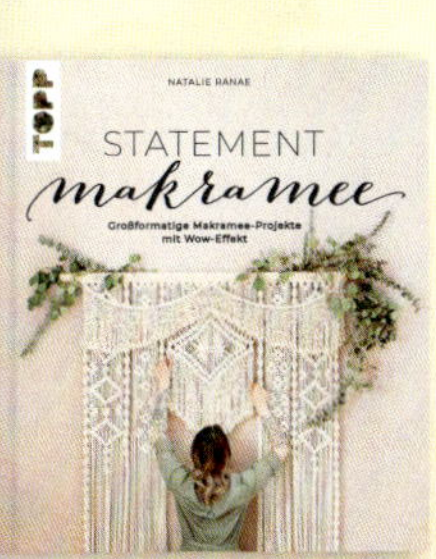

Statement Makramee. Großformatige Makramee-Projekte mit Wow-Effekt
ISBN 978-3-7358-**5039**-3
176 S., HC, € (D) 25,00

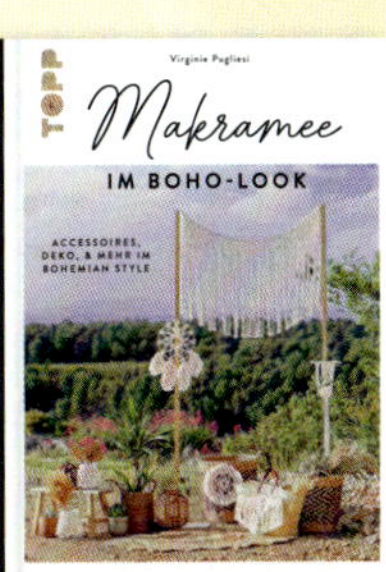

Makramee im Boho-Look. Accessoires, Deko & mehr im Bohemian Style
ISBN 978-3-7358-**5031**-7
160 S., HC, € (D) 22,00

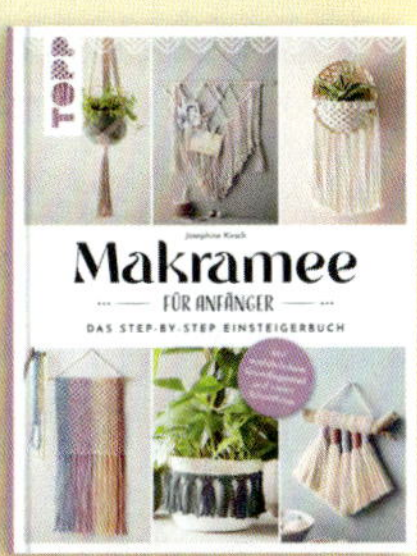

Makramee für Anfänger
ISBN 978-3-7358-**5119**-2
96 S., HC, € (D) 14,99

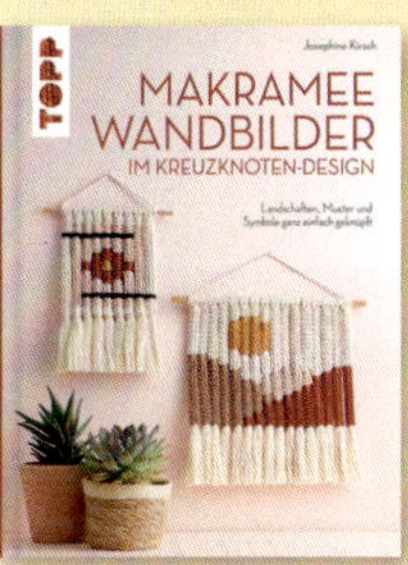

Makramee Wandbilder im Kreuzknoten-Design
ISBN 978-3-7358-**5126**-0
64 S., HC, € (D) 12,99

Kreativ Leben

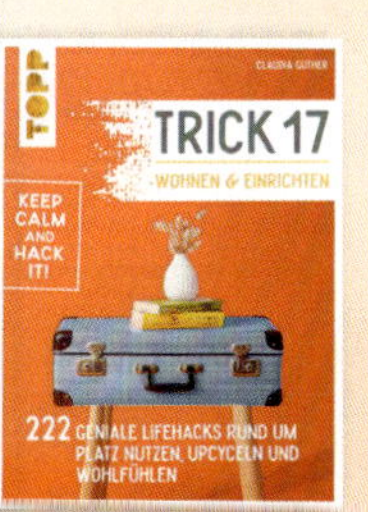

Trick 17 - Wohnen und Einrichten
ISBN 978-3-7358-**5091**-1
320 S., SC, € (D) 20,00

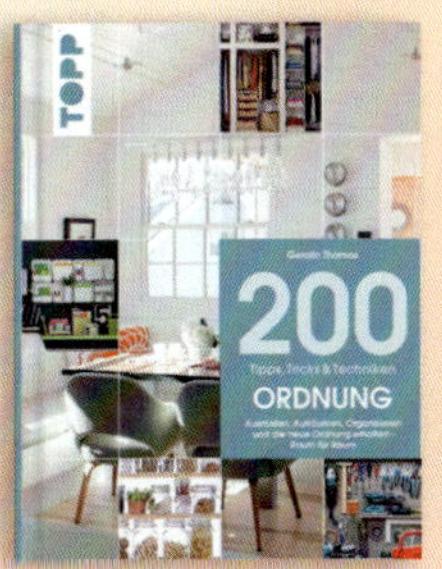

200 Tipps, Tricks und Techniken: Ordnung
ISBN 978-3-7358-**5099**-7
176 S., HC, € (D) 22,99

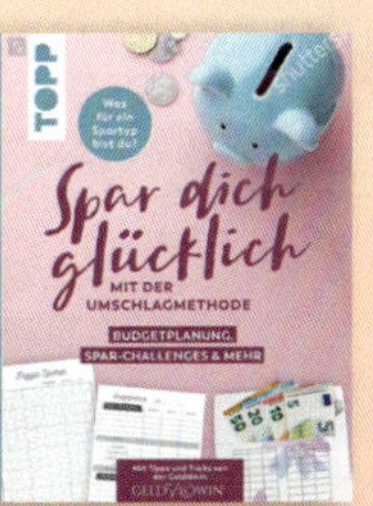

Spar dich glücklich
ISBN 978-3-7358-**5103**-1
112 S., SC, € (D) 14,00

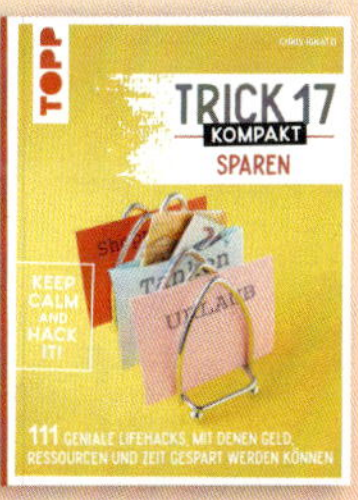

Trick 17 kompakt Sparen – Clevere Tipps und Tricks für Verbraucherinnen und Verbraucher
ISBN 978-3-7358-**5085**-0
160 S., SC, € (D) 14,00

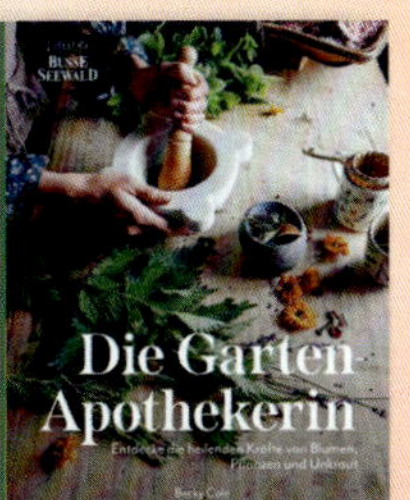

Die Gartenapothekerin
ISBN 978-3-7358-**5096**-6
176 S., SC, € (D) 25,00

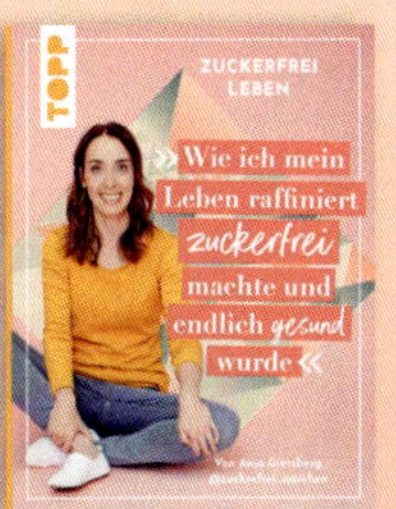

Zuckerfrei leben. Wie ich mein Leben raffiniert zuckerfrei machte und endlich gesund wurde.
ISBN 978-3-7358-**5107**-9
128 S., SC, € (D) 18,00

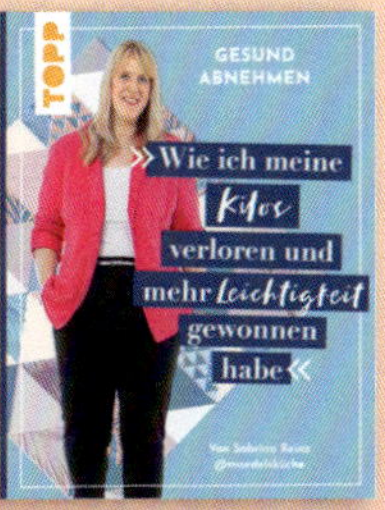

Mein Weg zur Wohlfühlfigur. Wie ich eine Menge Kilos verloren und einen Haufen Lebensfreude gewonnen habe
ISBN 978-3-7358-**5110**-9
144 S., SC, € (D) 18,00

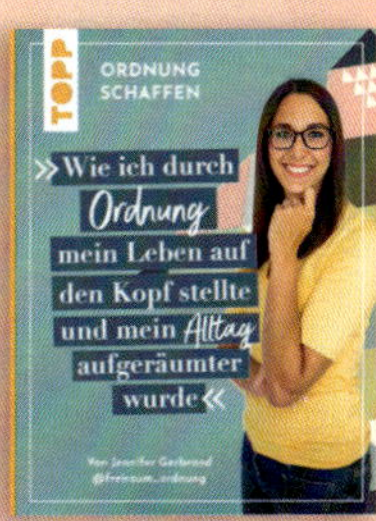

Ordnung schaffen. Wie ich durch Ordnung mein Leben auf den Kopf stellte und mein Alltag aufgeräumter wurde
ISBN 978-3-7358-**5129**-1
128 S., SC, € (D) 18,00

www.topp-kreativ.de

Ausmalen

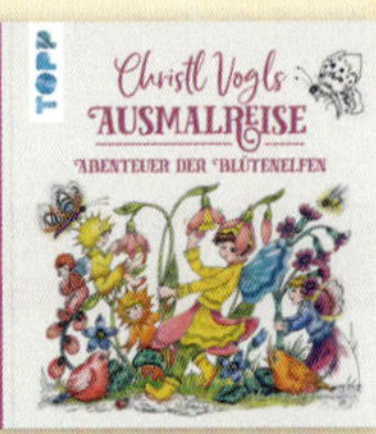

Christl Vogls Ausmalreise - Abenteuer der Blütenelfen
ISBN 978-3-7358-**8057**-4
96 S., SC, € (D) 12,99

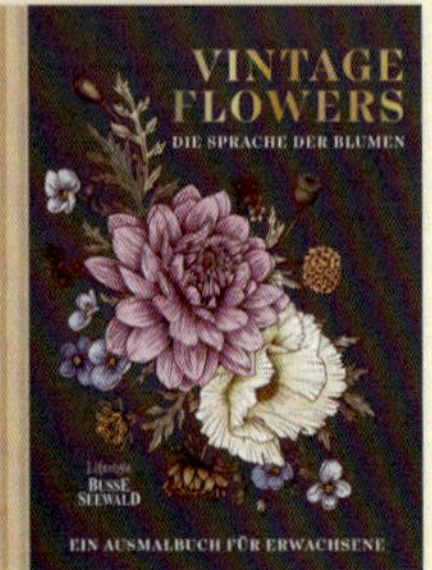

Vintage Flowers – Die Sprache der Blumen
ISBN 978-3-7358-**5112**-3
176 S., SC, € (D) 25,00

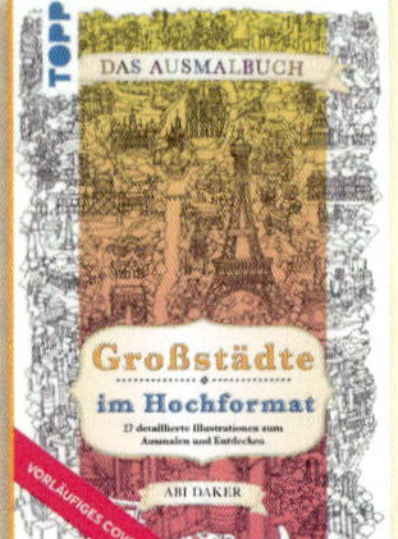

Großstädte im Hochformat - das Ausmalbuch
ISBN 978-3-7358-**8082**-6
64 S., SC, € (D) 15,00

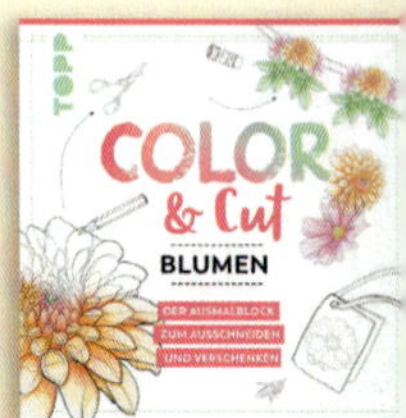

Color & Cut - Blumen
ISBN 978-3-7358-**8054**-3
96 S., SC, € (D) 12,99

Malen & Zeichnen

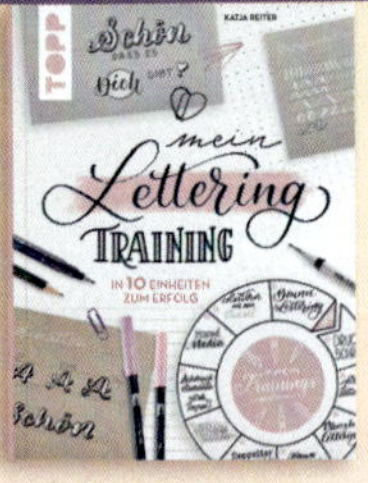

Mein Lettering-Training
ISBN 978-3-7358-**8010**-9
128 S., SC, € (D) 18,00

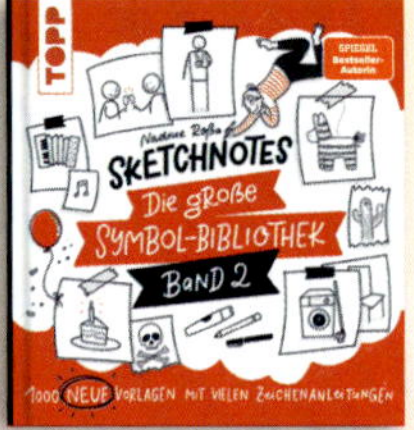

Sketchnotes. Die große Symbol-Bibliothek. Band 2
ISBN 978-3-7358-**8000**-0
144 S., HC, € (D) 22,00

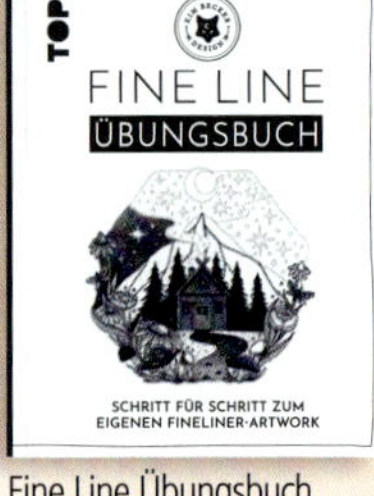

Fine Line Übungsbuch
ISBN 978-3-7358-**8012**-3
64 S., SC, € (D) 10,00

FLORAL & FEIN

Floral & Fein
Beeindruckende botanische Ill rationen mit Fineliner zeichner
ISBN 978-3-7358-**8048**-2
128 S., HC, € (D) 19,99

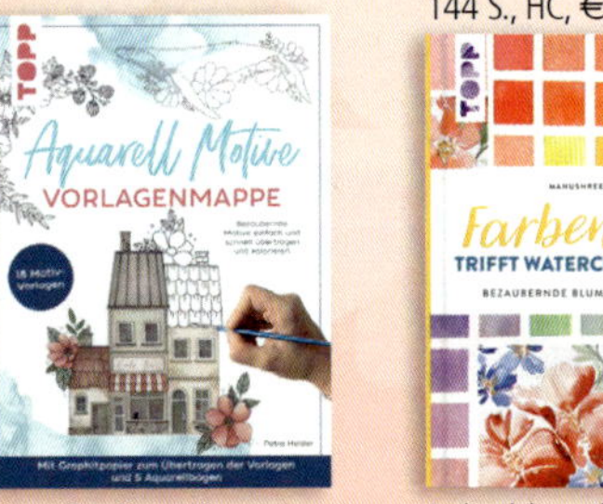

Aquarellvorlagenmappe
ISBN 978-3-7358-**8062**-8
48 S., SC, € (D) 24,99

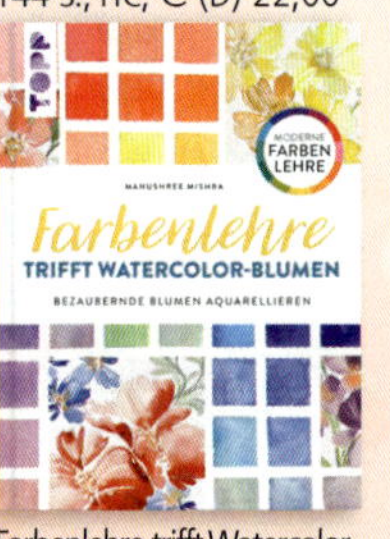

Farbenlehre trifft Watercolor-Blumen
ISBN 978-3-7358-**8038**-3
128 S., HC, € (D) 25,00

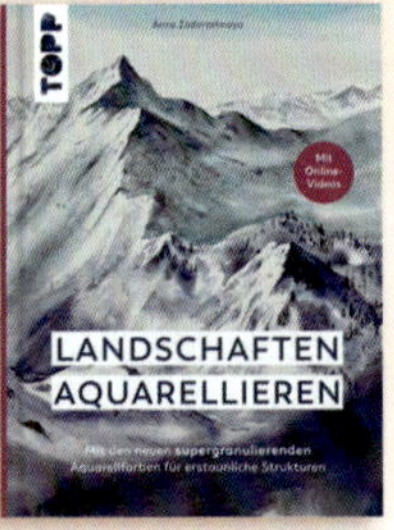

Landschaften aquarellieren
Mit den neuen supergranulierenden Aquarellfarben
ISBN 978-3-7358-**8037**-6
144 S., HC, € (D) 24,99

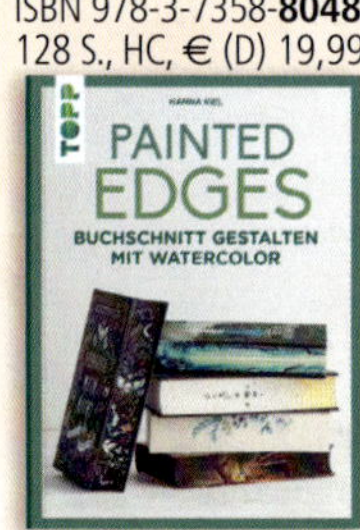

Painted Edges • Buchschnitt gestalten mit Watercolor
ISBN 978-3-7358-**8064**-2
128 S., SC, € (D) 19,99

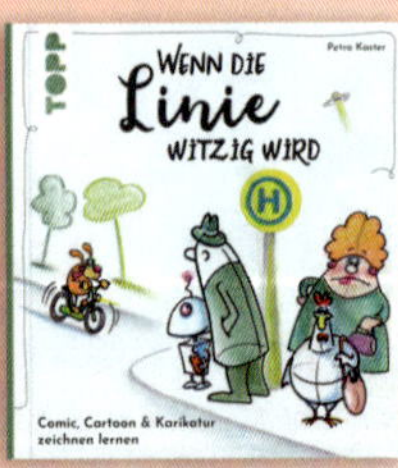

Wenn die Linie lustig wird
Comic, Cartoons & Karikatur zeichnen lernen
ISBN 978-3-7358-**8014**-7
144 S., SC, € (D) 19,99

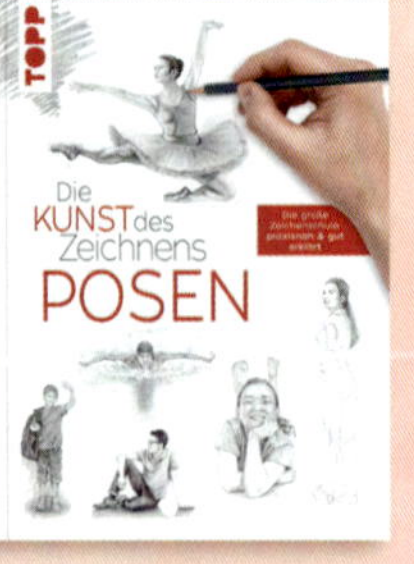

Die Kunst des Zeichnens - Posen
ISBN 978-3-7358-**8045**-1
128 S., HC, € (D) 22,00

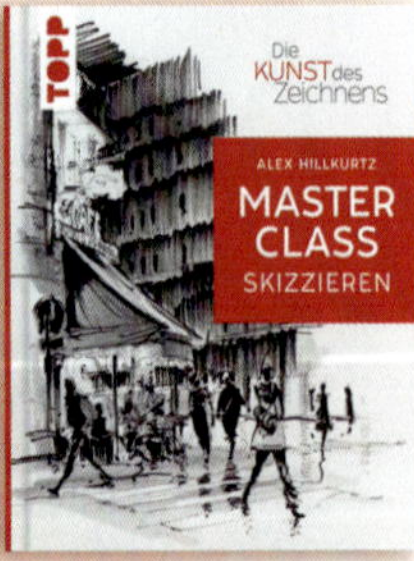

Die Kunst des Zeichnens
Masterclass - Skizzieren
ISBN 978-3-7358-**8063**-5
144 S., HC, € (D) 25,00

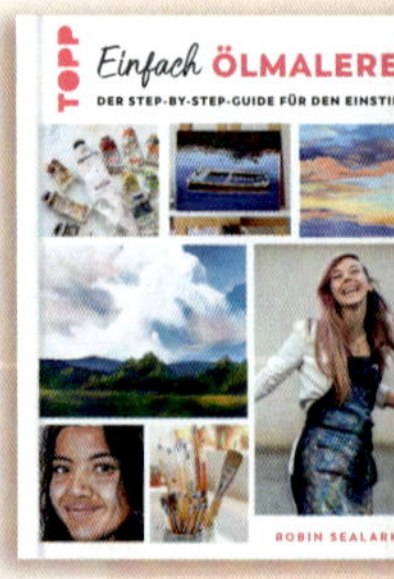

Einfach Ölmalerei
ISBN 978-3-7358-**8025**-3
128 S., HC, € (D) 22,00

Rätseln

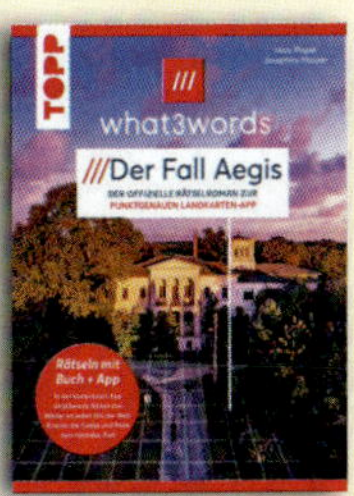

what3words Rätselbuch /// der. Fall.Aegis /// Die neue Landkarten-rätsel-Herausforderung
ISBN 978-3-7724-**8089**-8
80 S., SC, € (D) 12,00

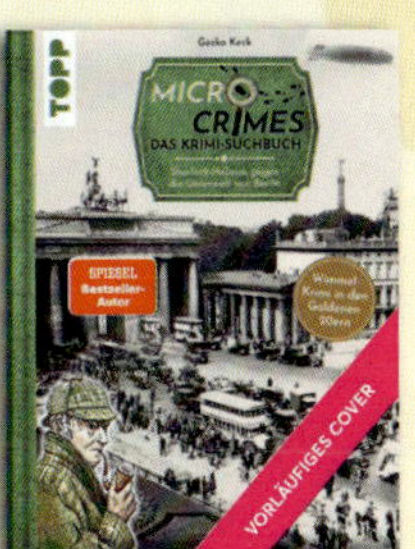

Micro Crimes. Das Krimi-Suchbuch. Sherlock Holmes gegen die Unterwelt von Berlin.
ISBN 978-3-7724-**9504**-5
48 S., HC, € (D) 20,00

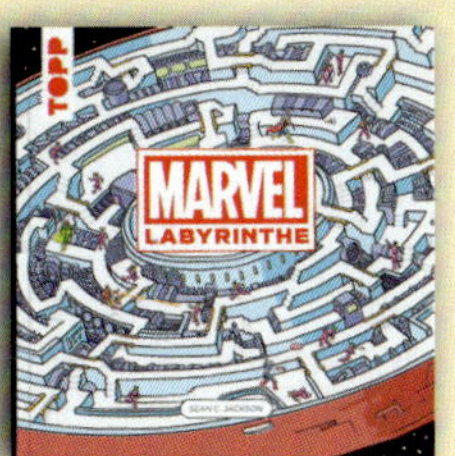

MARVEL Labyrinthe
Finde deinen Weg durch das größte Comic-Universum.
ISBN 978-3-7724-**9396**-6
64 S., SC, € (D) 16,00

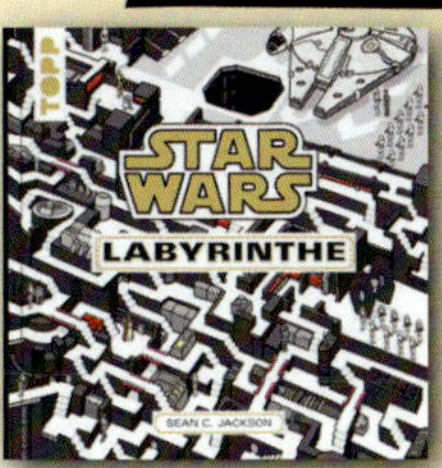

Star Wars Labyrinthe. Finde deinen Weg durch eine weit, weit entfernte Galaxis
ISBN 978-3-7724-**9395**-9
64 S., SC, € (D) 16,00

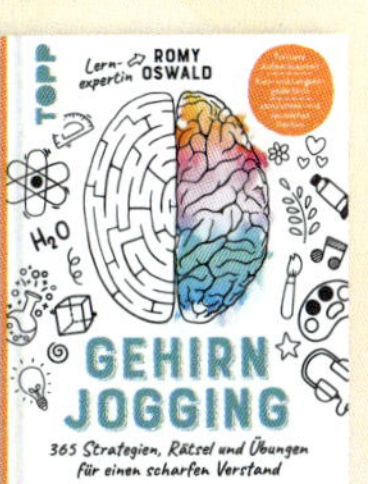

Gehirnjogging – 365 Strategien, Rätsel und Übungen für einen scharfen Verstand
ISBN 978-3-7724-**4400**-5
160 S., HC, € (D) 15,00

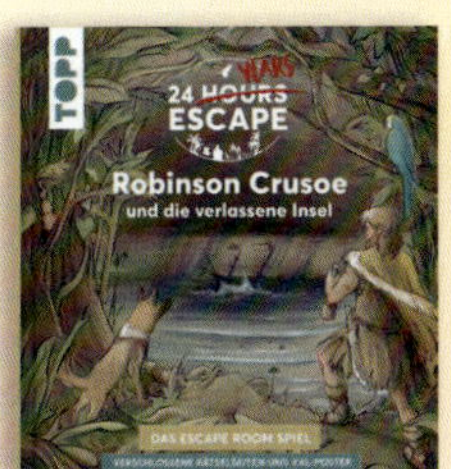

24 HOURS ESCAPE – Das Escape Room Spiel – Daniel Defoes Robinson Crusoe und die verlassene Insel
ISBN 978-3-7724-**8099**-7
112 S., SC, € (D) 15,99

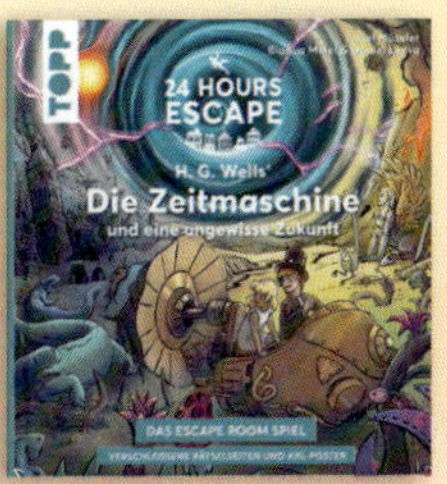

24 HOURS ESCAPE – Das Escape Room Spiel: H.G.Wells' Die Zeitmaschine und eine ungewisse Zukunft
ISBN 978-3-7724-**9399**-7
112 S., SC, € (D) 15,99

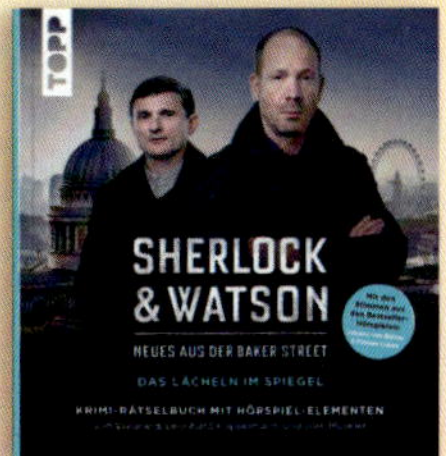

Sherlock & Watson – Neues aus der Baker Street: Das Lächeln im Spiegel
ISBN 978-3-7724-**9445**-1
144 S., SC, € (D) 19,99

KinderKreativ

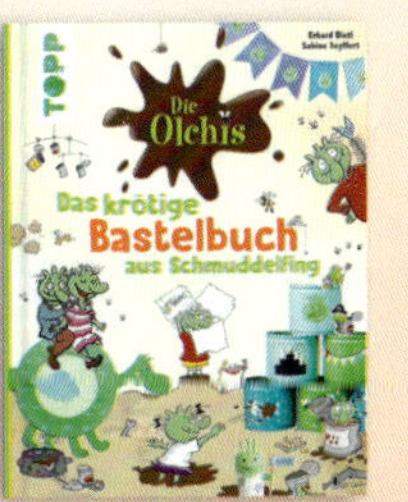

Die Olchis. Das krötige Bastelbuch aus Schmuddelfing
ISBN 978-3-7358-**9057**-3
80 S., HC, € (D) 13,99

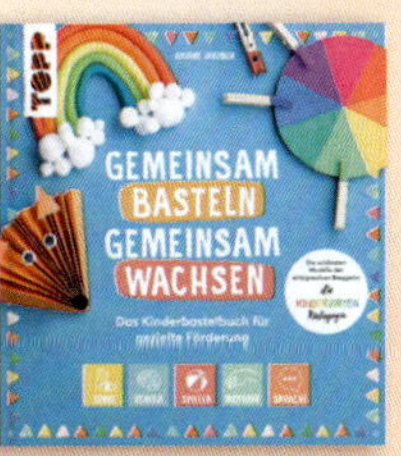

Gemeinsam basteln, gemeinsam wachsen - Das Kinderbastelbuch für gezielte Förderung
ISBN 978-3-7358-**9045**-0
128 S., HC, € (D) 17,99

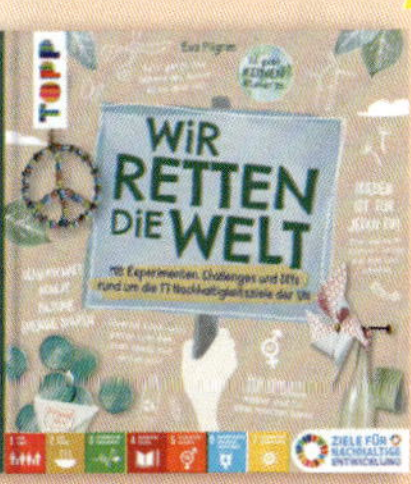

Wir retten die Welt • Mit Bastelideen, Experimente und Challenges
ISBN 978-3-7358-**9053**-5
128 S., HC, € (D) 17,99

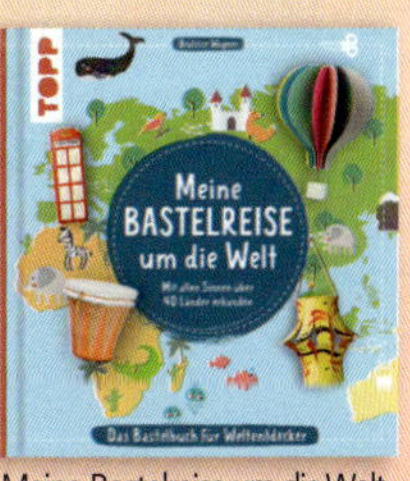

Meine Bastelreise um die Welt - Das Bastelbuch für Weltentdecker
ISBN 978-3-7358-**9069**-6
128 S., HC, € (D) 17,99

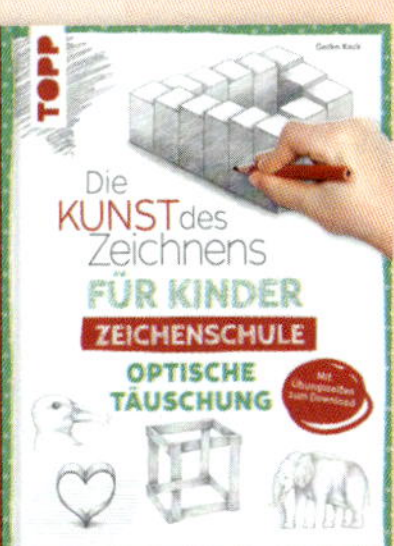

Die Kunst des Zeichnens für Kinder Zeichenschule - Optische Täuschung
ISBN 978-3-7358-**9054**-2
128 S., HC, € (D) 16,00

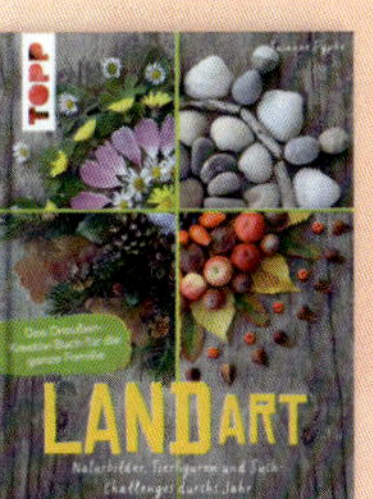

Land Art. Das Draußen-Kreativ-Buch für die ganze Familie
ISBN 978-3-7724-**4654**-2
128 S., HC, € (D) 15,99

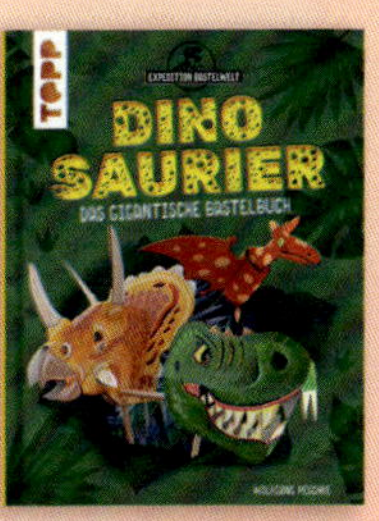

Dinosaurier
ISBN 978-3-7358-**9049**-8
80 S., HC, € (D) 13,99

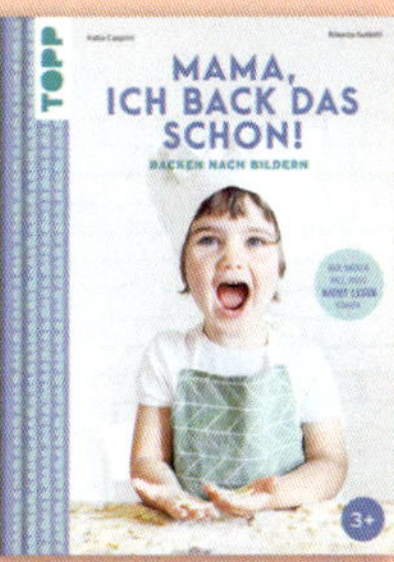

Mama, ich back das schon! Backen nach Bildern
ISBN 978-3-7358-**9048**-1
80 S., HC, € (D) 14,99

DIY / Basteln

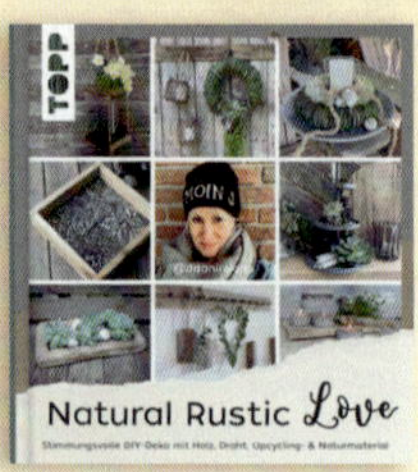

Natural Rustic Love
ISBN 978-3-7358-**5109**-3
128 S., HC, € (D) 18,00

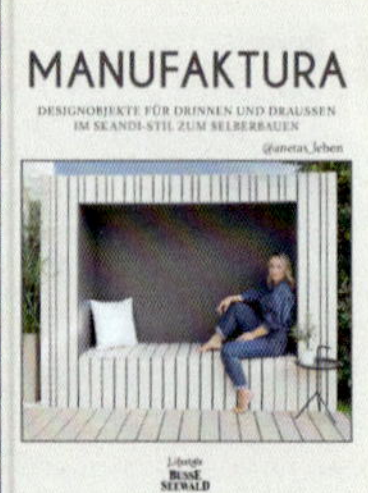

MANUFAKTURA
ISBN 978-3-7358-**5098**-0
144 S., HC, € (D) 25,00

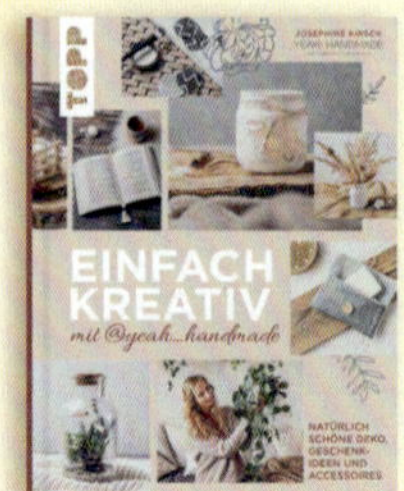

Indoor DIY-Projekte aus Baumarkt-Material
ISBN 978-3-7358-**5125**-3
128 S., HC, € (D) 18,99

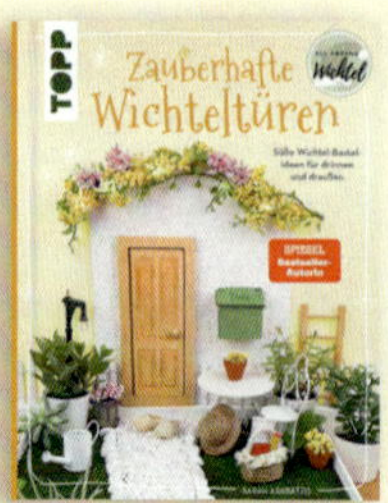

Zauberhafte Wichteltüren
ISBN 978-3-7358-**5123**-9
80 S., HC, € (D) 14,99

Handarbeiten

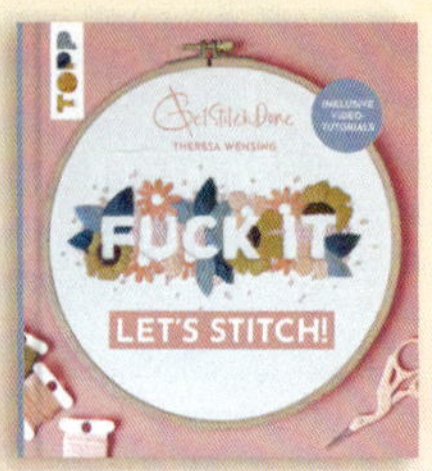

Fuck it! Let's stitch
ISBN 978-3-7358-**7035**-3
112 S., HC, € (D) 20,00

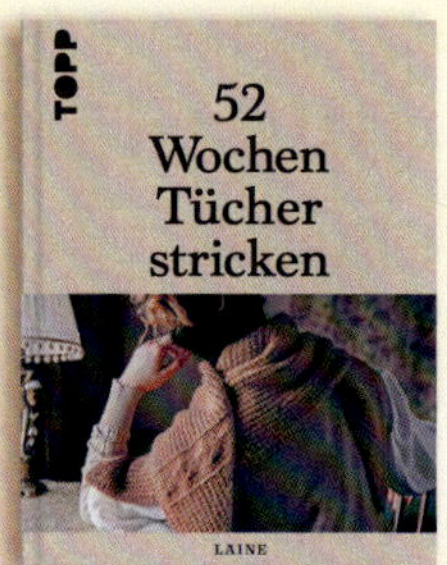

52 Wochen Tücher stricken
ISBN 978-3-7358-**7009**-4
272 S., HC, € (D) 40,00

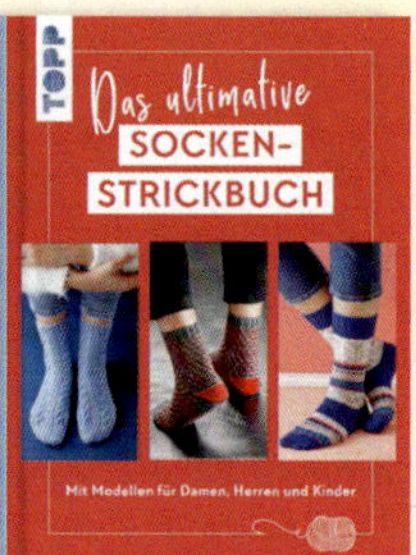

Das ultimative Socken-Strickbuch
ISBN 978-3-7358-**7051**-3
144 S., HC, € (D) 16,99

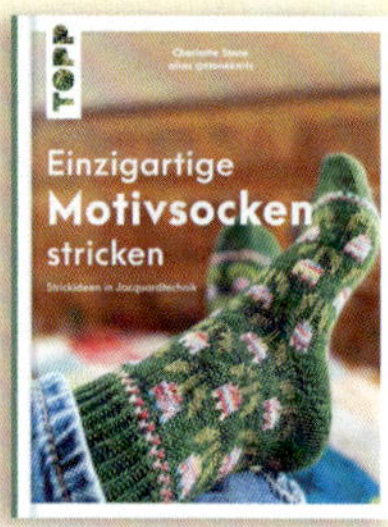

Außergewöhnliche Motiv-socken stricken
ISBN 978-3-7358-**7041**-4
176 S., HC, € (D) 25,00

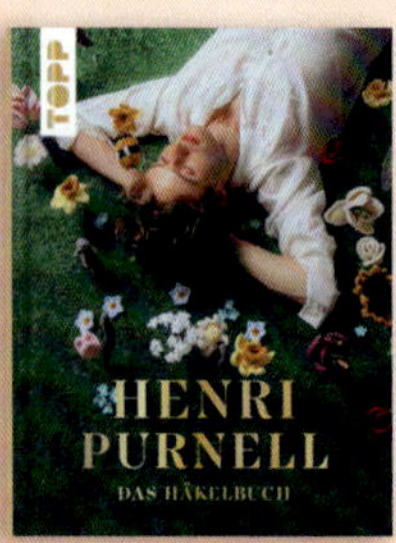

Henri Purnell. Das Häkelbuch
ISBN 978-3-7358-**7047**-6
144 S., HC, € (D) 22,00

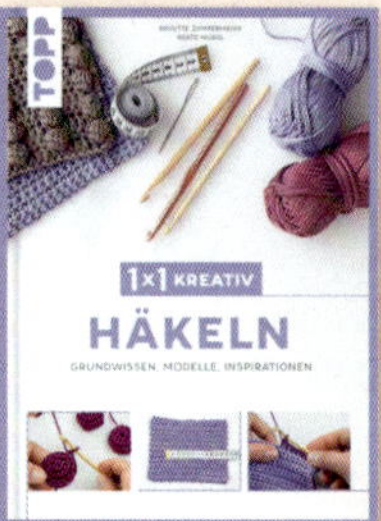

1x1 kreativ Häkeln
ISBN 978-3-7358-**7033**-9
144 S., HC, € (D) 22,00

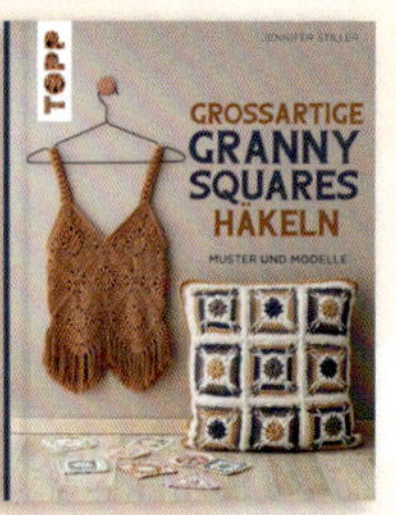

Großartige Grannysquares häkeln
ISBN 978-3-7358-**7043**-8
112 S., HC, € (D) 20,00

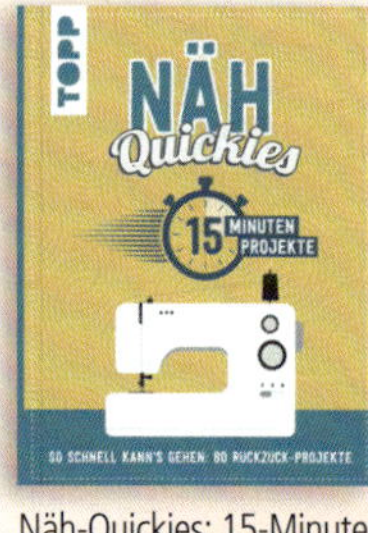

Näh-Quickies: 15-Minuten-Projekte
ISBN 978-3-7358-**7046**-9
192 S., SC, € (D) 16,00

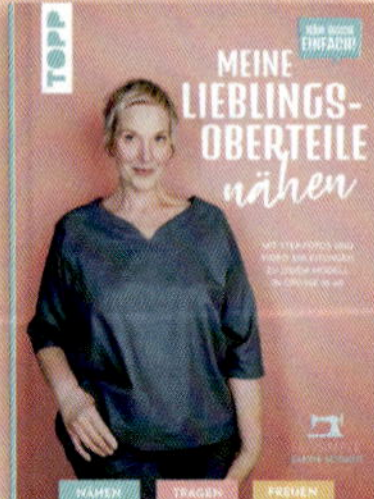

Näh doch einfach! Meine Lieblings-Oberteile nähen
ISBN 978-3-7358-**7037**-7
112 S., HC, € (D) 24,00

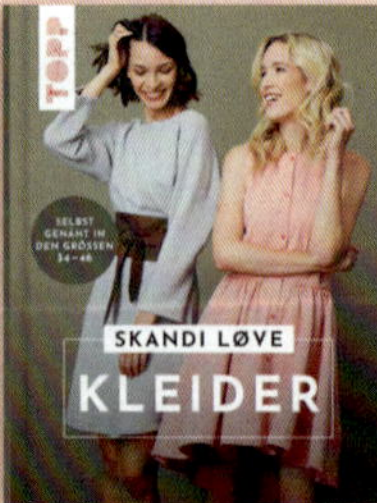

Skandi Løve. Kleider • Selbst genäht in den Größen 34-46
ISBN 978-3-7358-**7052**-0
112 S., HC, € (D) 22,00

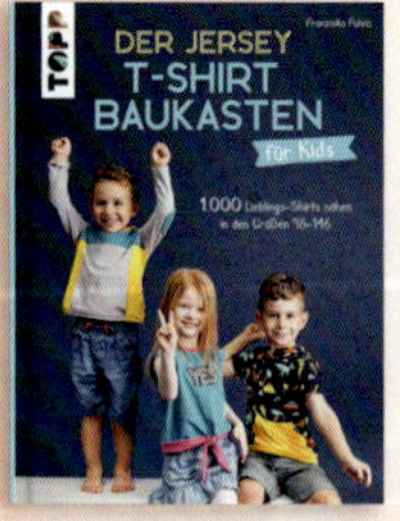

Der Jersey-T-Shirt-Baukasten für Kids • in den Größen 98-146
ISBN 978-3-7358-**7044**-5
112 S., HC, € (D) 22,00

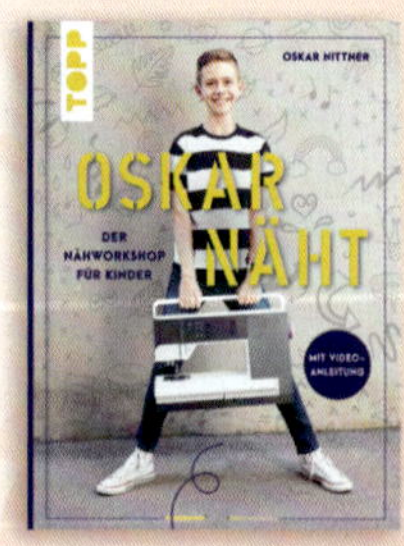

Oskar näht • Der Nähworkshop für Kinder. Mit Videoanleitung
ISBN 978-3-7358-**9050**-4
128 S., HC, € (D) 17,99

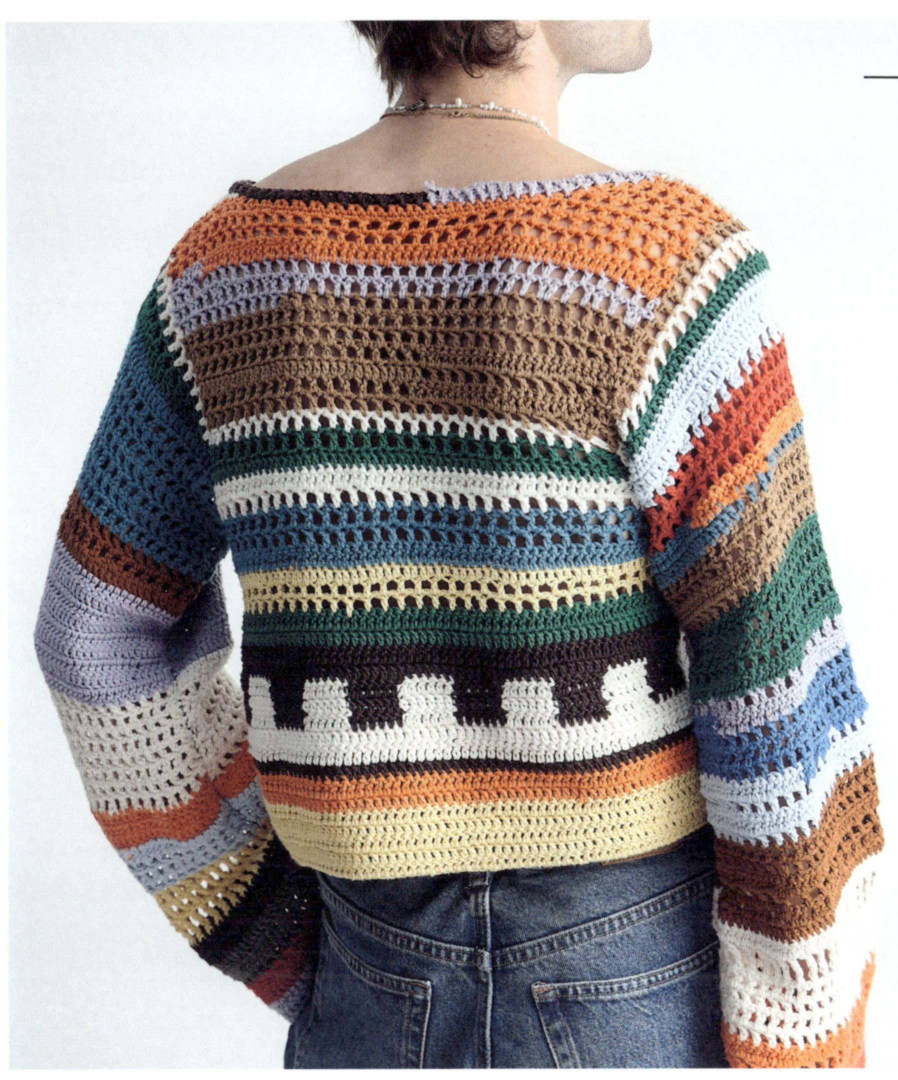

VERBINDUNG VON KÖRPERTEIL UND ÄRMELN

Nun nähst du jeweils die Seitenkanten der Ärmel und deines Körperteils zusammen. Benutze dafür ein langes Stück Garn (ca. 60 cm) und eine Wollnd.
Als Nächstes befestigst du deine Ärmel an den Seiten deines Körperteils mit einem Stück Garn, siehe kleine blaue Linien in Häkelschrift 1. Achte dabei darauf, dass deine Ärmel in einem 90 Grad Winkel zu deinem Körperteil liegen.
Nun häkelst du zuerst das Rückenteil und dann das Vorderteil in hin- und hergehenden R zwischen die Ärmel, bis wir jeweils den Halsausschnitt erreichen.

RÜCKENTEIL

Befestige dein Garn an der 2. M deines rechten Ärmels oberhalb des Körperteils mit einem Knoten, siehe dicker roter Punkt in Häkelschrift 1.

R 1: 1 Stb in die 1. M deiner Rückenteil-Kante, Stb bzw. dein gewähltes Muster bis zum Ende der R deines Rückenteils häkeln, 1 Km in die 3. M deines linken Ärmels, 2 Lm, 1 Km in die übernächste M deines linken Ärmels häkeln und wenden.
R 2-18: Stb bzw. dein gewähltes Muster bis zum Ende der R deines Rückenteils häkeln, 1 Km in

Falls du hierfür ein Video-Tutorial benötigst, dann schaue doch gerne hier vorbei: https://youtu.be/g0V9o7zs9o8

die folgende 2. M deines rechten Ärmels, 2 Lm, 1 Km in die übernächste M deines Ärmels häkeln und wenden. Siehe Häkelschrift 1. Es sind die R 1-5 gezeichnet. Diese R bis R 18 fortlaufend wdh.

Nun setzt du 1 Maschenmarkierer in die Mitte der R deines Rückenteils und 2 weitere Maschenmarkierer jeweils mittig rechts und links von deiner Mitte.

R 19: Für die rechte Seite Stb bzw. dein gewähltes Muster bis kurz vor den 1. Maschenmarkierer häkeln, dann 1 Lm, 1 hStb, 1 Lm, 1 fM, 1 Lm und 1 Km häkeln, wie in Häkelschrift 2 in Blau gezeichnet. Schneide den Faden ab, ziehe ihn durch die Schlaufe und vernähe ihn.

Nun wendest du dein Projekt und befestigt dein Garn auf der anderen Seite deiner R 19 mit einem Knoten und wiederholst den Prozess.

VORDERTEIL

Befestige dein Garn an der 2. M deines linken Ärmels oberhalb des Körperteils mit einem Knoten, siehe dicker roter Punkt in Häkelschrift 1.

R 1: 1 Stb in die 1. M deiner Vorderteil-Kante, Stb bzw. dein gewähltes Muster bis zum Ende der R deines Rückenteils häkeln, 1 Km in die 3. M deines rechten Ärmels, 2 Lm, 1 Km in die übernächste M deines rechten Ärmels häkeln und wenden.
R 2-16: Stb bzw. dein gewähltes Muster bis zum Ende der R deines Vorderteils häkeln, 1 Km in die folgende 2. M deines linken Ärmels, 2 Lm, 1 Km in die übernächste M deines Ärmels häkeln und wenden.

Siehe Häkelschrift 1. Es sind die R 1-5 gezeichnet. Diese R bis R 16 fortlaufend wdh.

Nun setzt du 1 Maschenmarkierer in die Mitte der R deines Vorderteils und 2 weitere Maschenmarkierer jeweils mittig rechts und links von deiner Mitte.

R 17: Für die rechte Seite Stb bzw. dein gewähltes Muster bis kurz vor den 1. Maschenmarkierer häkeln, dann 1 Lm, 1 hStb, 1 Lm, 1 fM, 1 Lm und 1 Km häkeln wie in Häkelschrift 3 in Blau gezeichnet, wenden.
R 18: 2 Wende-Lm, je 1 Stb in die folgende fM und in das folgende hStb, dabei die beiden Stb zusammen abmaschen, Stb bzw. dein gewähltes Muster bis zum Ende der R deines Vorderteils häkeln, 1 Km in die folgende 2. M deines linken Ärmels, 2 Lm, 1 Km in die übernächste M deines Ärmels häkeln und wenden.
R 19: Stb bzw. dein gewähltes Muster bis kurz vor die beiden zusammen abgemaschten Stb häkeln, 1 Lm und 1 Km in die letzte M.

Schneide den Faden ab, ziehe ihn durch die Schlaufe und vernähe ihn.

HÖRE DOCH GERNE MAL HINEIN:
https://hibesties.bfan.link/henripurnell-beautifulday

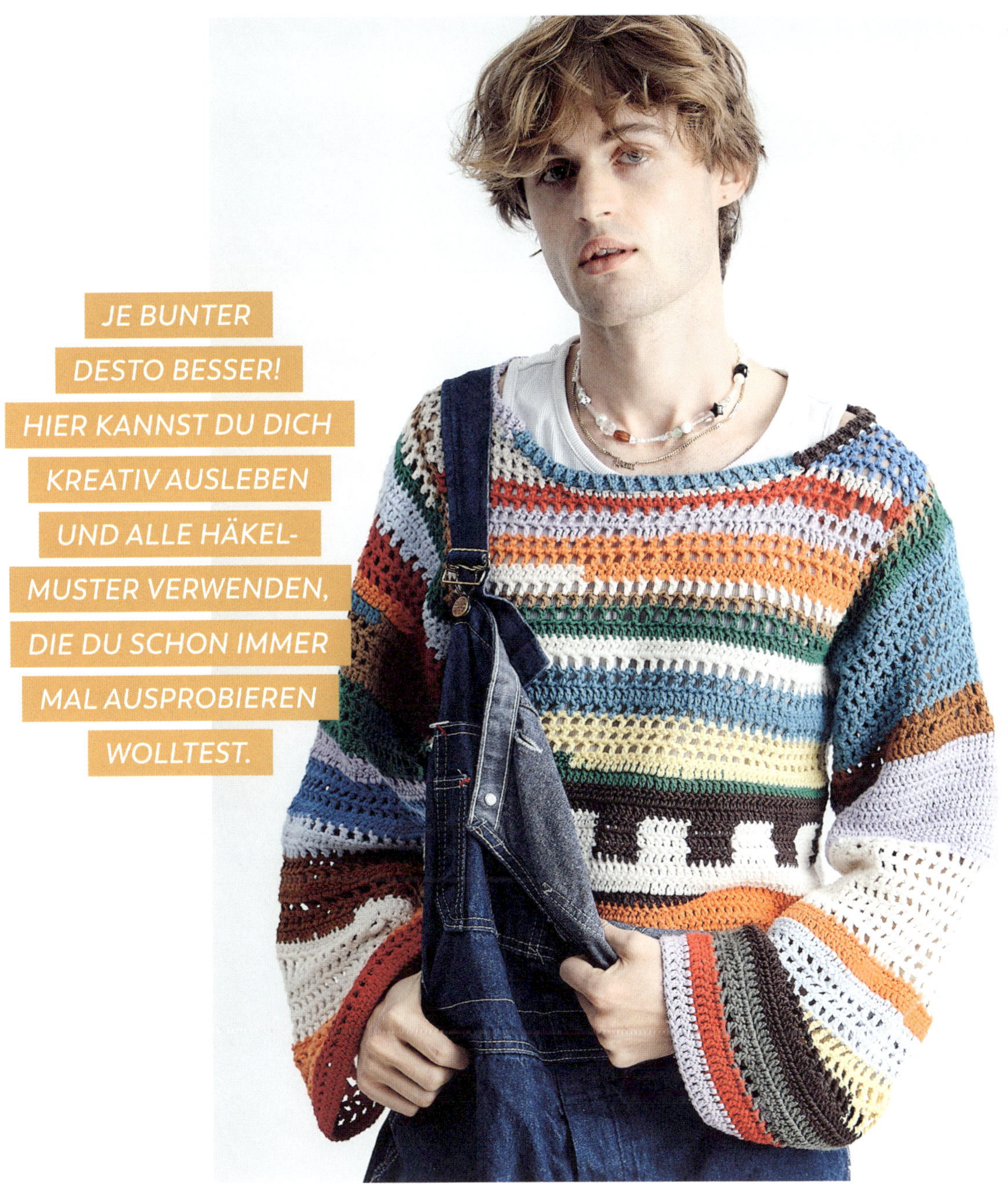

Nun wendest du dein Projekt und befestigt dein Garn auf der anderen Seite deiner R 17 mit einem Knoten und wiederholst den Prozess.

Achtung: Die Reihenangaben des Vorder- und Rückenteils sind von der Ärmelbreite abhängig. Solltest du dich für eine kleinere/größere Ärmelbreite entscheiden, musst du weniger/mehr R für Vorder- und Rückenteil häkeln.

Zum Schluss nähst du mit Garn und Wollnd die Schulterpartie zu, vernähst noch die Fäden und wendest dein Projekt, sodass die Nähte nach innen zeigen.

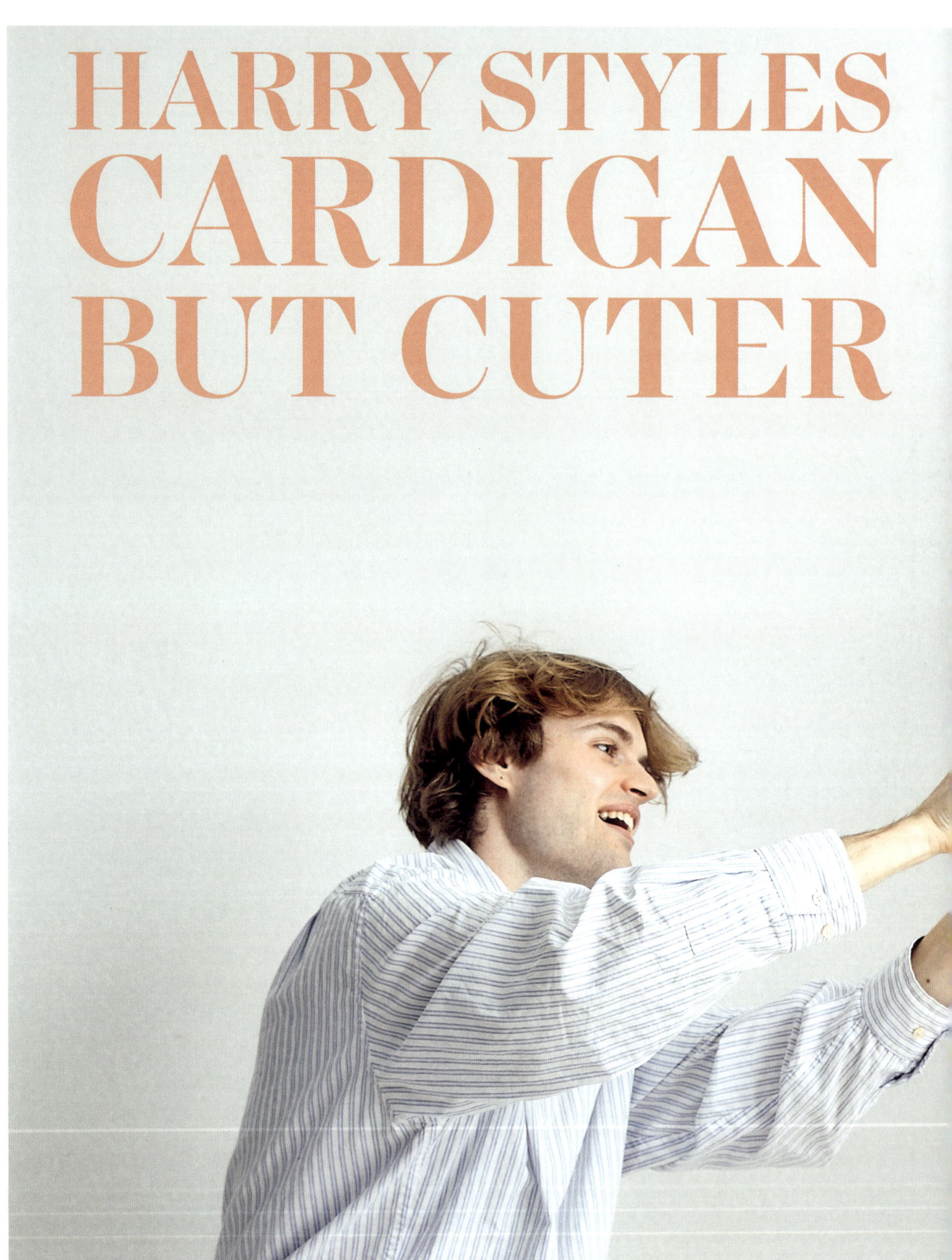

HARRY STYLES CARDIGAN BUT CUTER

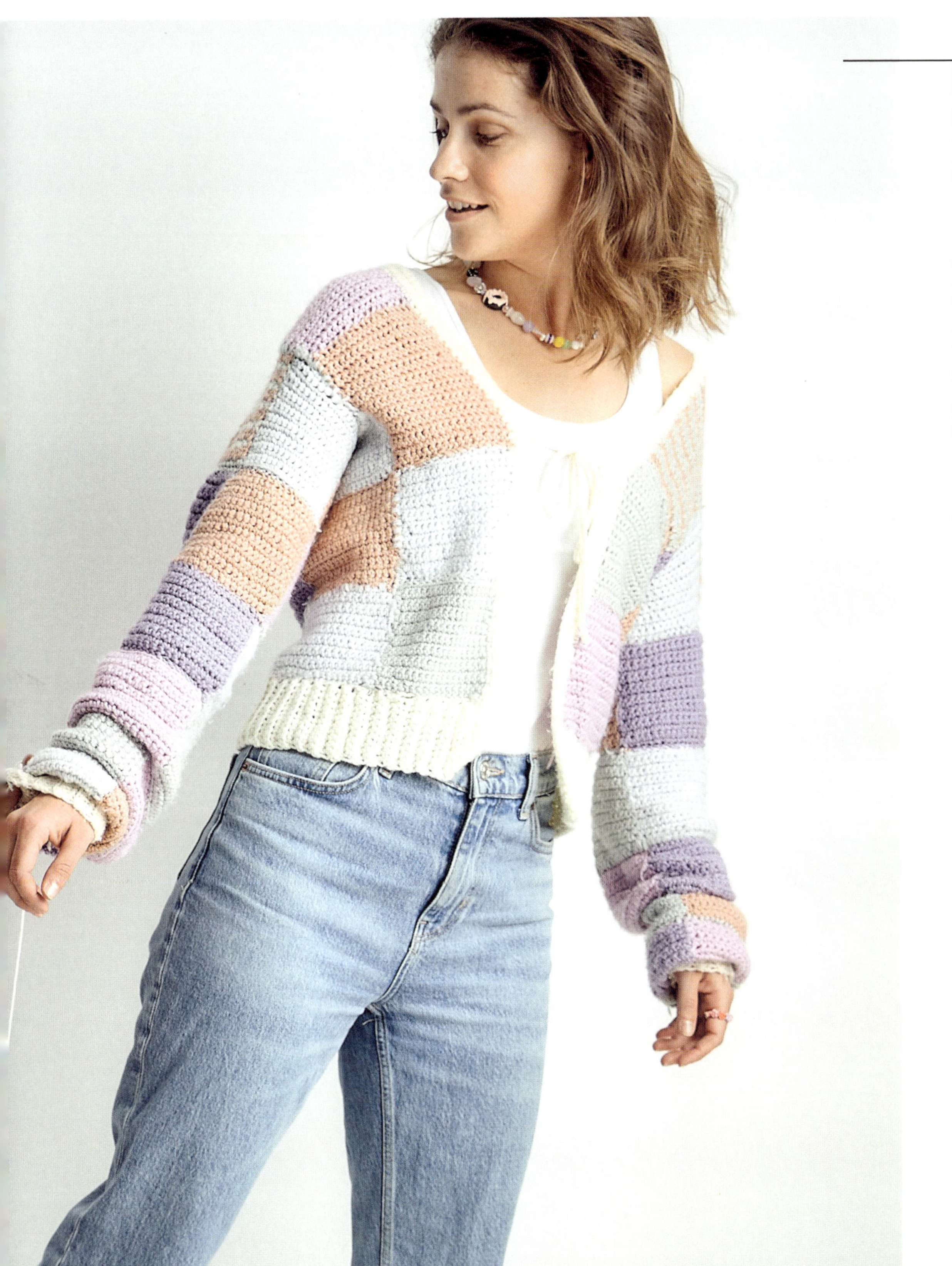

MATERIAL

- Bravo von Schachenmayr (100 % Polyacryl, LL 133 m/ 50 g) in Pink, Rosa, Hellblau, Lila, Türkis und Weiß, je 50 g
- Häkelnadel 5,0 mm
- Schere
- Wollnadel
- Maßband
- Sicherheitsnadeln

Diese Anleitung entspricht der Damengröße S (1 Patch = 10 cm x 10 cm).
Dies ist eine Patchwork-Jacke, um eine größere Größe zu erhalten musst du deine Patches etwas größer häkeln: Medium (1 Patch = 13 cm x 13 cm), Large (1 Patch = 15 cm x 15 cm), usw.

FARBWECHSEL

Für den Farbwechsel fortlaufend die letzte M der alten Farbe bereits mit der neuen Farbe abmaschen und das jeweils nicht benötigte Garn überhäkeln.

ANLEITUNG

FESTE MASCHEN-PATCH

Beginne mit einer Farbe deiner Wahl.

R 0: Schlage 19 Lm (= 10 cm)
R 1: 1 fM in die 2. Lm von der Nd aus, je 1 fM in die folgenden 17 Lm des Anschlags und mit 1 Lm wenden.
R 2-18: Je 1 fM in die folgenden 18 fM der Vor-R und mit 1 Lm wenden.

Schneide das Garn ab, ziehe es durch die Schlinge und vernähe es.
Dein Patch sollte jetzt 10 cm x 10 cm groß sein. Du kannst die Größe verändern, indem du mehr oder weniger M bzw. R häkelst.

HOUNDSTOOTH-PATCH

Beginne mit Türkis.

R 0: Schlage 19 Lm (= 10 cm)
R 1: 1 fM in die 2. Lm von der Nd aus, je 1 fM in die folgenden 17 Lm des Anschlags häkeln, dabei die letzte fM bereits in Pink abmaschen (= Farbwechsel) und mit 1 Lm wenden.
R 2 (pink): Je 1 fM und 1 Stb im Wechsel häkeln, dabei das letzte Stb bereits in Türkis abmaschen (= Farbwechsel) und mit 1 Lm wenden.
R 3 (türkis): Je 1 fM und 1 Stb im Wechsel häkeln, dabei das letzte Stb bereits in Pink abmaschen (= Farbwechsel) und mit 1 Lm wenden.
R 4-13: Je 1 fM und 1 Stb im Wechsel häkeln, dabei das letzte Stb bereits in der neuen Farbe abmaschen (= Farbwechsel) und mit 1 Lm wenden.

Schneide das Garn ab, ziehe es durch die Schlinge und vernähe es.
Dein Patch sollte jetzt 10 cm x 10 cm groß sein. Du kannst die Größe verändern, indem du mehr oder weniger M bzw. R häkelst.

Falls du hierfür ein Video-Tutorial benötigst, dann schaue doch gerne hier vorbei: https://youtu.be/7AIDPVIoxJc

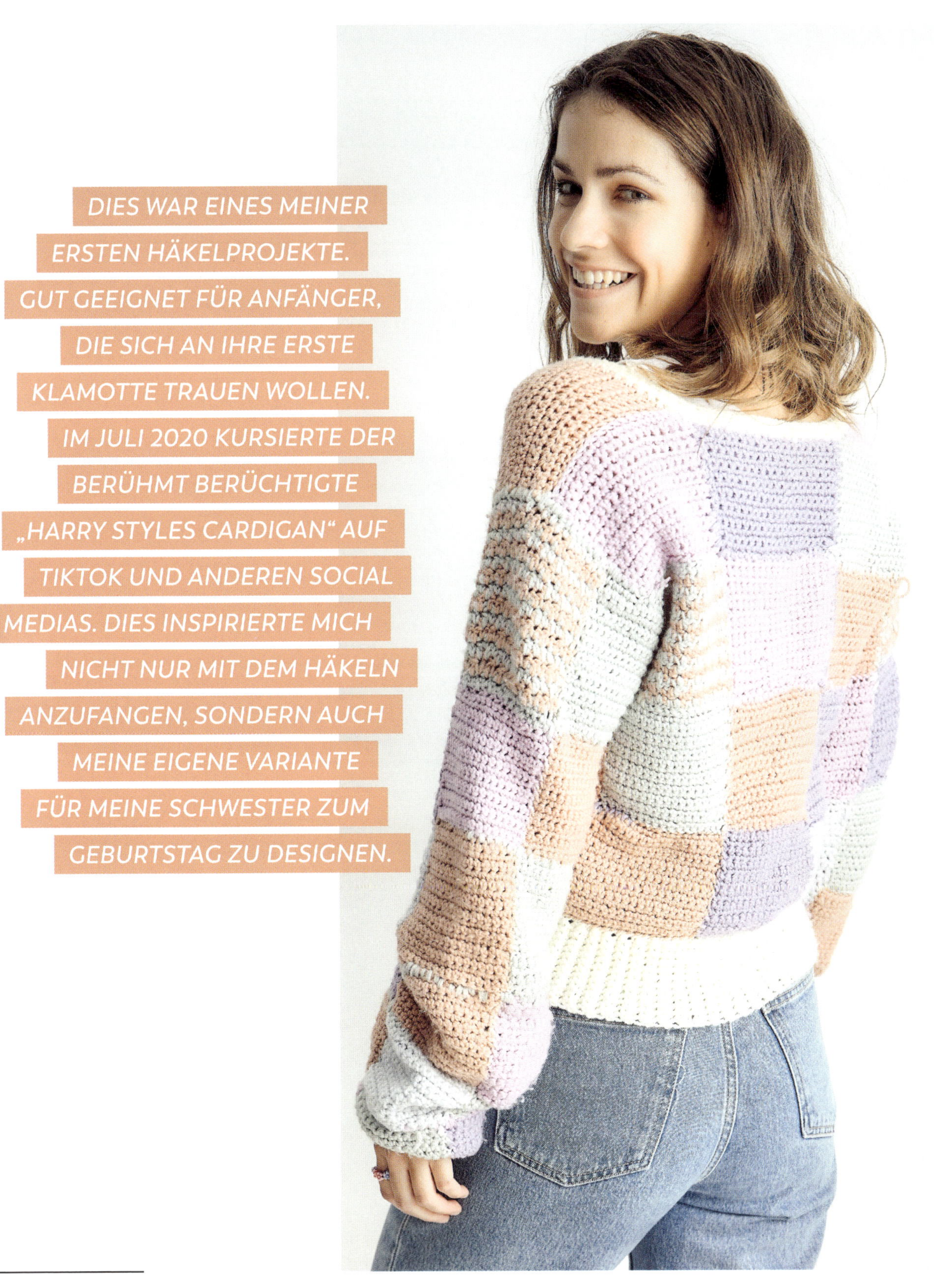

DIES WAR EINES MEINER ERSTEN HÄKELPROJEKTE. GUT GEEIGNET FÜR ANFÄNGER, DIE SICH AN IHRE ERSTE KLAMOTTE TRAUEN WOLLEN. IM JULI 2020 KURSIERTE DER BERÜHMT BERÜCHTIGTE „HARRY STYLES CARDIGAN“ AUF TIKTOK UND ANDEREN SOCIAL MEDIAS. DIES INSPIRIERTE MICH NICHT NUR MIT DEM HÄKELN ANZUFANGEN, SONDERN AUCH MEINE EIGENE VARIANTE FÜR MEINE SCHWESTER ZUM GEBURTSTAG ZU DESIGNEN.

BUND ÄRMEL (2x)

Beginne mit Weiß. Häkle alle fM nur in das hintere Maschenglied der fM der Vor-R.

R 0: Schlage 11 Lm an.
R 1: 1 fM in die 2. Lm von der Nd aus, je 1 fM in die folgenden 9 Lm des Anschlags und mit 1 Lm wenden.
R 2: In jede fM der Vor-R 1 fM häkeln und mit 1 Lm wenden.

Wiederhole nun die 2. R bis du die gewünschte Länge erreicht hast.

Empfehlung: Der Bund sollte straff an deinen Handgelenken sitzen.

FERTIGSTELLUNG

Insgesamt benötigst du 24 Patches und 2 halbe Patches für Vorder- und Rückenteil deines Cardigans (s. Schema 1). Für die halben Patches beendest du dein Patch, wenn eine Höhe von ca. 5 cm (oder der Hälfte eines ganzen Patches, wenn du einen größeren Cardigan häkelst) erreicht ist. Für beide Ärmel brauchst du insgesamt 36 Patches. Achte darauf deine Patches in Richtung Handgelenk kleiner werden zu lassen: 19 Lm, 17 Lm und 15 Lm (siehe Schema 2).

Nun nähst du alle Patches für die Vorder- und Rückenteile und alle Patches für die Ärmel mit deiner Wollnd und Garn zusammen. Schließe die Ärmel vorerst noch nicht. Nun nähst du deinen Bund an die Ärmel. Dehne dafür deinen Bund und befestige diesen vorerst mit Sicherheitsnadeln an deinen Ärmeln. Nun nähst du diesen an den Ärmeln fest. Dann schließt du deinen Ärmel und nähst diesen an die Armlöcher deines Körperteils. Zum Schluss nähst du den Hüftbund an deinen Cardigan an.

BUND HÜFTE

Beginne mit Weiß. Häkle alle fM nur in das hintere Maschenglied der fM der Vor-R.

R 0: Schlage 13 Lm an.
R 1: 1 fM in die 2. Lm von der Nd aus, je 1 fM in die folgenden 11 Lm des Anschlags und mit 1 Lm wenden.
R 2: In jede fM der Vor-R 1 fM häkeln und mit 1 Lm wenden.

Wiederhole nun die 2. R bis du die gewünschte Länge erreicht hast.

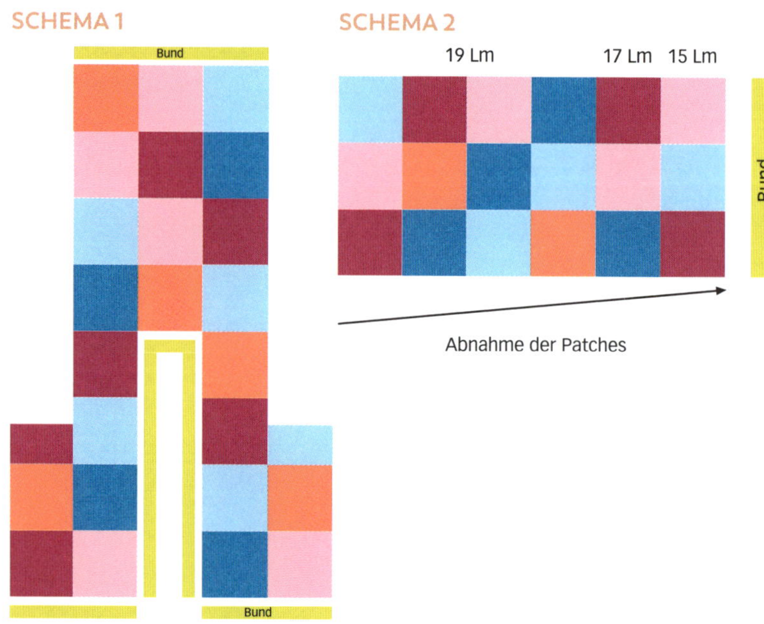

JACKENBUND

Befestige dein weißes Garn am unteren Ende deines Hüftbundes mit einem Knoten. Behäkle beide Vorderteile und den rückwärtigen Halsausschnitt mit 4 hin- und hergehenden R aus fM. Je nach Geschmack kannst du auch mehr oder weniger R häkeln.

SCHLEIFEN-BÄNDCHEN

Befestige dein weißes Garn etwas oberhalb der Mitte deines Jackenbundes und häkle ca. 60 Lm. Nun häkle ein zweites Bändchen an die gegenüberliegende Seite deines Jackenbundes.
Binde beide Bändchen zur Schleife um deinen Cardigan zu schließen.

OPTION: KNOPFLEISTE

Du kannst auch eine Knopfleiste an deinen Cardigan anbringen. Häkle dafür in R 2 deines Jackenbundes eine Knopfleiste indem du fortlaufend nach 10 M (oder dem gewünschten Abstand) ein Knopfloch häkelst wie folgt: 5 fM der Vor-R mit 5 Lm übergehen. In der folgenden R werden diese Lm mit fM überhäkelt. Befestige auf der gegenüberliegenden Seite deine Knöpfe mit Nadel und Faden.

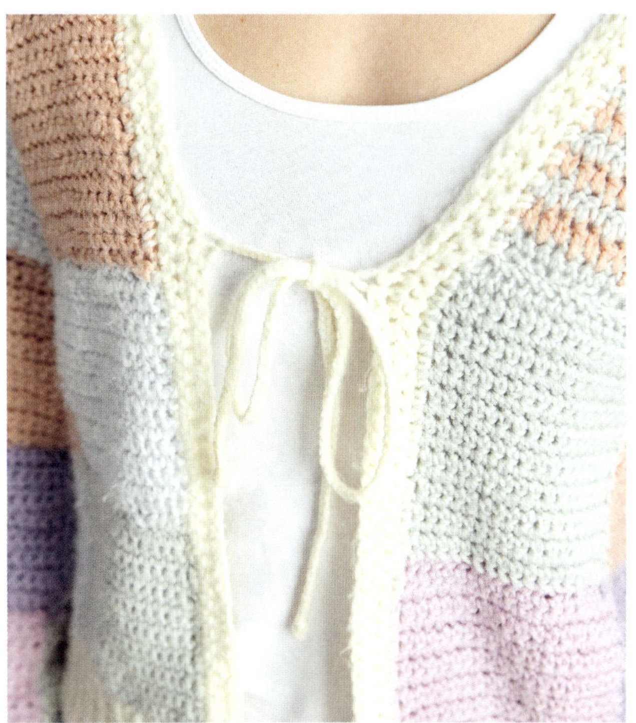

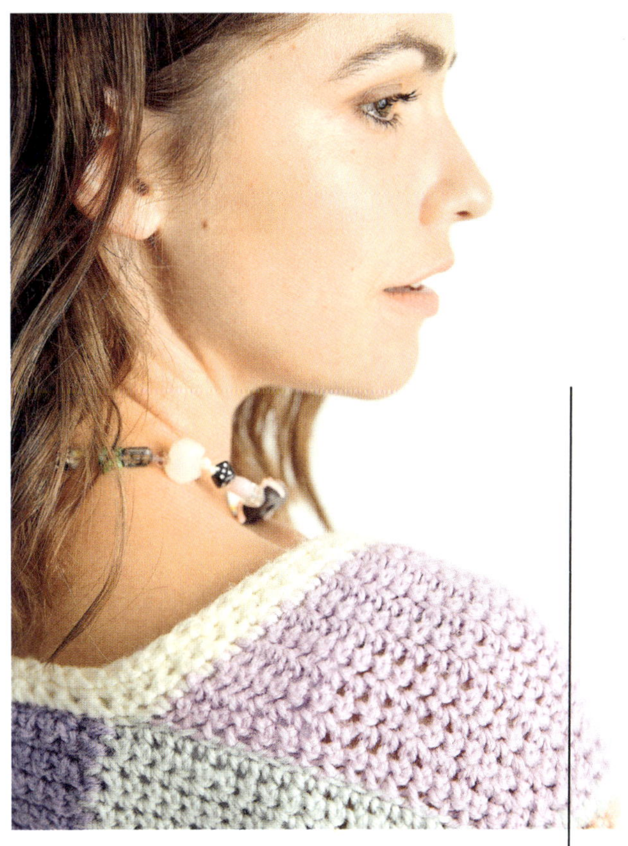

FLORAL LACE PANTS

MATERIAL

- Hoooked DK Soft Cotton (100 % recycelte Baumwolle, LL 85 m/50 g) in Weiß, 500 g
- Häkelnadel 3,0-4,0 mm
- Schere
- Wollnadel
- Maßband

Diese Anleitung entspricht einer Herrengröße Small und einer Damengröße Medium. Benutze hierfür eine Hose deiner Wahl mit ähnlichem Schnitt, die dir gut passt als Referenz. Die Maße für meine Größe findest du in der Schnittzeichnung. Die Größe kann leicht angepasst werden. Beachte hierzu die Angaben in der Anleitung. Du benötigst eine Maschenzahl, die teilbar durch 15 Maschen ist, damit das florale Spitzenmuster funktioniert. Die Beinlänge kannst du durch Wiederholen oder Weglassen von weiteren Runden ebenfalls einfach anpassen.

*Modell inspiriert von Bag-O-Day Crochet

FLORALES SPITZENMUSTER

Die Maschenzahl muss teilbar sein durch 15. Nach der Häkelschrift arb, dabei den Mustersatz (= MS) fortlaufend wdh. Mit der 1.-13. Rd beginnen, dann die 8.-13. Rd fortlaufend wdh. Die Hose wird in hin- und hergehenden Rd gehäkelt, dafür nach jeder Rd wenden. Jede Rd mit der in der Häkelschrift gezeichneten Anzahl von Lm beginnen und mit 1 Km enden. Falls nötig, mit Km zum Beginn der folgenden Rd vorgehen. Zur besseren Übersicht ist nur ein Teil des Musters gezeichnet, die Rd mustergemäß beenden. Die Zahlen geben die Rd an. Die Pfeile in der Häkelschrift geben die Häkelrichtung an.

Rd 0: Schlage 150 Lm an und schließe die Lm-Kette mit 1 Km in die 1. Lm zum Ring.
Rd 1: 3 Steige-Lm (ersetzt das 1. Stb), je 1 Stb in die folgenden 3 Lm des Anschlags, die folgenden 4 Lm des Anschlags mit 5 Lm übergehen, je 1 fM in die folgenden 3 Lm des Anschlags, die folgenden 4 Lm des Anschlags mit 5 Lm übergehen, * je 1 Stb in die folgenden 4 Lm des Anschlags, die folgenden 4 Lm des Anschlags mit 5 Lm übergehen, je 1 fM in die folgenden 3 Lm des Anschlags, die folgenden 4 Lm des Anschlags mit 5 Lm übergehen, ab * fortlaufend wdh und die Rd mit 1 Km in die 3. Steige-Lm schließen und wenden.
Rd 2: 3 Steige-Lm (ersetzt das 1. Stb), 3 Stb in den folgenden Lm-Bogen der Vor-Rd, 4 Lm, 1 fM in die 2. fM der 3 fM der Vor-Rd, 4 Lm, 3 Stb in den folgenden Lm-Bogen, 1 Stb in das folgende Stb der Vor-Rd, 2 Stb der Vor-Rd mit 3 Lm übergehen, * 1 Stb in das folgende Stb der Vor-Rd, 3 Stb in den folgenden Lm-Bogen der Vor-Rd, 4 Lm, 1 fM in die 2.fM der 3 fM der Vor-Rd, 4 Lm, 3 Stb in den folgenden Lm-Bogen, 1 Stb in das folgende Stb der Vor-Rd, 2 Stb der Vor-Rd mit 3 Lm übergehen, ab * fortlaufend wdh und die Rd mit 1 Km in die 3. Steige-Lm schließen und wenden.
Rd 3: 2 Km in die folgenden beiden Lm, 1 zusätzliche Lm, 1 fM in den Lm-Bogen, 4 Lm, 1 Stb in das 4. Stb der folgenden 4er

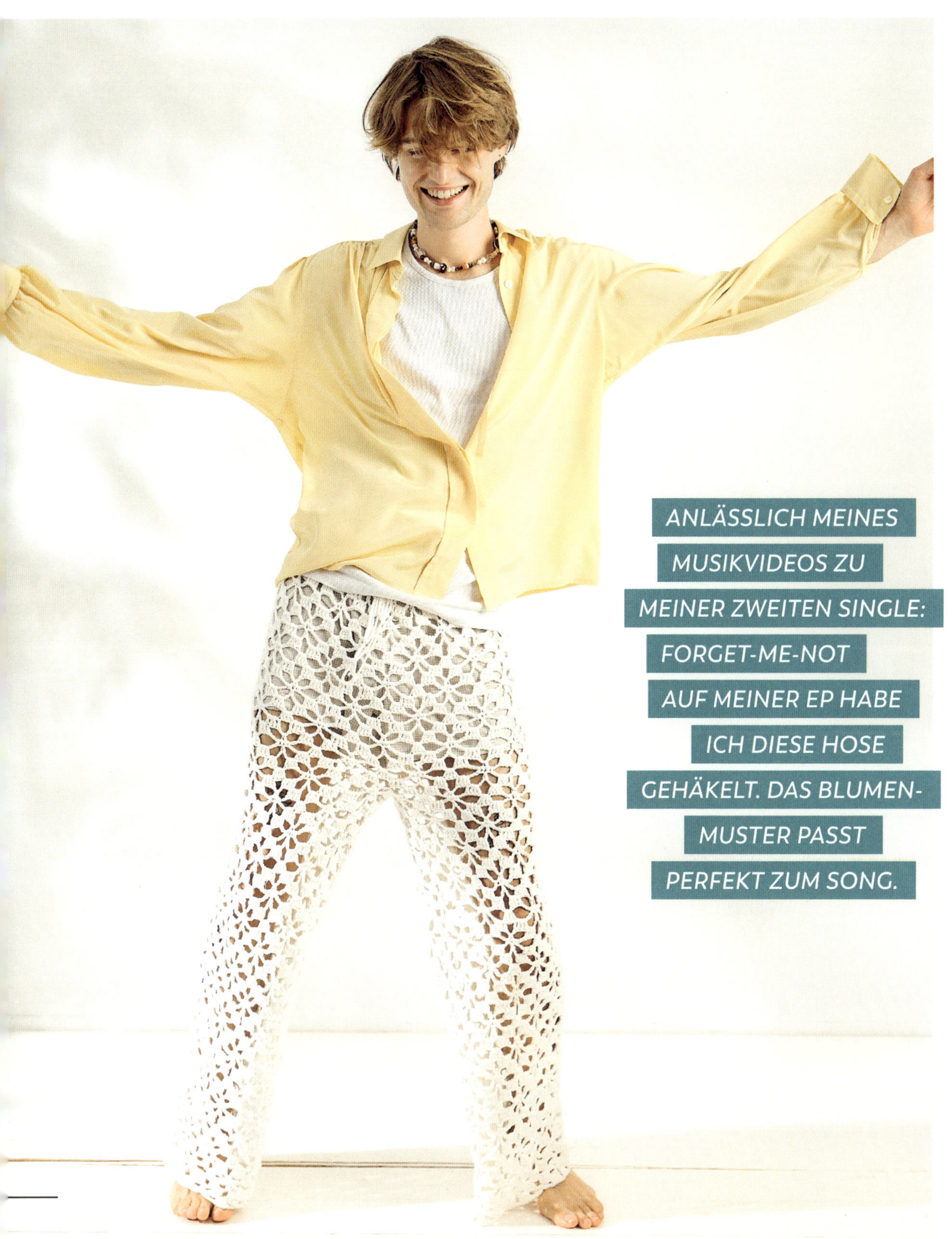

ANLÄSSLICH MEINES MUSIKVIDEOS ZU MEINER ZWEITEN SINGLE: FORGET-ME-NOT AUF MEINER EP HABE ICH DIESE HOSE GEHÄKELT. DAS BLUMEN-MUSTER PASST PERFEKT ZUM SONG.

Falls du hierfür ein Video-Tutorial benötigst, dann schaue doch gerne hier vorbei: https://youtu.be/hR1lw6DnwYo

Stb-Gruppe, 3 Stb in Lm-Bogen, 2 Lm, 3 Stb in den nächsten Lm-Bogen, 1 Stb in das 1. Stb der folgenden 4er Stb-Gruppe, 4 Lm, * 1 fM in den Lm-Bogen, 4 Lm, 1 Stb in das 4. Stb der folgenden 4er Stb-Gruppe, 3 Stb in Lm-Bogen, 2 Lm, 3 Stb in den nächsten Lm-Bogen, 1 Stb in das 1. Stb der folgenden 4er Stb-Gruppe, 4 Lm, ab * fortlaufend wdh und die Rd mit 1 Km in die 1. fM der Rd schließen und wenden.

Rd 4: 1 zusätzliche Lm, 1 fM in die folgende fM, 1 fM in den Lm-Bogen, 5 Lm, 4 Stb um die folgenden beiden Lm, 5 Lm, 1 fM in den nächsten Lm-Bogen, * 1 fM in die folgende fM, 1 fM in den Lm-Bogen, 5 Lm, 4 Stb um die folgenden beiden Lm, 5 Lm, 1 fM in den nächsten Lm-Bogen, ab * fortlaufend wdh und die Rd mit 1 Km in die 1. fM der Rd schließen und wenden.

Rd 5: 1 zusätzliche Lm, 1 fM in die folgende fM, 4 Lm, 3 Stb in den folgenden Lm-Bogen, 1 Stb in das 1. Stb der folgenden 4er Stb-Gruppe, 3 Lm, 1 Stb in das 4. Stb der folgenden 4er Stb-Gruppe, 3 Stb in den folgenden Lm-Bogen, 4 Lm, 1 fM in die folgende fM, 4 Lm, 3 Stb in den folgenden Lm-Bogen, 1 Stb in das 1. Stb der folgenden 4er Stb-Gruppe, 3 Lm, 1 Stb in das 4. Stb der folgenden 4er Stb-Gruppe, 3 Stb in den folgenden Lm-Bogen, 4 Lm, ab * fortlaufend wdh und die Rd mit 1 Km in die 1. fM der Rd schließen und wenden.

Rd 6: 2 Km in die folgenden beiden Lm, 3 Steige-Lm (ersetzt das 1. Stb), 2 Stb in den folgenden Lm-Bogen, 1 Stb in das 1. Stb der folgenden 4er Stb-Gruppe, 4 Lm, 1 fM in den folgenden Lm-Bogen, 4 Lm, 1 Stb in das 4. Stb der folgenden 4er Stb-Gruppe, 3 Stb in den folgenden Lm-Bogen, 2 Lm, * 3 Stb in den folgenden Lm-Bogen, 1 Stb in das 1. Stb der folgenden 4er Stb-Gruppe, 4 Lm, 1 fM in den folgenden Lm-Bogen, 4 Lm, 1 Stb in das 4. Stb der folgenden 4er Stb-Gruppe, 3 Stb in den folgenden Lm-Bogen, 2 Lm, ab * fortlaufend wdh und die Rd mit 1 Km in die 3. Steige-Lm schließen und wenden.

Rd 7: 3 Steige-Lm (ersetzt das 1. Stb), 4 Stb um die folgenden beiden Lm, 5 Lm, 1 fM in den nächsten Lm-Bogen, 1 fM in die folgende fM, 1 fM in den Lm-Bogen, 5 Lm, * 4 Stb um die folgenden beiden Lm, 5 Lm, 1 fM in den nächsten Lm-Bogen, 1 fM in die folgende fM, 1 fM in den Lm-Bogen, 5 Lm, ab * fortlaufend wdh und die Rd mit 1 Km in die 1. fM der Rd schließen und wenden.

Rd 8-13: wie Rd 2-7.

ANLEITUNG

HÜFTTEIL

Rd 0: Schlage 150 Lm an und schließe die Lm-Kette mit 1 Km in die 1. Lm zum Ring.

Rd 1: 3 Steige-Lm (ersetzt das 1. Stb), je 1 Stb in die folgenden 3 Lm des Anschlags, die folgenden 4 Lm des Anschlags mit 5 Lm übergehen, je 1 fM in die folgenden 3 Lm des Anschlags, die folgenden 4 Lm des Anschlags mit 5 Lm übergehen, * je 1 Stb in die folgenden 4 Lm des Anschlags, die folgenden 4 Lm des Anschlags mit 5 Lm übergehen, je 1 fM in die folgenden 3 Lm des Anschlags, die folgenden 4 Lm des Anschlags mit 5 Lm übergehen, ab * noch 13x wdh und die Rd mit 1 Km in die 3. Steige-Lm schließen und wenden.

Rd 2-20: Häkle nun das Florale Spitzenmuster wie oben beschrieben und in der Häkelschrift gezeichnet.

HOSENBEIN (2x)

Zunächst für 1 zusätzlichen Mustersatz für den Schritt 15 Lm anschl, mit 1 Km genau in der Mitte deines Hüftteils anschlingen, siehe Schema.

Rd 21-70: Häkle nun im Floralen Spitzenmuster weiter, achte dabei nun darauf, deine M der 21. Rd auch über die 15 neuen M zu häkeln, um das Hosenbein zu beginnen. Häkle nun 70 Rd (oder die gewünschte Länge) um dein erstes Hosenbein zu beenden.

Befestige nun dein Garn mit einem Knoten am Schritt und wiederhole den Prozess für dein zweites Hosenbein.

BUND

Befestige dein weißes Garn mit einem Knoten am Bund.

Rd 1: 1 Steige-Lm (ersetzt die 1. fM), gleichmäßig verteilt 159 fM häkeln, die Rd mit 1 Km in die 1. fM schließen und wenden.
Rd 2: 2 Steige-Lm (ersetzt das 1. Stb), 159 Stb häkeln, die Rd mit 1 Km in die 2. Steige-Lm schließen und wenden.
Rd 3: 1 Steige-Lm (ersetzt die 1. fM), 159 fM häkeln, die Rd mit 1 Km in die 1. fM schließen und 1 Lm häkeln.

Schneide den Faden ab, ziehe ihn durch die Schlinge und vernähe ihn.

BÄNDCHEN

Schlage 220 Lm an, schneide den Faden ab und verknote beide Enden. Fädle nun dein Bändchen durch die Stb der 2. Rd deines Bundes und binde die Enden zur Schleife.

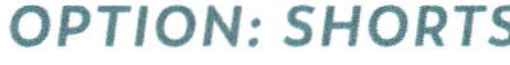

OPTION: SHORTS

Für diese Option häkelst du kürzere Hosenbeine. Höre dafür ab deiner gewünschten Hosenbeinlänge (meine Empfehlung: Rd 30-33) auf zu häkeln.

OPTION: ROCK

Für diese Option häkelst du nur dein Hüftteil auf die gewünschte Länge deines Rockes (meine Empfehlung: Rd 25-30).

HÖRE DOCH GERNE MAL REIN:
https://hibesties.bfan.link/henripurnell-forget-me-not

HÄKELSCHRIFT

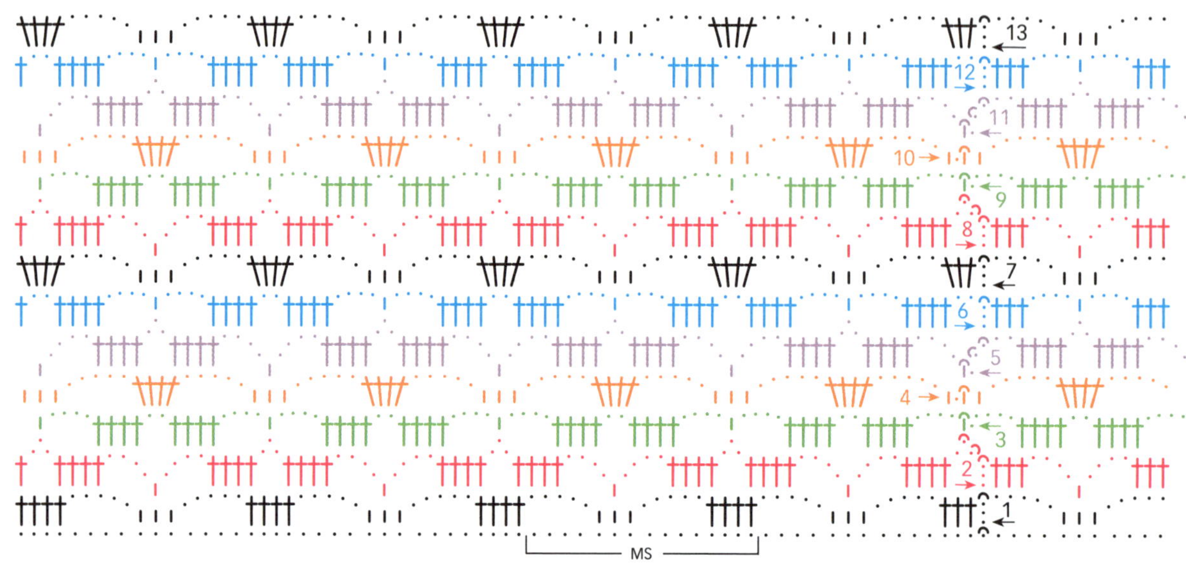

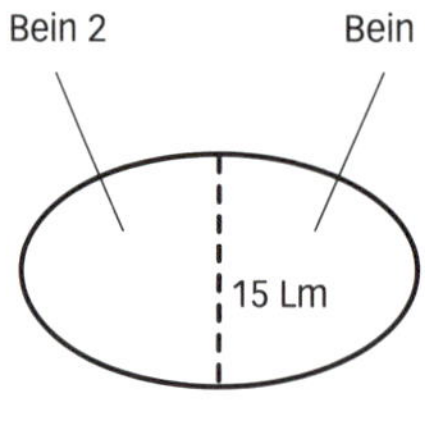

· = Luftmasche

ᴖ = Kettmasche

ı = feste Masche

T = halbes Stäbchen

† = Stäbchen

← = Richtungspfeil

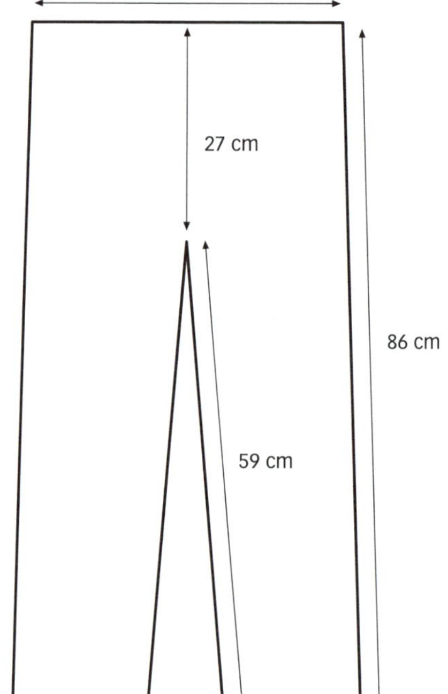

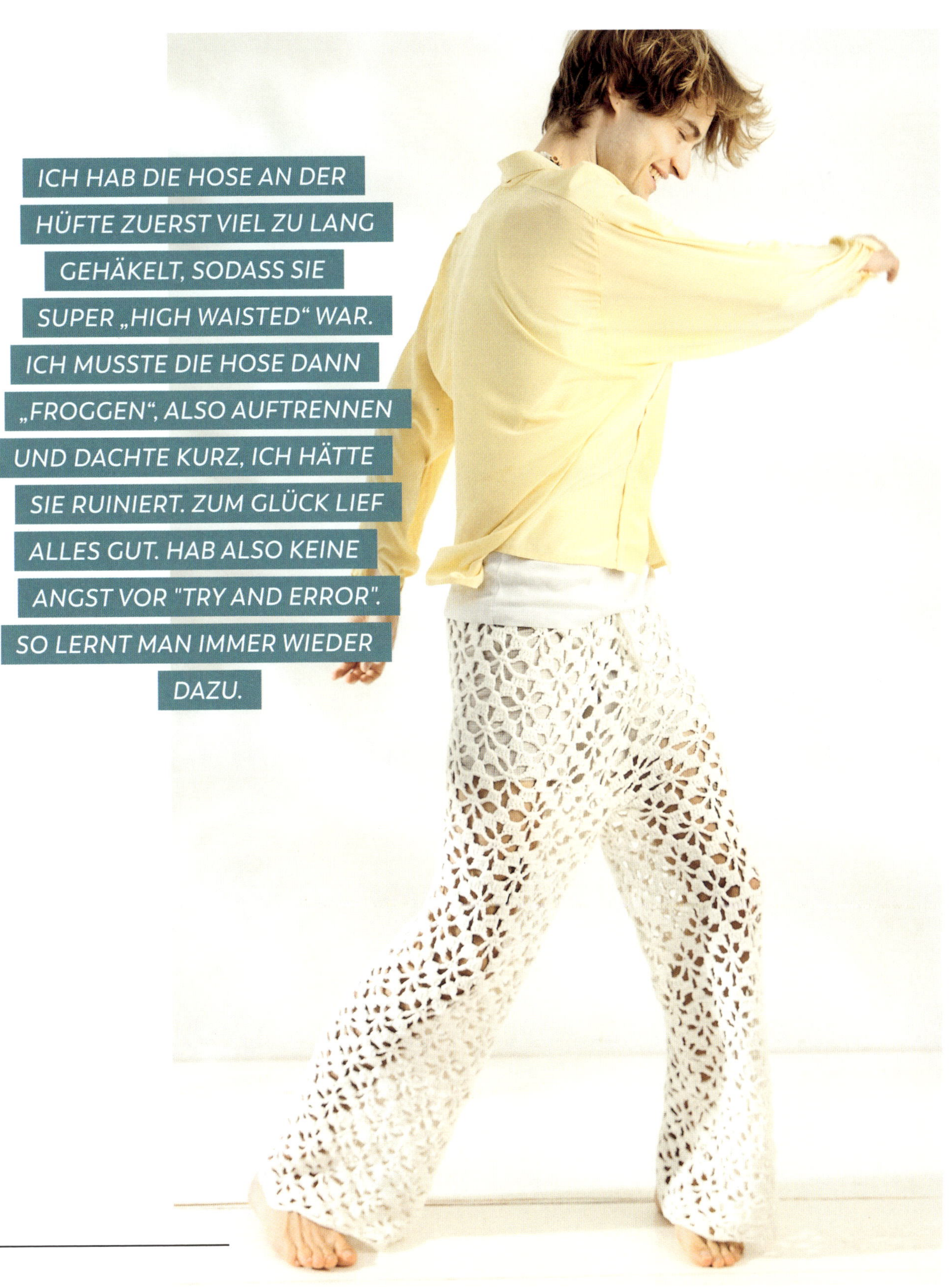

ICH HAB DIE HOSE AN DER HÜFTE ZUERST VIEL ZU LANG GEHÄKELT, SODASS SIE SUPER „HIGH WAISTED" WAR. ICH MUSSTE DIE HOSE DANN „FROGGEN", ALSO AUFTRENNEN UND DACHTE KURZ, ICH HÄTTE SIE RUINIERT. ZUM GLÜCK LIEF ALLES GUT. HAB ALSO KEINE ANGST VOR "TRY AND ERROR". SO LERNT MAN IMMER WIEDER DAZU.

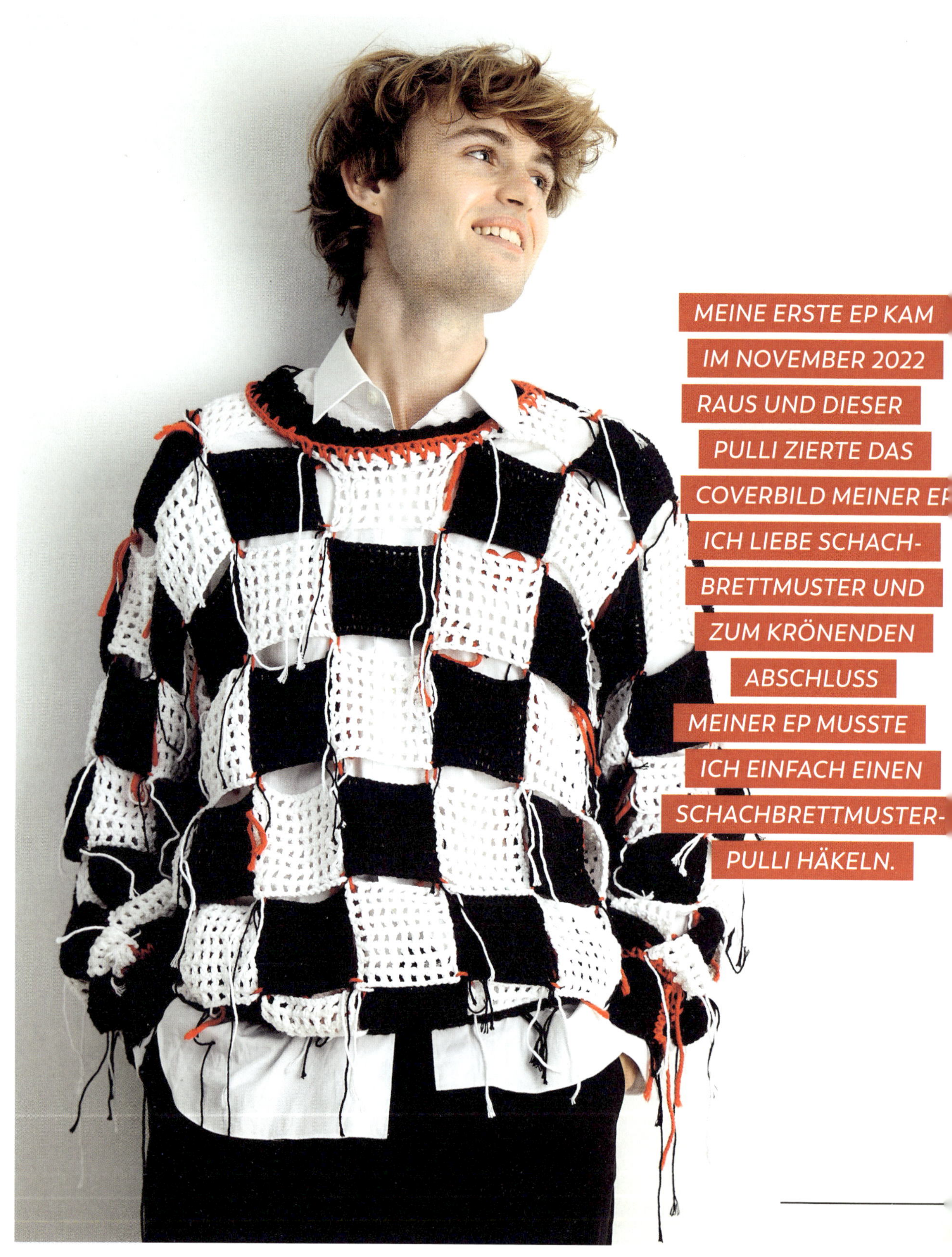

MEINE ERSTE EP KAM IM NOVEMBER 2022 RAUS UND DIESER PULLI ZIERTE DAS COVERBILD MEINER EP. ICH LIEBE SCHACH-BRETTMUSTER UND ZUM KRÖNENDEN ABSCHLUSS MEINER EP MUSSTE ICH EINFACH EINEN SCHACHBRETTMUSTER-PULLI HÄKELN.

M.I.A. SWEATER

MATERIAL

- Hoooked DK Soft Cotton (100 % recycelte Baumwolle, LL 85 m/50 g) in Weiß und Schwarz, 400 g
- Essentials Mega Wool (55 % Schurwolle, 45 % Polyacryl, LL 125 m/100 g) in Rot, Rest
- Häkelnadel 3,0-4,0 mm
- Schere
- Wollnadel
- Maßband

Diese Anleitung entspricht der Damengröße L und Herrengröße M (= 8 cm x 8 cm Patch) Dies ist eine Patchwork-Pullover, um eine andere Größe zu erzielen, musst du deine Patches in einer anderen Größe häkeln.

Tipp: Am besten legst du deine Patches auf einem Pulli aus, der die gewünschte Passform hat.

ANLEITUNG

Hinweis: Das Gitter-Patch und das normale Patch haben unterschiedliche Muster und daher eine unterschiedliche Reihenanzahl.

GITTER-PATCH

Beginne mit Weiß.

R 0: Schlage 19 Lm an.
R 1: Häkle 1 Stb in die 7. Lm von der Nd aus, * 1 Lm, 1 Stb in die übernächste Lm des Anschlags, ab * bis zum Ende der R fortlaufend wdh und wenden.
R 2-6: 3 Steige-Lm (ersetzt das 1. Stb), * 1 Lm, 1 Stb in das folgende Stb der Vor-R, ab * bis zum Ende der R fortlaufend wdh, dabei das letzte Stb jeder R in die 3. Steige-Lm häkeln. und wenden.

Häkle 1 Lm, schneide das Garn ab, ziehe es durch die Schlinge und vernähe es.

Falls du hierfür ein Video-Tutorial benötigst, dann schaue doch gerne hier vorbei: https://youtu.be/R7seyKKH30Q

NORMALES PATCH

Beginne mit Schwarz.

R 0: Schlage 17 Lm an.
R 1: Häkle 1 Stb in die 4. M von der Nd aus, dann je 1 Stb in jede Lm des Anschlags und wenden.
R 2-8: 2 Steige-Lm, dann je 1 Stb in jedes Stb der Vor-R und in die 2. Steige-Lm, wenden (= 8 cm x 8 cm).

Häkle 1 Lm, schneide das Garn ab, ziehe es durch die Schlinge und vernähe es.

KRAGEN-PATCHES

Hinweis: Die Steige-Lm ersetzen jeweils das 1. Stb.

VORDERSEITE WEISS (2x)

R 0: Schlage 19 Lm an.
R 1: Häkle 1 Stb in die 7. Lm von der Nd aus, * 1 Lm, 1 Stb in die übernächste Lm des Anschlags, ab * fortlaufend wdh bis nur noch 2 Lm unbehäkelt sind, dann häkle 1 Lm und 1 fM in die letzte Lm des Anschlags (= 15 M), wenden.
R 2: 3 Steige-Lm, 1 Lm, 1 Abnahme (= je 1 Stb in die folgenden beiden Stb der Vor-R, dabei die beiden Stb zusammen abmaschen), * 1 Lm, 1 Stb in das folgende Stb der Vor-R, ab * bis zum Ende der R fortlaufend wdh (= 13 M) und wenden.
R 3: 3 Steige-Lm, * 1 Lm, 1 Stb in das folgende Stb der Vor-R, ab * fortlaufend wdh bis nur noch 2 M unbehäkelt sind, dann häkle 1 Lm und 1 fM in die letzte M der Vor-R (= 13 M), wenden.
R 4: 3 Steige-Lm, 1 Lm, 1 Abnahme (= je 1 Stb in die folgenden beiden Stb der Vor-R, dabei die beiden Stb zusammen abmaschen), * 1 Lm, 1 Stb in das folgende Stb der Vor-R, ab * bis zum Ende der R fortlaufend wdh (= 11 M) und wenden.
R 5: 3 Steige-Lm, * 1 Lm, 1 Stb in das folgende Stb der Vor-R, ab * noch 2x wdh, dann häkle 1 Lm, 1 hStb in die folgenden beiden zusammen abgemaschten Stb, 1 Lm, 1 fM in die letzte M der Vor-R (= 11 M), wenden.
R 6: 3 Steige-Lm, 1 Lm, 1 Abnahme (= je 1 Stb in die folgenden beiden Stb der Vor-R, dabei die beiden Stb zusammen abmaschen), * 1 Lm, 1 Stb in das folgende Stb der Vor-R, ab * bis zum Ende der R fortlaufend wdh (= 9 M).

Häkle 1 Lm, schneide das Garn ab, ziehe es durch die Schlinge und vernähe es.

RÜCKSEITE SCHWARZES PATCH (2x)

R 0: Schlage 17 Lm an.
R 1: Häkle 1 Stb in die 4. M von der Nd aus, dann je 1 Stb in jede Lm des Anschlags und wenden.
R 2-5: 2 Steige-Lm, dann je 1 Stb in jedes Stb der Vor-R und wenden.
R 6: 2 Steige-Lm, 8 Stb, 1 hStb, 1 fM, wenden.
R 7: 2 Steige-Lm, 1 Km in die 2. M (= in das hStb), 2 Lm, 9 Stb.

Häkle 1 Lm, schneide das Garn ab, ziehe es durch die Schlinge und vernähe es.

RÜCKSEITE WEISSES PATCH (1x)

R 0: Schlage 19 Lm an.
R 1: Häkle 1 Stb in die 7. Lm von der Nd aus, *1 Lm, 1 Stb in die übernächste Lm des Anschlags, ab * bis zum Ende der R fortlaufend wdh, wenden.
R 2-4: 3 Steige-Lm, * 1 Lm, 1 Stb in das folgende Stb der Vor-R, ab * bis zum Ende der R fortlaufend wdh und wenden.

Häkle 1 Lm, schneide das Garn ab, ziehe es durch die Schlinge und vernähe es.

HÖRE DOCH GERNE MAL HINEIN:
https://hibesties.bfan.link/henripurnell-mia

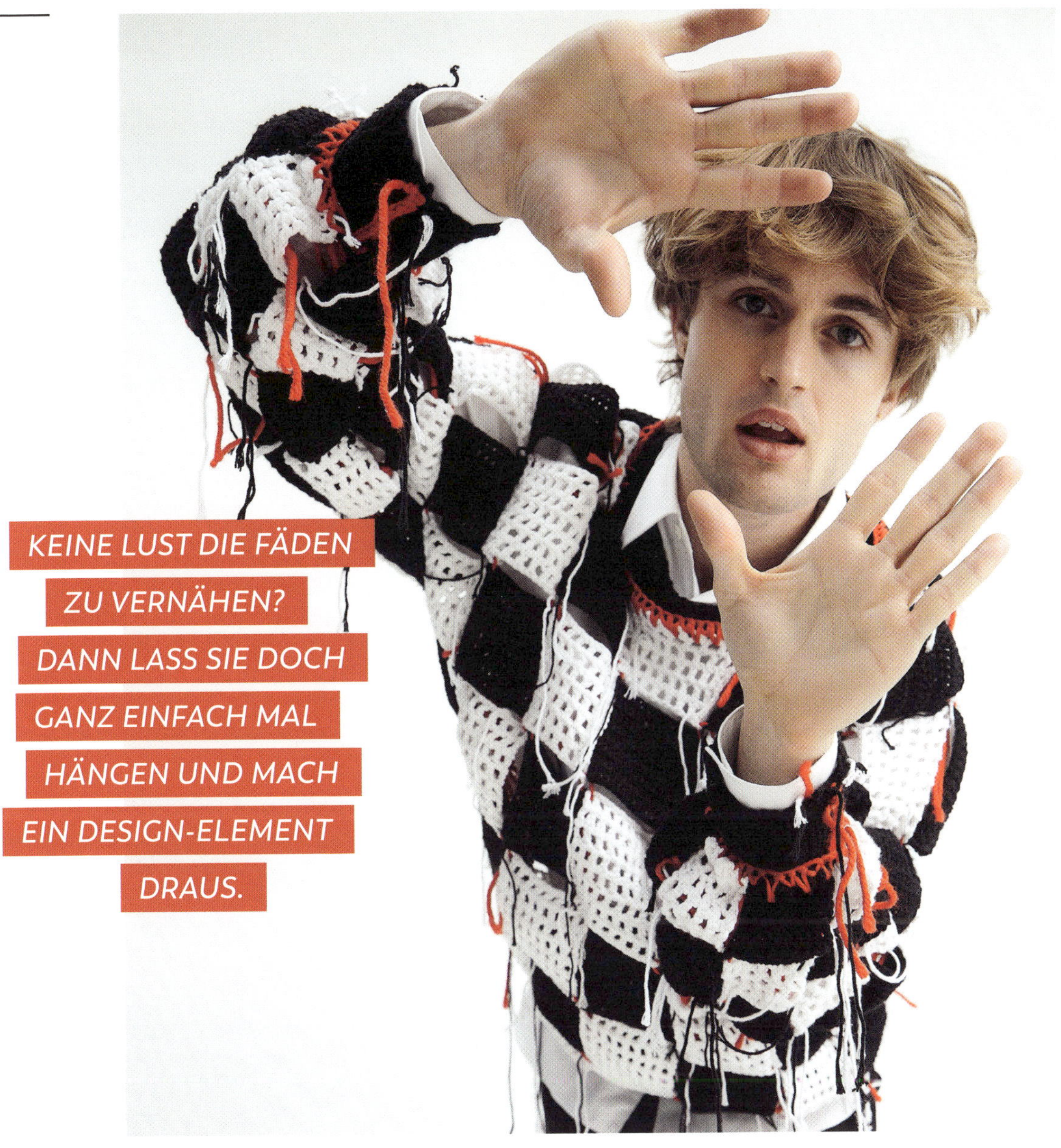

KEINE LUST DIE FÄDEN ZU VERNÄHEN? DANN LASS SIE DOCH GANZ EINFACH MAL HÄNGEN UND MACH EIN DESIGN-ELEMENT DRAUS.

ÄRMELBUND

Beginne mit Schwarz.

R 0: Schlage 22 Lm an.
R 1: 1 Stb in die 4. Lm von der Nd aus, je 1 Stb in die folgenden 18 Lm des Anschlags, wenden.
R 2: 2 Steige-Lm (ersetzt das 1. Stb), je 1 Stb in die folgenden Stb der Vor-R, dabei fortlaufend nur in das hintere Maschenglied der Stb der Vor-R einstechen, wenden.

Wiederhole nun die 2. R bis du die gewünschte Länge erreicht hast. Nähe die Enden des Bundes noch nicht zusammen.

HÜFTBUND

Beginne mit Schwarz.

R 0: Schlage 17 Lm an.
R 1: 1 Stb in die 4. Lm von der Nd aus, je 1 Stb in die folgenden 13 Lm des Anschlags, wenden.
R 2: 2 Steige-Lm (ersetzt das 1. Stb), je 1 Stb in die folgenden Stb der Vor-R, dabei fortlau-

fend nur in das hintere Maschenglied der Stb der Vor-R einstechen, wenden.

Wiederhole nun die 2. R bis du die gewünschte Länge erreicht hast und dein Bund um deine Hüfte passt. Nähe die Enden des Bundes noch nicht zusammen.

BUND FÜR DEN HALSAUSSCHNITT

Beginne mit Schwarz.

R 0: Schlage 12 Lm an.
R 1: 1 Stb in die 4. Lm von der Nd aus, je 1 Stb in die folgenden 8 Lm des Anschlags, wenden.
R 2: 2 Steige-Lm (ersetzt das 1. Stb), je 1 Stb in die folgenden Stb der Vor-R, dabei fortlaufend nur in das hintere Maschenglied der Stb der Vor-R einstechen, wenden.

Wiederhole nun die 2. R bis du die gewünschte Länge erreicht hast.
Häkle 1 Lm, schneide das Garn ab, ziehe es durch die Schlinge und vernähe es. Nähe die Enden noch nicht zusammen.

FERTIGSTELLUNG

Vorderseite: 38 Patches insgesamt = 18x Gitter-Patches in Weiß und 20x normale Patches in Schwarz
Rückseite: 39 Patches insgesamt = 20x Gitter-Patches in Weiß und 19x normale Patches in Schwarz
Kragen: 6 Patches insgesamt = 4x Gitter-Patches in Weiß und 2x normale Patches in Schwarz

ÄRMEL (2x)

30 Patches insgesamt =
1. Ärmel-R: 3x normale Patches in Schwarz mit 17 Lm, 3x Gitter-Patches in Weiß mit 19 Lm
2. Ärmel-R: 3x normale Patches in Schwarz mit 15 Lm, 3x Gitter-Patches in Weiß mit 17 Lm
3.+4 Ärmel-R: 6x normale Patches in Schwarz mit 13 Lm, 6x Gitter-Patches in Weiß mit 15 Lm
5. Ärmel-R: 3x normale Patches in Schwarz mit 7 Lm, 3x Gitter-Patches in Weiß mit 9 Lm
Insgesamt
30 Patches (siehe Schema 1)

FERTIGSTELLUNG

Insgesamt benötigst du 77 Patches für Vorder- und Rückenteil (siehe Schema 1) und 6 Kragen-Patches. Für deine Ärmel brauchst du je 30 Patches. Achte darauf, deine Patches in Richtung Handgelenk kleiner werden zu lassen: Beginne dafür deine Patches mit folgenden Maschenzahlen:

HÄKELSCHRIFT 1

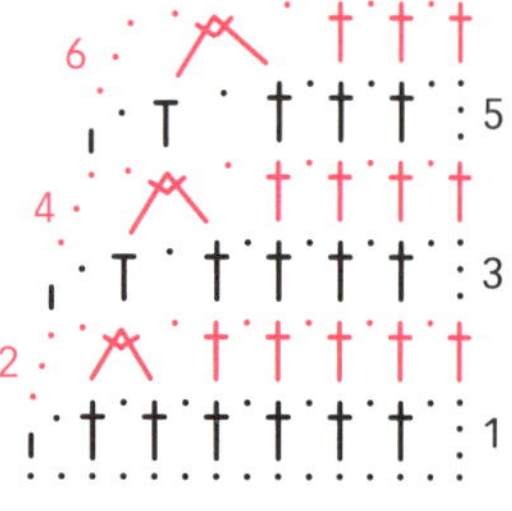

· = Luftmasche
ı = feste Masche
T = halbes Stäbchen
† = Stäbchen

HÄKELSCHRIFT 2

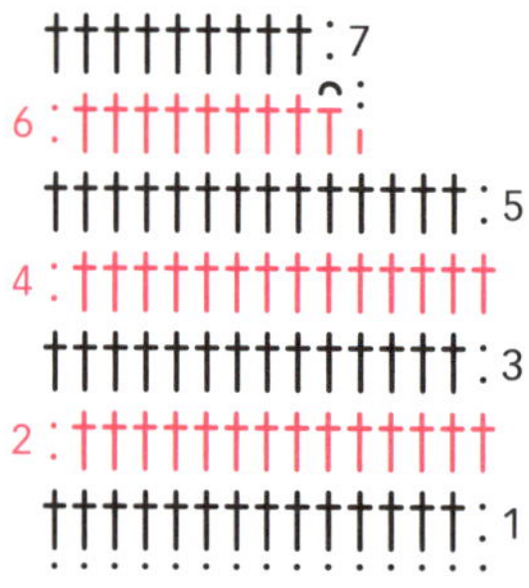

SCHEMA 1

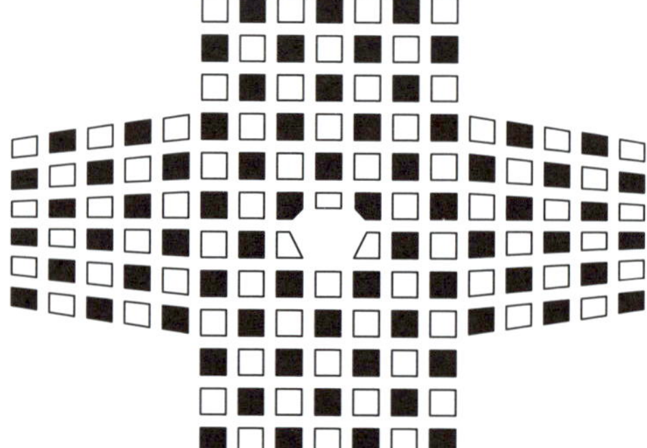

SCHEMA 2

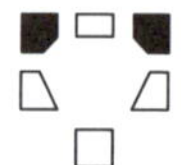

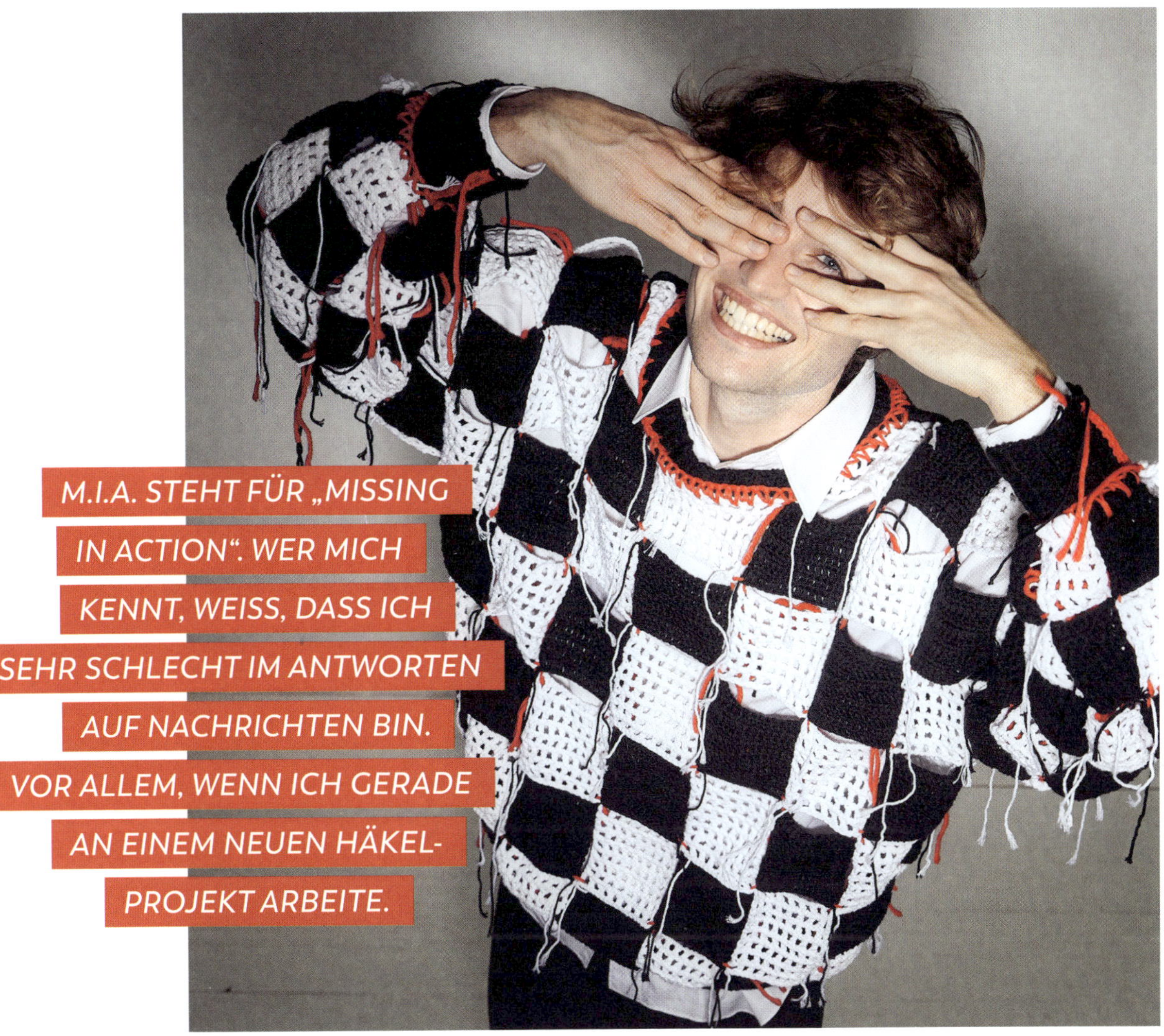

M.I.A. STEHT FÜR „MISSING IN ACTION“. WER MICH KENNT, WEISS, DASS ICH SEHR SCHLECHT IM ANTWORTEN AUF NACHRICHTEN BIN. VOR ALLEM, WENN ICH GERADE AN EINEM NEUEN HÄKEL-PROJEKT ARBEITE.

17/19 Lm (s/w), 15/17 Lm (s/w), 13/15 Lm (s/w) und 7/9 Lm (s/w). Achtung: Die Reihenanzahl der Patches bleibt gleich. Entweder du nähst alle Patches mit deiner Wollnd und dem roten Garn zusammen oder du bindest – wie ich – nur die Ecken aneinander für einen wilden Look. Nun schließt du die Ärmel und die Seiten deines Pullis mit deiner gewünschten Technik. Dann häkelst du deinen Ärmelbund mit einer R fM an. Verwende dafür das rote Garn. Lege dafür den Bund um die Ärmelenden und häkle die oberen Seiten zusammen. Am Ende häkelst du den Ärmelbund hinab, um auch den Bund nun endgültig zu schließen. Am Ende klappst du den Ärmelbund nach innen um. Als nächstes häkelst du den Hüftbund und den Kragen mit derselben Technik an.

Tipp: Wenn du noch mehr gehäkelte Sweater möchtest, kannst du auch den Harry Styles but cuter Cardigan ganz leicht in einen Sweater umwandeln. Anstelle des weißen Jackenbündchens schließt du die Jackenöffnung einfach mit einer weiteren Reihe Patches. Den dann entstehenden Halsausschnitt behäkelst du wie in der Anleitung angegeben mit 4 Runden festen Maschen. Fertig.

ICED COFFEE SWEATER VEST

MATERIAL

- Hoooked DK Soft Cotton (100 % recycelte Baumwolle, LL 85 m/50 g) in Beige, 150 g, in Braun, Dunkelbraun, Hellblau und Dunkelblau, je ca. 100 g
- Häkelnadel 4,0 mm
- Maschenmarkierer
- Schere
- Wollnadel
- Maßband

Diese Anleitung entspricht einer Herrengröße Medium. Wenn du eine größere oder kleinere Größe möchtest, häkelst du dein Granny Square größer oder kleiner (> 13 Reihen oder < 13 Reihen).

FARBFOLGE

* 1 Rd/R in Hellblau, 1 Rd/R in Beige, 1 Rd/R in Hellbraun, 1 Rd/R in Dunkelblau, 1 Rd/R in Dunkelbraun ab * fortlaufend wdh.

ANLEITUNG

GRANNY SQUARE (2x)

Beginne mit Hellblau. Es wird in Rd gehäkelt.

Rd 0: Schlage 4 Lm an und schließe die Lm-Kette mit 1 Km in die 1. Lm zum Ring.
Rd 1: 2 Steige-Lm (ersetzt das 1. Stb), 2 Stb, * 2 Lm, 3 Stb, ab * noch 2x wdh, 2 Lm, 1 Km in die 2. Steige-Lm. Schneide das Garn ab und ziehe es durch die Schlinge.
Rd 2 (Beige): Befestige das beigefarbene Garn mit einem Knoten an einer der Ecken/Lm-Bogen der 1. Rd. Häkle nun 2 Steige-Lm (ersetzt das 1. Stb), 2 Stb, 2 Lm und 3 Stb um die beiden Lm der Ecke. * 1 Lm, 3 Stb, 2 Lm und 3 Stb in die folgende Ecke häkeln. Ab * noch 2x wdh und ende mit 1 Lm und 1 Km in die 2. Steige-Lm. Schneide das Garn ab und ziehe es durch die Schlinge.
Rd 3 (Hellbraun): Befestige das hellbraune Garn mit einem Knoten an einer der Ecken/ Lm-Bogen der 2. Rd. Häkle nun 2 Steige-Lm (ersetzt das 1. Stb), 2 Stb, 2 Lm und 3 Stb um die beiden Lm der Ecke. * 1 Lm, 3 Stb in die folgende Lm der Vor-Rd häkeln. 1 Lm, 3 Stb, 2 Lm und 3 Stb in die folgende Ecke häkeln. Ab * noch 2x wdh und ende mit 1 Lm, 3 Stb um die folgende Lm der Vor-Rd, 1 Lm und 1 Km in die 2. Steige-Lm. Schneide das Garn ab und ziehe es durch die Schlinge.
Rd 4-13: Nach dem Prinzip der 3. Rd oder nach der Häkelschrift 1 in der Farbfolge weiterhäkeln.

Nach der 13. Rd alle Fäden vernähen.

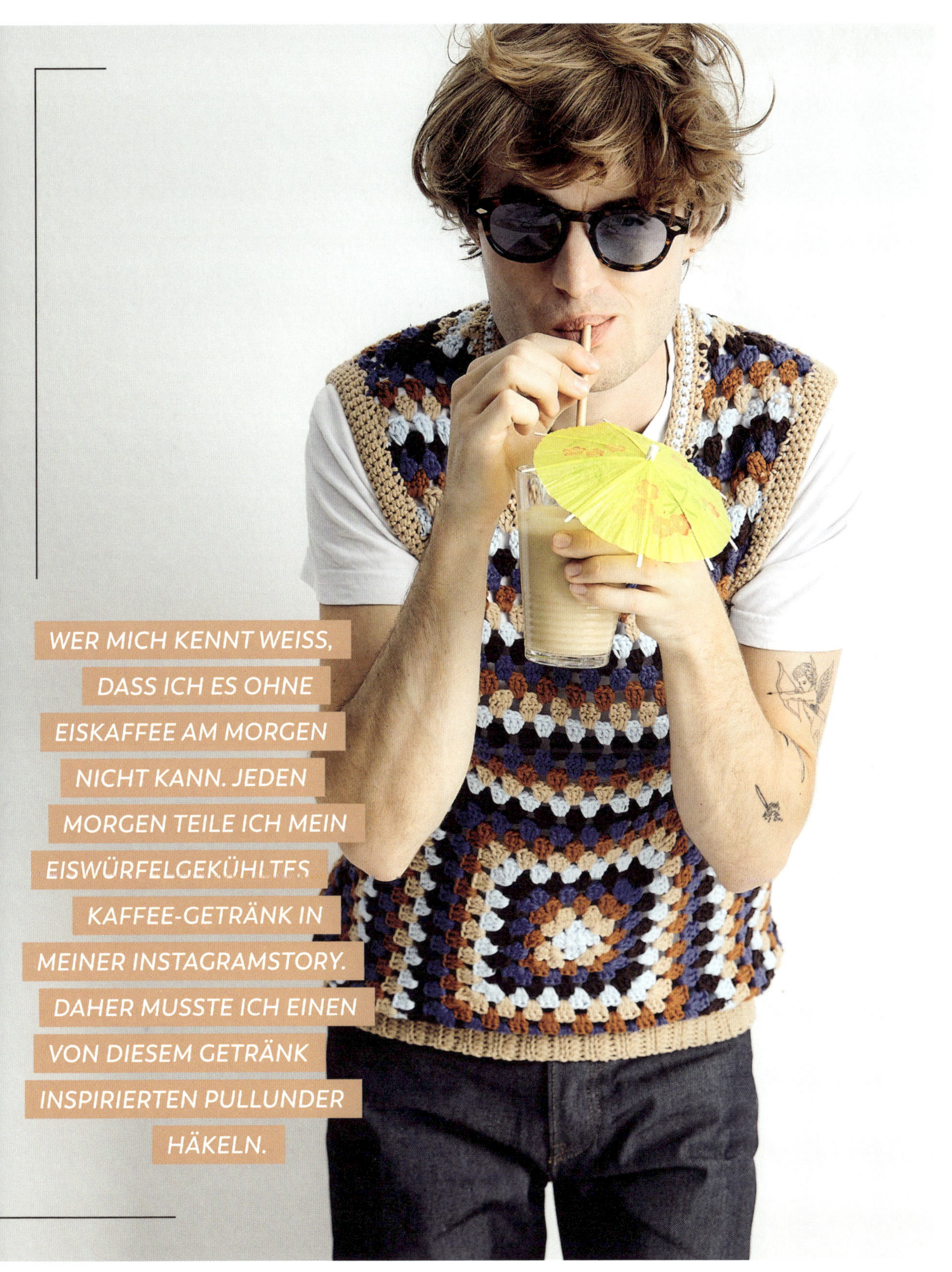

WER MICH KENNT WEISS, DASS ICH ES OHNE EISKAFFEE AM MORGEN NICHT KANN. JEDEN MORGEN TEILE ICH MEIN EISWÜRFELGEKÜHLTES KAFFEE-GETRÄNK IN MEINER INSTAGRAMSTORY. DAHER MUSSTE ICH EINEN VON DIESEM GETRÄNK INSPIRIERTEN PULLUNDER HÄKELN.

SEITEN DES GRANNY SQUARES (2x)

Füge nun weitere 7 R an beiden Seiten deines Vorderteil Granny Squares hinzu. Folge dazu der Häkelschrift 1.

V-AUSSCHNITT VORNE

Nun häkelst du 9 R an die Oberseite deines Granny Square bis du den Startpunkt des V-Ausschnittes erreicht hast (siehe Häkelschrift 2). Setze nun 1 Maschenmarkierer in die Mitte deiner R. Achtung, die R 9 ist in Häkelschrift 1 und Häkelschrift 2 je 1x gezeichnet. Du häkelst sie aber nur 1x.

R 10: Nun häkelst du bis kurz vor den Maschenmarkierer. Dann 2 Lm, 1 Km in die mittlere Lm (Maschenmarkierer), 2 Lm, nun häkelst du bis zum Ende deiner Reihe.
R 11-24: Jetzt startest du deinen V-Ausschnitt. Folge hierfür der Häkelschrift 2. Die beiden Seiten des V-Ausschnitts werden ab R 11 getrennt voneinander gehäkelt.

Achtung in R 15: Hier erfolgt eine Zunahme in der ersten und letzten Masche (siehe Häkelschrift 2).

RÜCKEN

Für den Rücken hast du das Granny Square genauso gehäkelt, wie für das Vorderteil. Danach häkelst du nach Häkelschrift 3 weiter. Achtung, R 9 ist dabei für ein besseres Verständnis doppelt gezeichnet, sie wird aber nur 1x gehäkelt.

Achtung in R 15: Hier erfolgt eine Zunahme in der ersten und letzten Masche (siehe Häkelschrift 3).

R 10-24: Nach der Häkelschrift 3 weiterhäkeln. Achtung, die R 24 wird durch den Halsausschnitt für die rechte und linke Seite getrennt voneinander gehäkelt.

BUND

R 0: Schlage in Beige 11 Lm an.
R 1: 1 hStb in die 2. Lm von der Nd aus, je 1 hStb in die folgenden 9 Lm, wenden.
R 2: 2 Steige-Lm (ersetzt das 1. hStb), je 1 hStb in die folgenden 9 Lm, wenden.

Wiederhole nun die 2. R bis du die gewünschte Länge erreicht hast. Nähe nun die die erste und letzte R mit einer Wollnd zusammen.

FERTIGSTELLEN

Lege dein Vorderteil und Rückteil aufeinander und nähe zunächst die Schulternähte zusammen. Danach nähst du die Seitenkanten zusammen. Nun nähst du deinen Bund unten an. Danach befestigt du dein beigefarbenes Garn am Armloch und häkelst 4 Rd fM als Abschluss an. Wiederhole dies am zweiten Armloch. Zu guter Letzt häkelst du den Kragen an. Befestige dafür das beigefarbene Garn an der Spitze des V-Ausschnittes. Häkel nun 4 R fM an. Lege die beiden Enden an der Spitze des V-Ausschnittes übereinander und nähe diese übereinander fest (siehe Foto). Als kleines optisches Highlight habe ich bei den Abschlusskanten an den Armlöchern und dem V-Ausschnitt die 3. R in Hellblau gehäkelt.

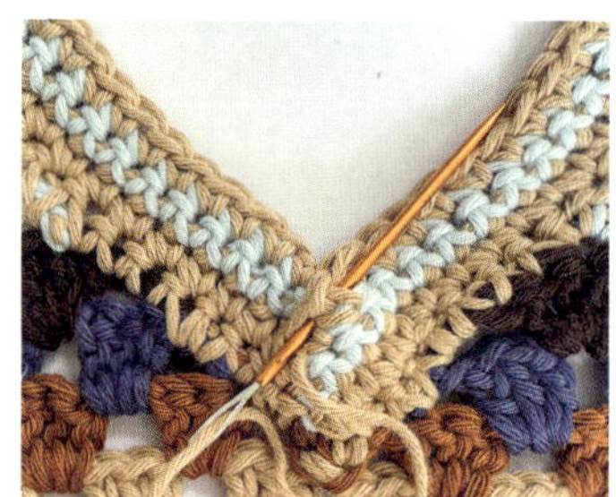

ICH KOMBINIERE
DEN PULLUNDER
GANZ EINFACH MIT
EINEM WEISSEN
BASIC-T-SHIRT.

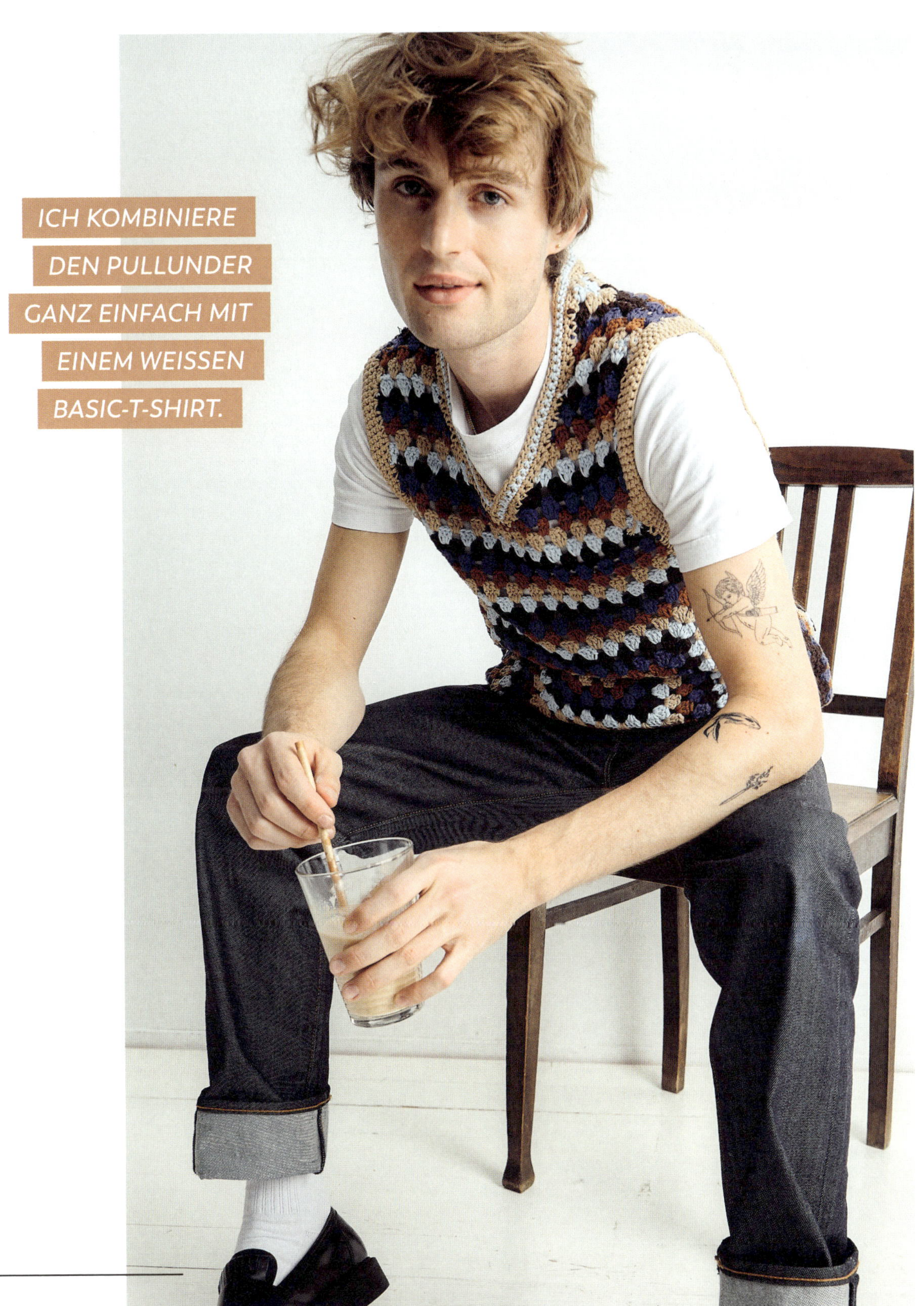

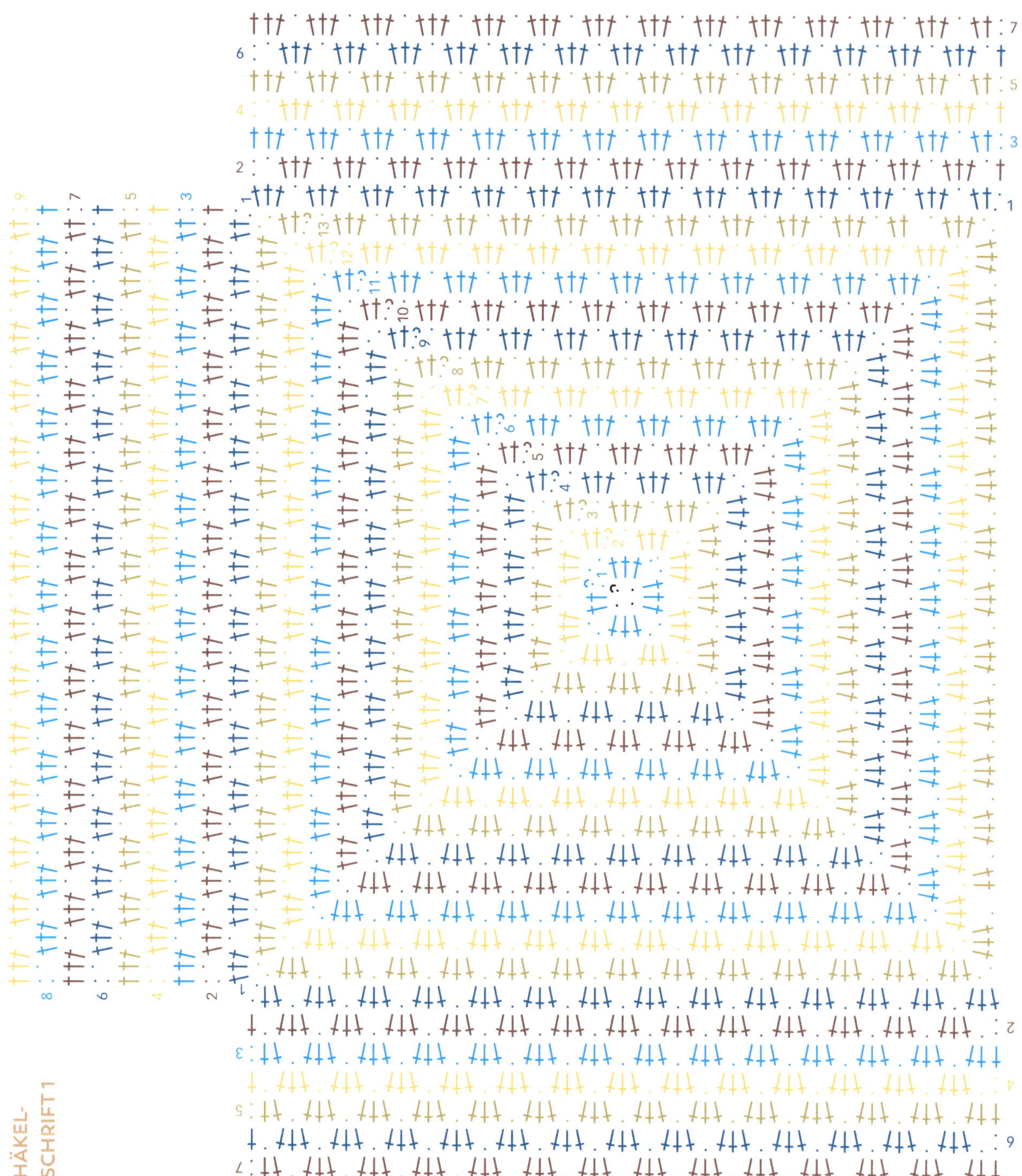

HÄKELSCHRIFT 1

HÄKELSCHRIFT 2

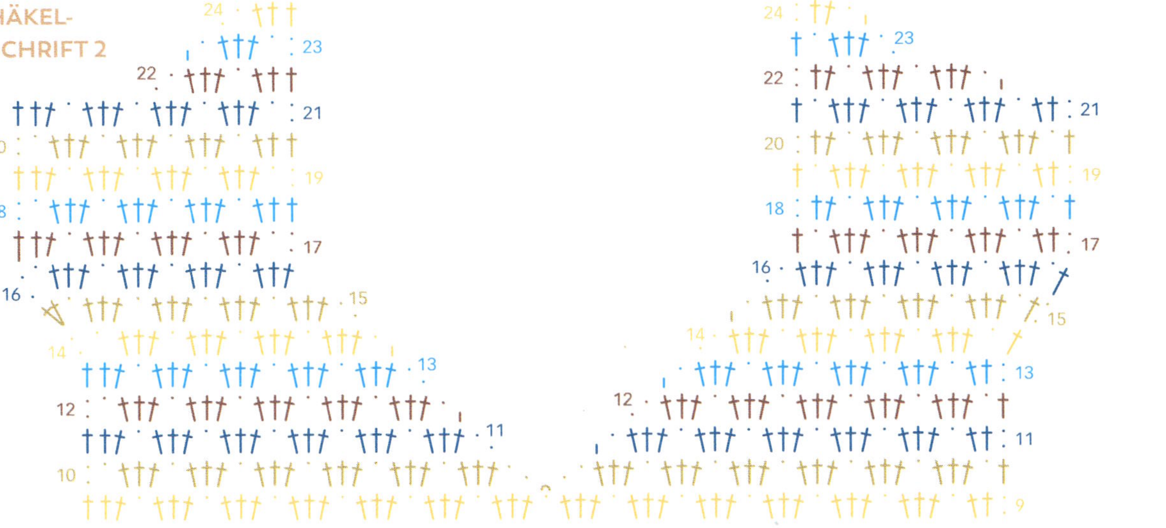

HÄKELSCHRIFT 3

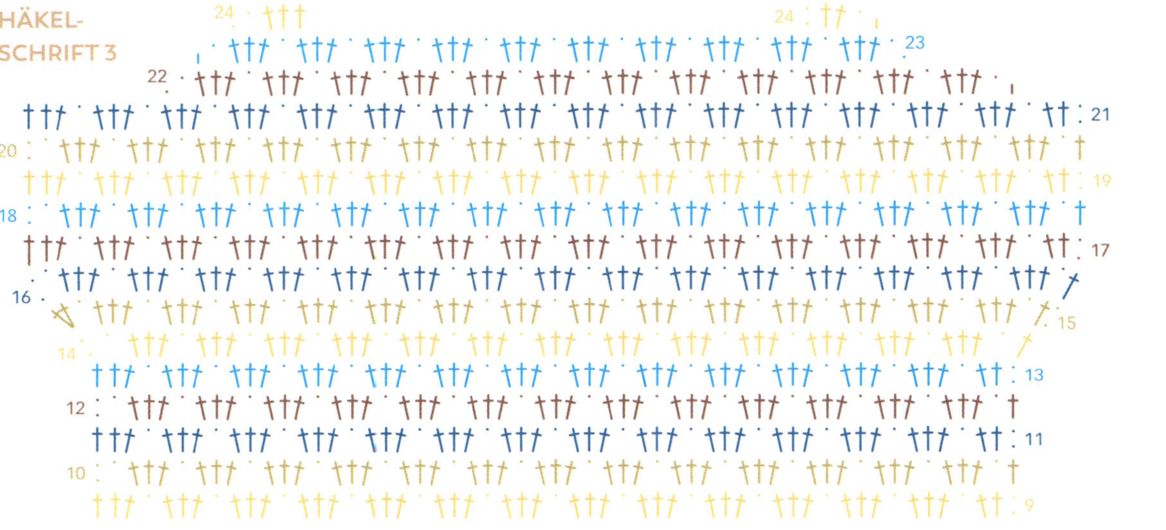

· = Luftmasche
† = Stäbchen
‡ = Doppelstäbchen

GET THE

LOOK

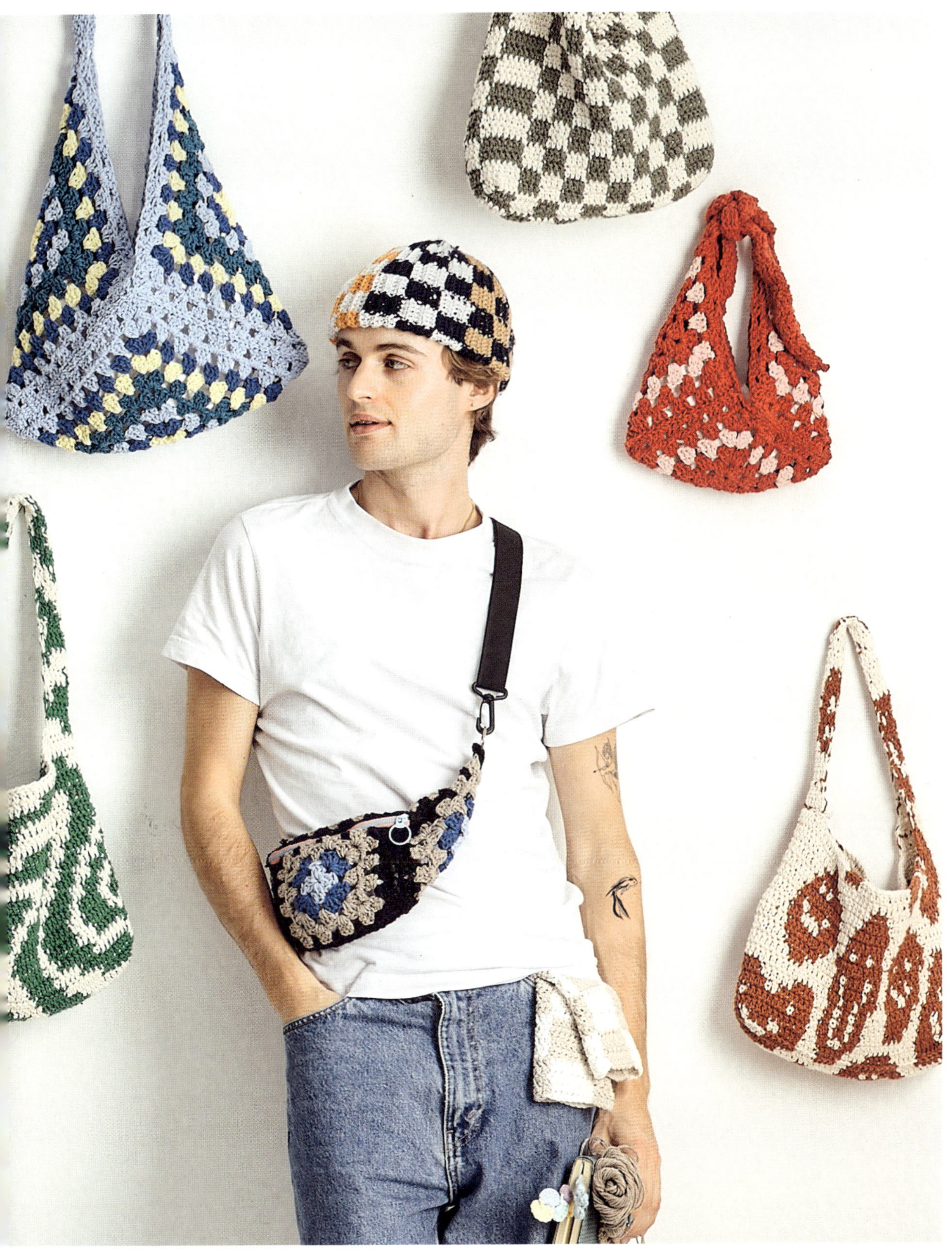

CHECKERED BAG

MATERIAL

- Hoooked Eco Barbante (80 % recycelte Baumwolle, 20 % andere Fasern, LL 200 m/200 g) in Olivegrün und Weiß, je 150 g
- Häkelnadel 5,0 mm
- Schere
- Wollnadel

Die fertige Schachbrett-Tasche hat liegend eine Breite von ca. 33 cm und eine Höhe von ca. 25 cm, der Taschenriemen hat eine Länge von ca. 60 cm. Die fertige große Schachbrett-Tasche hat liegend eine Breite von 39 cm und eine Höhe von 36 cm, der Taschenriemen hat eine Länge von ca. 60 cm.

FARBWECHSEL

Für den Farbwechsel fortlaufend das letzte Stb einer Farbe mit beiden Garnen (doppelfädig, olivegrün und weiß) abmaschen und das jeweils nicht benötigte Garn überhäkeln.

SCHACHBRETT-MUSTER

R/Rd 1: * 4 Stb in Olivegrün und 4 Stb in Weiß im Wechsel häkeln, ab * fortlaufend wdh.
R/Rd 2: Farblich wie R/Rd 1 häkeln, d. h. jeweils die olivegrünen Stb auf die olivegrünen Stb der Vor-R/Vor-Rd und die weißen Stb auf die weißen Stb der Vor-R/Vor-Rd häkeln.
R/Rd 3: * 4 Stb in Weiß und 4 Stb in Olivegrün im Wechsel häkeln, ab * fortlaufend wdh.
R/Rd 4: Farblich wie R/Rd 3 häkeln, d. h. jeweils die weißen Stb auf die weißen Stb der Vor-R/Vor-Rd und die olivegrünen Stb auf die olivegrünen Stb der Vor-R/Vor-Rd häkeln.

R/Rd 1-4 fortlaufend wdh.

ANLEITUNG

BODEN

Beginne mit Olivegrün. Es wird in R gehäkelt.
Jede R beginnt mit 2 Steige-Lm als Ersatz für das 1. Stb und endet mit 1 Stb in die 2. Steige-Lm der Vor-R.

R 0: Schlage 40 Lm an.
R 1: 2 Steige-Lm (ersetzt das 1. Stb), 1 Stb in 3. Lm von der Nd aus, je 1 Stb in die folgenden 3 Lm des Anschlags, wechsle nun zum weißen Garn und häkle je 1 Stb in die folgenden 4 Lm des Anschlags, * wechsle nun zum olivegrünen Garn und häkle je 1 Stb in die folgenden 4 Lm des Anschlags, wechsle nun zum weißen Garn und häkle je 1 Stb in die folgenden 4 Lm des Anschlags, ab * bis zum Ende der R fortlaufend wdh.
R 2: * 4 Stb in Weiß, 4 Stb in Olivegrün häkeln, ab * fortlaufend wdh.

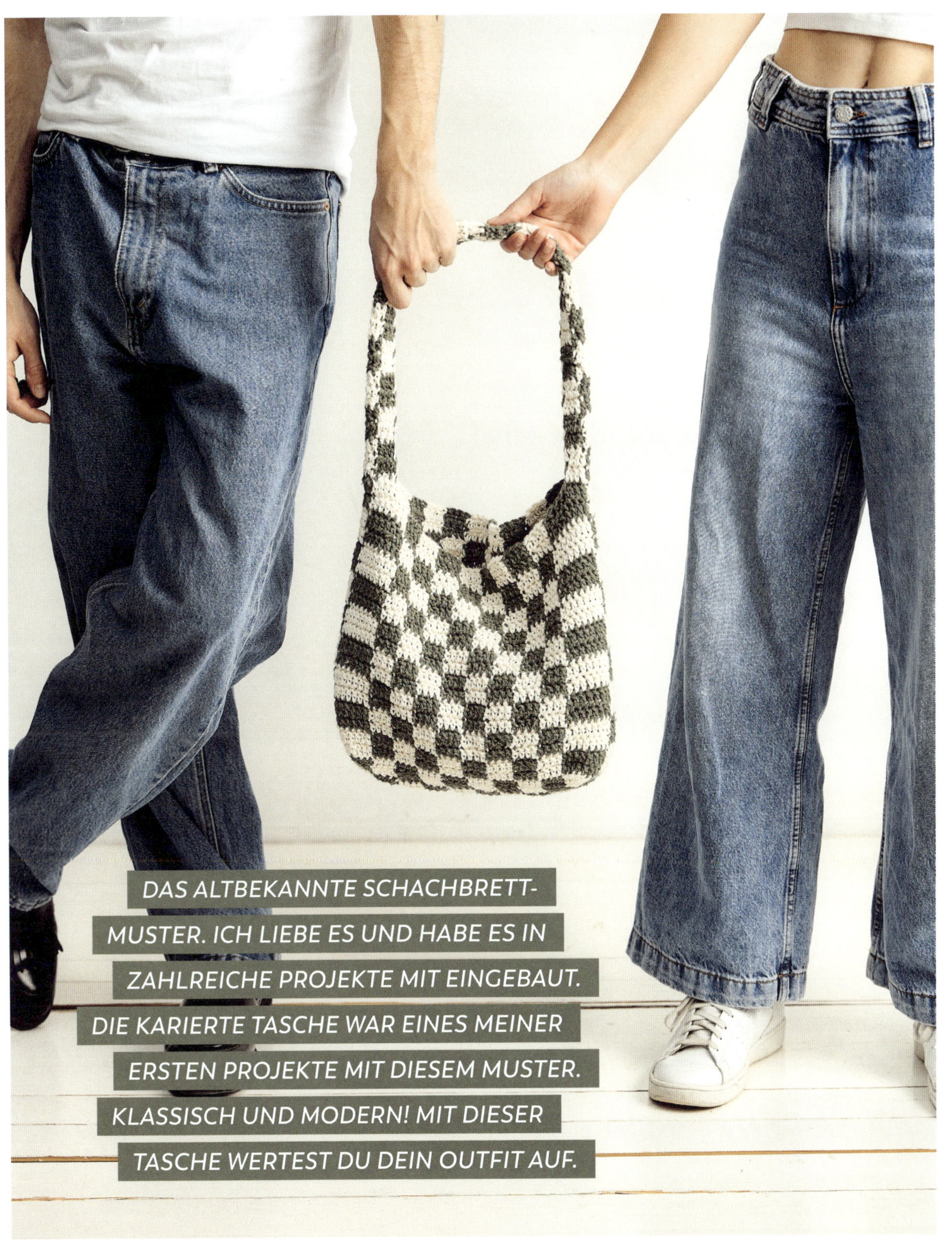

DAS ALTBEKANNTE SCHACHBRETT-MUSTER. ICH LIEBE ES UND HABE ES IN ZAHLREICHE PROJEKTE MIT EINGEBAUT. DIE KARIERTE TASCHE WAR EINES MEINER ERSTEN PROJEKTE MIT DIESEM MUSTER. KLASSISCH UND MODERN! MIT DIESER TASCHE WERTEST DU DEIN OUTFIT AUF.

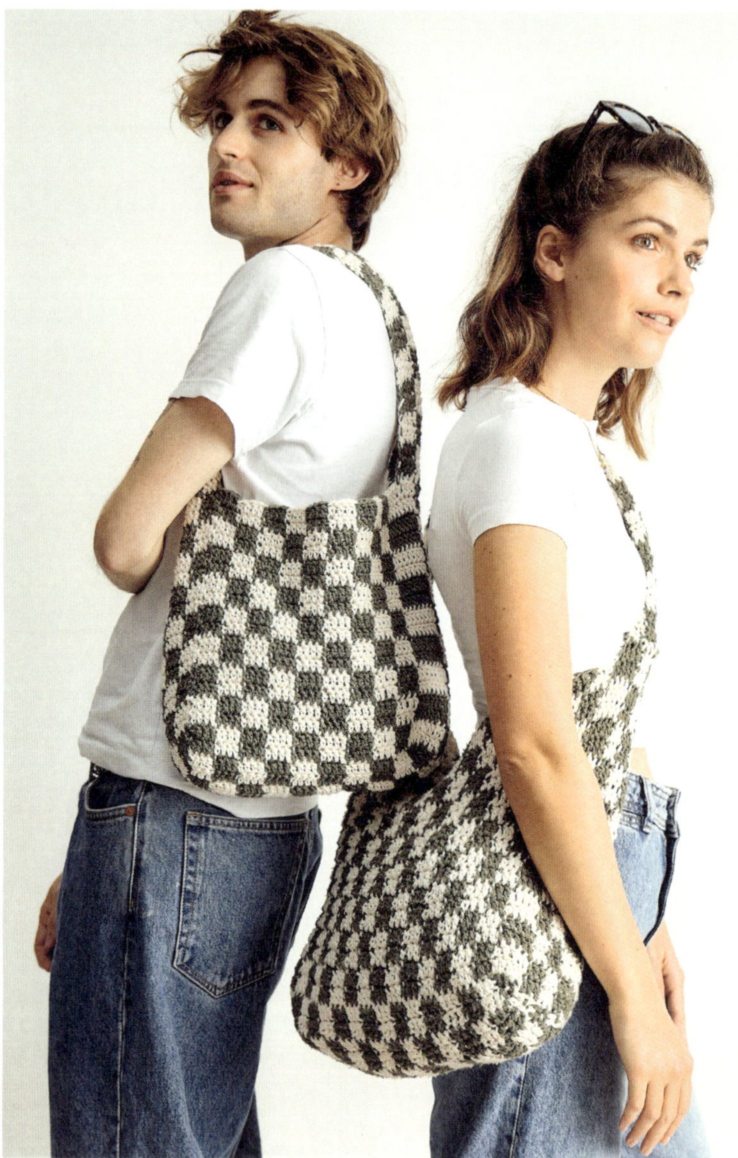

R 3: * 4 Stb in Weiß, 4 Stb in Olivegrün häkeln, ab * fortlaufend wdh.
R 4: * 4 Stb in Olivegrün, 4 Stb in Weiß häkeln, ab * fortlaufend wdh.
R 5: * 4 Stb in Olivegrün, 4 Stb in Weiß häkeln, ab * fortlaufend wdh.
R 6: * 4 Stb in Weiß, 4 Stb in Olivegrün häkeln, ab * fortlaufend wdh.

KÖRPER

Häkle nun in Rd um den Boden herum. Beginne mit Weiß. Jede Rd beginnt mit 2 Steige-Lm als Ersatz für das 1. Stb und endet mit 1 Km in die 2. Steige-Lm.

Rd 1: Vorderseite: 2 Steige-Lm (ersetzt das 1. Stb), je 1 Stb in die folgenden 3 M der Vor-Rd, wechsle nun zum olivegrünen Garn und häkle je 1 Stb in die folgenden 4 M der Vor-Rd, * wechsle nun zum weißen Garn und häkle je 1 Stb in die folgenden 4 M der Vor-Rd, wechsle nun zum olivegrünen Garn und häkle je 1 Stb in die folgenden 4 M der Vor-Rd, ab * bis zum Ende der Vorderseite fortlaufend wdh (= 40 M).

1. Seitenwand: 4 Stb in Olivegrün, 4 Stb in Weiß, 4 Stb in Olivegrün, dabei werden in jedes der 6 Stb des Bodens 2 Stb gehäkelt (= 12 M).
Rückseite: * 4 Stb in Olivegrün, 4 Stb in Weiß häkeln, ab * fortlaufend wdh (= 40 Stb).
2. Seitenwand: 4 Stb in Weiß, 4 Stb in Olivegrün, 4 Stb in Weiß, dabei werden in jedes der 6 Stb des Bodens 2 Stb gehäkelt (= 12 M).

Rd 2: Über die ersten 40 M der Vorderseite: * 4 Stb in Weiß, 4 Stb in Olivegrün häkeln, ab * fortlaufend wdh. Über die folgenden 12 M der 1. Seitenwand: 4 Stb in Olivegrün, 4 Stb in Weiß, 4 Stb in Olivegrün arb. Über die folgenden 40 M der Rückseite: 4 Stb in Olivegrün, 4 Stb in Weiß häkeln, ab * fortlaufend wdh. Über die folgenden 12 M der 2. Seitenwand: 4 Stb in Weiß, 4 Stb in Olivegrün, 4 Stb in Weiß.
Rd 3 und 4: Über die ersten 40 M der Vorderseite: * 4 Stb in Olivegrün, 4 Stb in Weiß häkeln, ab * fortlaufend wdh. Über die folgenden 12 M der 1. Seitenwand: 4 Stb in Weiß, 4 Stb in Olivegrün, 4 Stb in Weiß arb.

Über die folgenden 40 M der Rückseite: * 4 Stb in Weiß, 4 Stb in Olivegrün häkeln, ab * fortlaufend wdh. Über die folgenden 12 M der 2. Seitenwand: 4 Stb in Olivegrün, 4 Stb in Weiß, 4 Stb in Olivegrün häkeln.
Rd 5 und 6: Über die ersten 40 M der Vorderseite: * 4 Stb in Weiß, 4 Stb in Olivegrün häkeln, ab * fortlaufend wdh. Über die folgenden 12 M der 1. Seitenwand: 4 Stb in Olivegrün, 4 Stb in Weiß, 4 Stb in Olivegrün arb. Über die folgenden 40 M der Rückseite: 4 Stb in Olivegrün, 4 Stb in Weiß häkeln, ab * fortlaufend wdh. Über die folgenden 12 M der 2. Seitenwand: 4 Stb in Weiß, 4 Stb in Olivegrün, 4 Stb in Weiß.
Rd 7 und 8: Wie Rd 3 und 4 häkeln.

Die Rd 5-8 noch 2x wdh (= 16 Rd).

TASCHENRIEMEN

Der Riemen wird in hin- und hergehenden R direkt auf die 12 Stb der 2. Seitenwand und rechts und links je 1 Stb der Rück- bzw. Vorderseite gehäkelt wie folgt:
Befestige das weiße Garn an der letzten M der Rückseite mit einem Knoten.
Jede R beginnt mit 2 Steige-Lm als Ersatz für das 1. Stb und endet mit 1 Stb in die 2. Steige-Lm der Vor-R.

R 1: 2 Steige-Lm in Weiß (ersetzt das 1. Stb), 4 Stb in Weiß, 4 Stb in Olivegrün, 5 Stb in Weiß (= 14 Stb), wenden.
R 2: 2 Steige-Lm in Weiß, 2 Stb in Weiß, dabei die beiden Stb zusammen abmaschen (= Abnahme), 2 Stb in Weiß, 4 Stb in Olivegrün, 3 Stb in Weiß, 2 Stb in Weiß, dabei die beiden Stb zusammen abmaschen (= Abnahme), wenden.
R 3: 2 Steige-Lm in Olivegrün, 2 Stb in Olivegrün, dabei die beiden Stb zusammen abmaschen (= Abnahme), 1 Stb in Olivegrün, 4 Stb in Weiß, 2 Stb in Olivegrün, 2 Stb in Olivegrün, dabei die beiden Stb zusammen abmaschen (= Abnahme), wenden.
R 4: 3 Stb in Olivegrün, 4 Stb in Weiß, 3 Stb in Olivegrün.
R 5 und 6: 3 Stb in Weiß, 4 Stb in Olivegrün, 3 Stb in Weiß.
R 7 und 8: 3 Stb in Olivegrün, 4 Stb in Weiß, 3 Stb in Olivegrün.

R 5-8 noch 6x wdh (= 32 R).

R 33: 2 Steige-Lm in Weiß, die folgenden beiden Stb (weiß) in die nächste Einstichstelle häkeln (= Zunahme), 1 Stb (weiß), 4 Stb (olivegrün), 2 Stb (weiß), die folgenden beiden Stb (weiß) in die nächste Einstichstelle häkeln (= Zunahme).
R 34: 2 Steige-Lm in Weiß, die folgenden beiden Stb (weiß) in die nächste Einstichstelle häkeln (= Zunahme), 2 Stb (weiß), 4 Stb (olivegrün), 3 Stb (weiß), die folgenden beiden Stb (weiß) in die nächste Einstichstelle häkeln (= Zunahme), 1 Lm mit beiden Garnen.

Die Garne nach ca. 20 cm abschneiden, durch die Schlinge ziehen und mit der Wollnd an die 1. Seitenwand nähen.

GRÖSSERE ALTERNATIVE

KLEINES SCHACHBRETTMUSTER

R/Rd 1: * 3 Stb in Olivegrün und 3 Stb in Weiß im Wechsel häkeln, ab * fortlaufend wdh.
R/Rd 2: Farblich wie R/Rd 1 häkeln, d.h. jeweils die olivegrünen Stb auf die olivegrünen Stb der Vor-R/Vor-Rd und die weißen Stb auf die weißen Stb der Vor-R/Vor-Rd häkeln.
R/Rd 3: * 3 Stb in Weiß und 3 Stb in Olivegrün im Wechsel häkeln, ab * fortlaufend wdh.

Falls du hierfür ein Video-Tutorial benötigst, dann schaue doch gerne hier vorbei: https://youtu.be/qXU8CbLHOek

R/Rd 4: Farblich wie R/Rd 3 häkeln, d. h. jeweils die weißen Stb auf die weißen Stb der Vor-R/Vor-Rd und die olivegrünen Stb auf die olivegrünen Stb der Vor-R/Vor-Rd häkeln.

R/Rd 1-4 fortlaufend wdh.

BODEN

Beginne mit Olivegrün. Es wird in R gehäkelt.
Jede R beginnt mit 2 Steige-Lm als Ersatz für das 1. Stb und endet mit 1 Stb in die 2. Steige-Lm der Vor-R.

R 0: Schlage 48 Lm an.
R 1: 2 Steige-Lm (ersetzt das 1. Stb), 1 Stb in 3. Lm von der Nd aus, 1 Stb in die folgende Lm des Anschlags, wechsle nun zum weißen Garn und häkle je 1 Stb in die folgenden 3 Lm des Anschlags, * wechsle nun zum olivegrünen Garn und häkle je 1 Stb in die folgenden 3 Lm des Anschlags, wechsle nun zum weißen Garn und häkle je 1 Stb in die folgenden 3 Lm des Anschlags, ab * bis zum Ende der R fortlaufend wdh.
R 2: * 3 Stb in Weiß, 3 Stb in Olivegrün häkeln, ab * fortlaufend wdh.
R 3: * 3 Stb in Weiß, 3 Stb in Olivegrün häkeln, ab * fortlaufend wdh.
R 4: * 3 Stb in Olivegrün, 3 Stb in Weiß häkeln, ab * fortlaufend wdh.
R 5: * 3 Stb in Olivegrün, 3 Stb in Weiß häkeln, ab * fortlaufend wdh.
R 6: * 3 Stb in Weiß, 3 Stb in Olivegrün häkeln, ab * fortlaufend wdh.
R 7: * 3 Stb in Weiß, 3 Stb in Olivegrün häkeln, ab * fortlaufend wdh.
R 8: * 3 Stb in Olivegrün, 3 Stb in Weiß häkeln, ab * fortlaufend wdh.

KÖRPER

Häkle nun in Rd um den Boden herum. Beginne mit Weiß.
Jede Rd beginnt mit 2 Steige-Lm als Ersatz für das 1. Stb und endet mit 1 Km in die 2. Steige-Lm.

Rd 1: Vorderseite: 2 Steige-Lm (ersetzt das 1. Stb), je 1 Stb in die folgenden beiden M der Vor-Rd. Wechsle zum olivegrünen Garn und häkle je 1 Stb in die folgenden 3 M der Vor-Rd. * Wechsle zum weißen Garn und häkle je 1 Stb in die folgenden 3 M der Vor-Rd, wechsle nun zum olivegrünen Garn und häkle je 1 Stb in die folgenden 3 M der Vor-Rd, ab * bis zum Ende der Vorderseite fortlaufend wdh (= 48 M).

1. Seitenwand: 3 Stb in Olivegrün, 3 Stb in Weiß, 3 Stb in Olivegrün, 3 Stb in Weiß dabei werden in jedes der 8 Stb des Bodens 1-2 Stb gehäkelt (= 12 M).
Rückseite: * 3 Stb in Weiß, 3 Stb in Olivegrün häkeln, ab * fortlaufend wdh (= 48 Stb).
2. Seitenwand: 3 Stb in Olivegrün, 3 Stb in Weiß, 3 Stb in Olivegrün, 3 Stb in Weiß, dabei werden in jedes der 8 Stb des Bodens 1-2 Stb gehäkelt (= 12 M).

Rd 2: Über die ersten 48 M der Vorderseite: * 3 Stb in Weiß, 3 Stb in Olivegrün häkeln, ab * fortlaufend wdh. Über die folgenden 12 M der 1. Seitenwand: 3 Stb in Olivegrün, 3 Stb in Weiß, 3 Stb in Olivegrün, 3 Stb in Weiß arb. Über die folgenden 48 M der Rückseite: * 3 Stb in Weiß, 3 Stb in Olivegrün häkeln, ab * fortlaufend wdh. Über die folgenden 12 M der 2. Seitenwand: 3 Stb in Olivegrün, 3 Stb in Weiß, 3 Stb in Olivegrün, 3 Stb in Weiß häkeln.
Rd 3 und 4: Über die ersten 48 M der Vorderseite: * 3 Stb in Olivegrün, 3 Stb in Weiß häkeln, ab * fortlaufend wdh. Über die folgenden 12 M 1. Seitenwand: 3 Stb in Weiß, 3 Stb in Olivegrün, 3 Stb in Weiß, 3 Stb in Olivegrün häkeln. Über die folgenden 48 M der Rückseite: * 3 Stb in Olivegrün, 3 Stb in Weiß häkeln, ab * fortlaufend wdh. Über die folgenden 12 M der 2. Seitenwand: 3 Stb in Weiß, 3 Stb in Olivegrün, 3 Stb in Weiß, 3 Stb in Olivegrün.
Rd 5 und 6: Über die ersten 48 M der Vorderseite: * 3 Stb in Weiß, 3 Stb in Olivegrün häkeln, ab * fortlaufend wdh. Über die folgenden 12 M der 1. Seitenwand: 3 Stb in Olivegrün, 3 Stb in Weiß, 3 Stb in Olivegrün, 3 Stb in Weiß. Über die folgenden 48 M der Rückseite: 3 Stb in Weiß, 3 Stb in Olivegrün häkeln, ab * fortlaufend wdh. Über die folgenden 12 M der 2. Sei-

tenwand: 3 Stb in Olivegrün, 3 Stb in Weiß, 3 Stb in Olivegrün, 3 Stb in Weiß.
Rd 7 und 8: Wie Rd 3 und 4 häkeln.

Die Rd 5-8 noch 3x wdh (= 20 Rd).

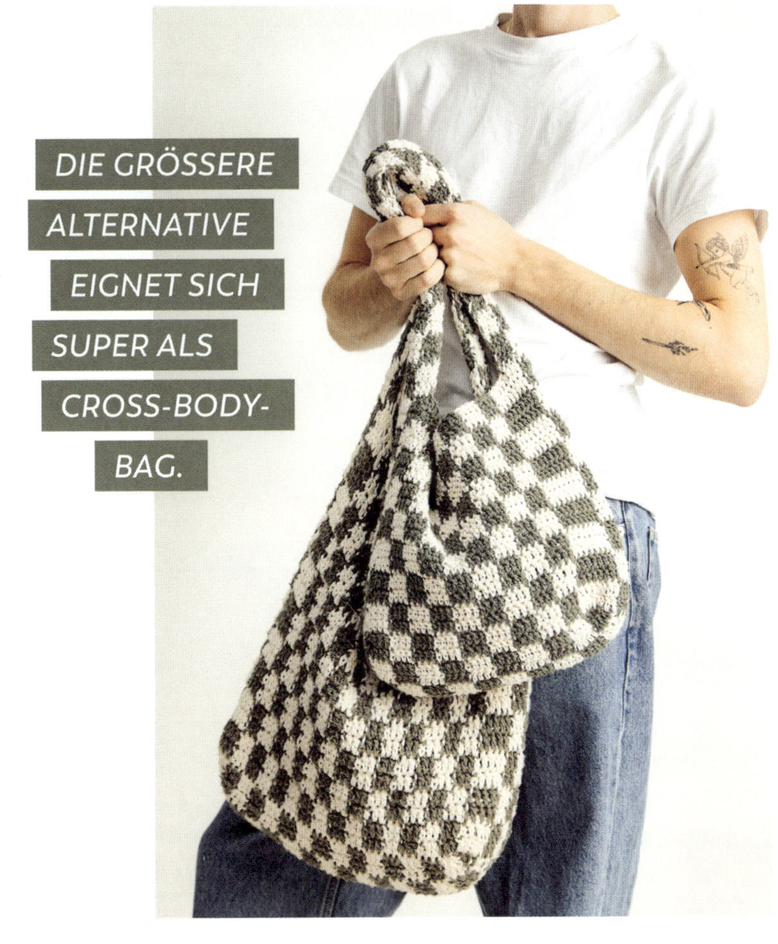

DIE GRÖSSERE ALTERNATIVE EIGNET SICH SUPER ALS CROSS-BODY-BAG.

TASCHENRIEMEN

Der Riemen wird in hin- und hergehenden R direkt auf die 12 Stb der 1. Seitenwand + rechts und links je 1 Stb der Rück- bzw. Vorderseite gehäkelt wie folgt:
Befestige das olivegrüne Garn an der letzten M der Vorderseite mit einem Knoten.
Jede R beginnt mit 2 Steige-Lm als Ersatz für das 1. Stb und endet mit 1 Stb in die 2. Steige-Lm der Vor-R.

R 1: 2 Steige-Lm in Olivegrün (ersetzt das 1. Stb), 3 Stb in Olivegrün, 3 Stb in Weiß, 3 Stb in Olivegrün, 4 Stb in Weiß (= 14 Stb), wenden.
R 2: 2 Steige-Lm in Weiß, 2 Stb in Weiß, dabei die beiden Stb zusammen abmaschen (= Abnahme), 1 Stb in Weiß, 3 Stb in Olivegrün, 3 Stb in Weiß, 2 Stb in Olivegrün, 2 Stb in Olivegrün, dabei die beiden Stb zusammen abmaschen (= Abnahme), wenden.
R 3: 2 Steige-Lm in Weiß, 2 Stb in Weiß, dabei die beiden Stb zusammen abmaschen (= Abnahme), 3 Stb in Olivegrün, 3 Stb in Weiß, 1 Stb in Olivegrün, 2 Stb in Olivegrün, dabei die beiden Stb zusammen abmaschen (= Abnahme), wenden.
R 4 und 5: 2 Stb in Olivegrün, 3 Stb in Weiß, 3 Stb in Olivegrün, 2 Stb in Weiß.
R 6 und 7: 2 Stb in Weiß, 3 Stb in Olivegrün, 3 Stb in Weiß, 2 Stb in Olivegrün.
R 8: 2 Stb in Olivegrün, 3 Stb in Weiß, 3 Stb in Olivegrün, 2 Stb in Weiß.

R 5-8 noch 6x wdh (= 32 R).

R 33: 2 Steige-Lm in Olivegrün, die folgenden beiden Stb (olivegrün) in die nächste Einstichstelle häkeln (= Zunahme), 3 Stb (weiß), 3 Stb (olivegrün), 1 Stb (weiß), die folgenden beiden Stb (weiß) in die nächste Einstichstelle häkeln (= Zunahme).
R 34: 2 Steige-Lm in Weiß, die folgenden beiden Stb (weiß) in die nächste Einstichstelle häkeln (= Zunahme), 1 Stb (weiß), 3 Stb (olivegrün), 3 Stb (weiß), 2 Stb (olivegrün), die folgenden beiden Stb (olivegrün) in die nächste Einstichstelle häkeln (= Zunahme), 1 Lm mit beiden Garnen.

Die Garne nach ca. 20 cm abschneiden, durch die Schlinge ziehen und mit der Wollnd an die linke Seitenwand nähen.

CHECKERED BEANIE

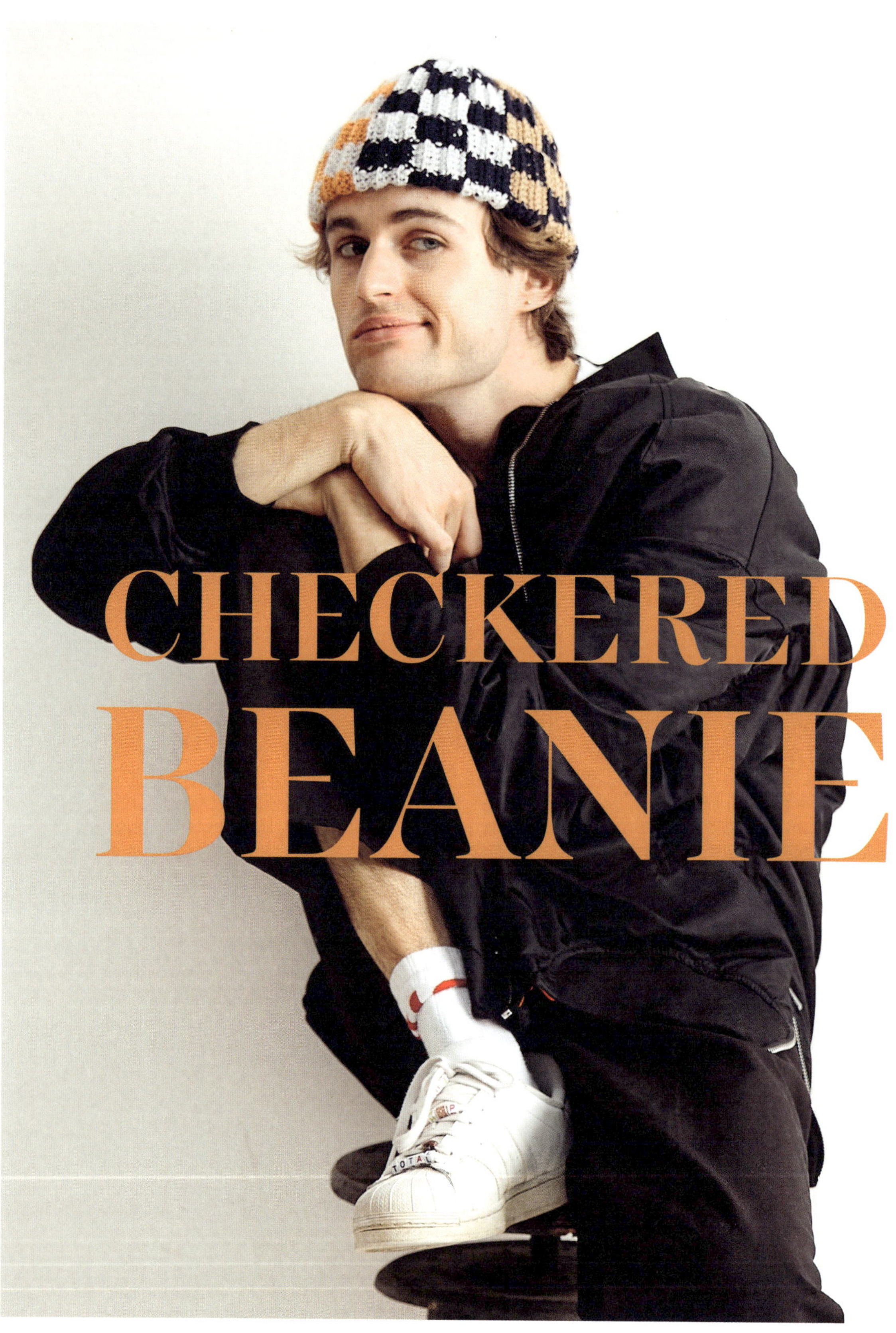

MATERIAL

- Bravo von Schachenmayr (100 % Polyacryl, LL 133 m/50 g) in Lila, Türkis, Orange, Hellblau, Dunkelblau und Braun, je 50 g
- Häkelnadel 4,0 mm
- Schere
- Wollnadel

Der Umfang der Beanie beträgt 47 cm. Sie ist etwas enger, als der eigentliche Kopfumfang und dehnt sich beim Tragen etwas. Die Beanie soll eng anliegen und nicht zu locker sitzen.

FARBWECHSEL

Für den Farbwechsel fortlaufend die letzte M einer Farbe bereits mit der neuen Farbe abmaschen und das jeweils nicht benötigte Garn überhäkeln.

FARBVERTEILUNG

R 1: * 4 fM in Farbe 1 und 4 fM in Farbe 2 im Wechsel häkeln, ab * fortlaufend wdh, dann 5 Km in Farbe 1 häkeln.
R 2: Wie die R 1 häkeln.
R 3: * 4 fM in Farbe 1 und 4 fM in Farbe 2 im Wechsel häkeln, ab * fortlaufend wdh, dann 10 Km in Farbe 1 häkeln.
R 4: Wie die R 3 häkeln.
R 5: Dieselbe Farbverteilung wie in R 1 häkeln.
R 6: * 4 fM in Farbe 2 und 4 fM in Farbe 1 im Wechsel häkeln, ab * fortlaufen wdh, dann 5 Km in Farbe 1 häkeln.
R 7: Dieselbe Farbverteilung wie in R 6 häkeln, jedoch am Ende der R 10 Km in Farbe 2 häkeln.
R 8: Wie die R 7 häkeln.
R 9: Dieselbe Farbverteilung wie in R 7 häkeln jedoch am Ende der R 5 Km in Farbe 2 häkeln.
R 10: Wie die R 9 häkeln.

R 1-10 fortlaufend wdh.

ICH LIEBE DAS SCHACHBRETT-MUSTER. VOR ALLEM IN BUNTER KOMBINATION MIT VIELEN FARBEN. BRING FARBE IN DEN GRAUEN WINTER UND HÄKLE DIR EINE SCHACHBRETT-MÜTZE IN DEINEN LIEBLINGSFARBEN.

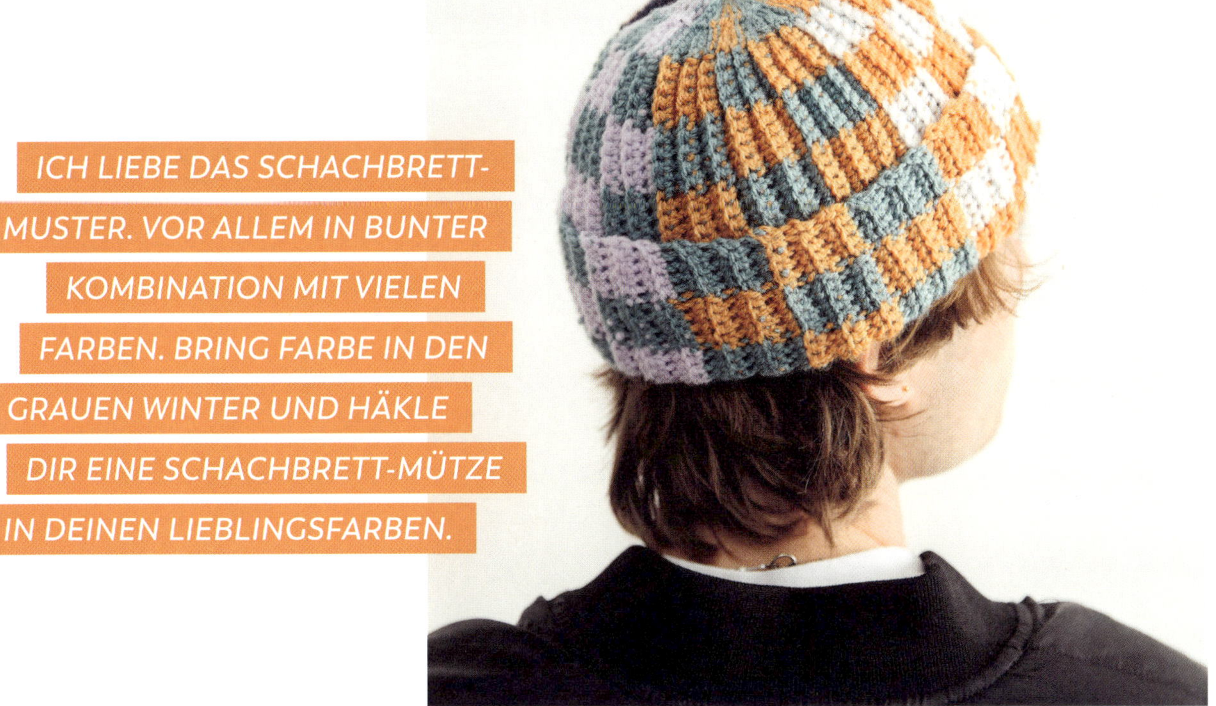

ANLEITUNG

Beginne mit Dunkelblau. Häkle alle fM fortlaufend nur in das hintere Maschenglied der fM der Vor-R.

R 0: Schlage 51 Lm an.
R 1: 1 fM in die 2. Lm von der Nd aus, je 1 fM in die folgenden 4 Lm des Anschlags, in Braun je 1 fM in die folgenden 5 Lm des Anschlags, * in Dunkelblau je 1 fM in die folgenden 5 Lm des Anschlags, in Braun je 1 fM in die folgenden 5 Lm des Anschlags, ab * noch 2x wdh, dann in Dunkelblau je 1 Km in die folgenden 5 Lm des Anschlags häkeln und mit 1 Lm wenden. Hinweis: Die letzten 5 Lm unbehäkelt stehen lassen.
R 2: In Dunkelblau je 1 Km in die folgenden 5 Km der Vor-R, * in Braun je 1 fM in die folgenden 5 fM der Vor-R, in Dunkelblau je 1 fM in die folgenden 5 fM der Vor-R, ab * noch 3x wdh und mit 1 Lm wenden.
R 3: * In Dunkelblau je 1 fM in die folgenden 5 fM der Vor-R, in Braun je 1 fM in die folgenden 5 fM der Vor-R, ab * noch 3x wdh, dann in Dunkelblau je 1 Km in die folgenden 5 Km der Vor-R und in die folgenden

ZÄHLMUSTER

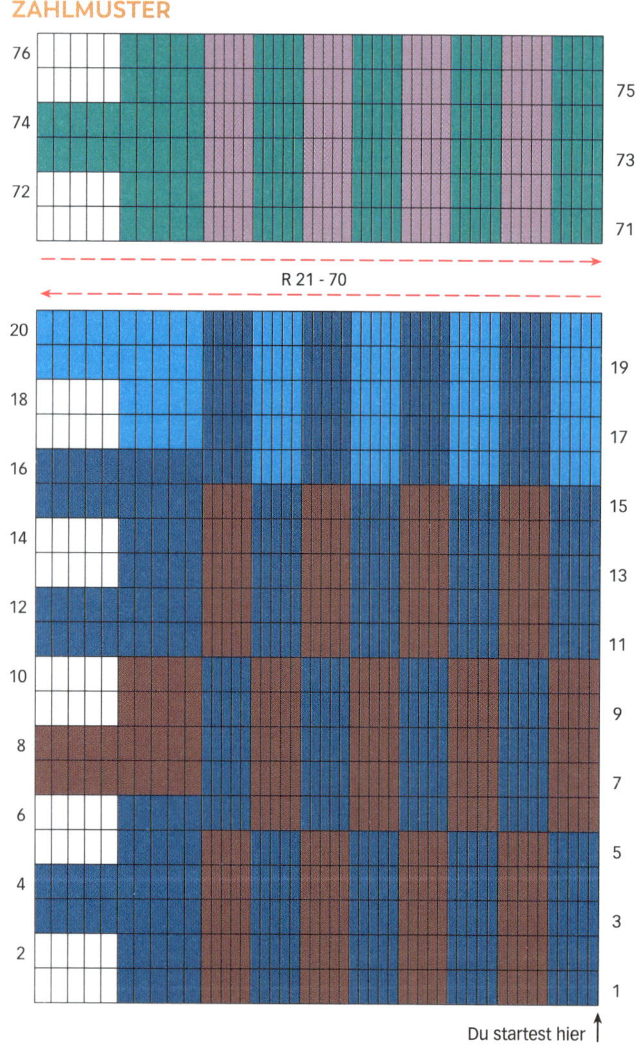

SCHEMA

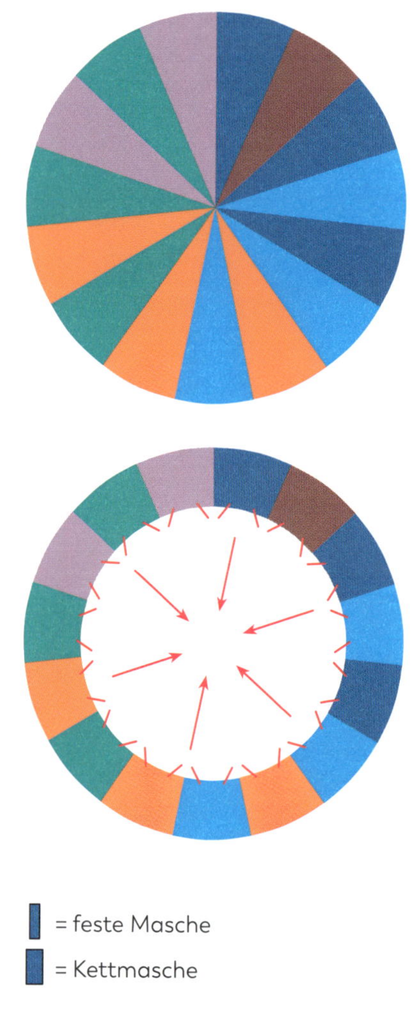

= feste Masche
= Kettmasche

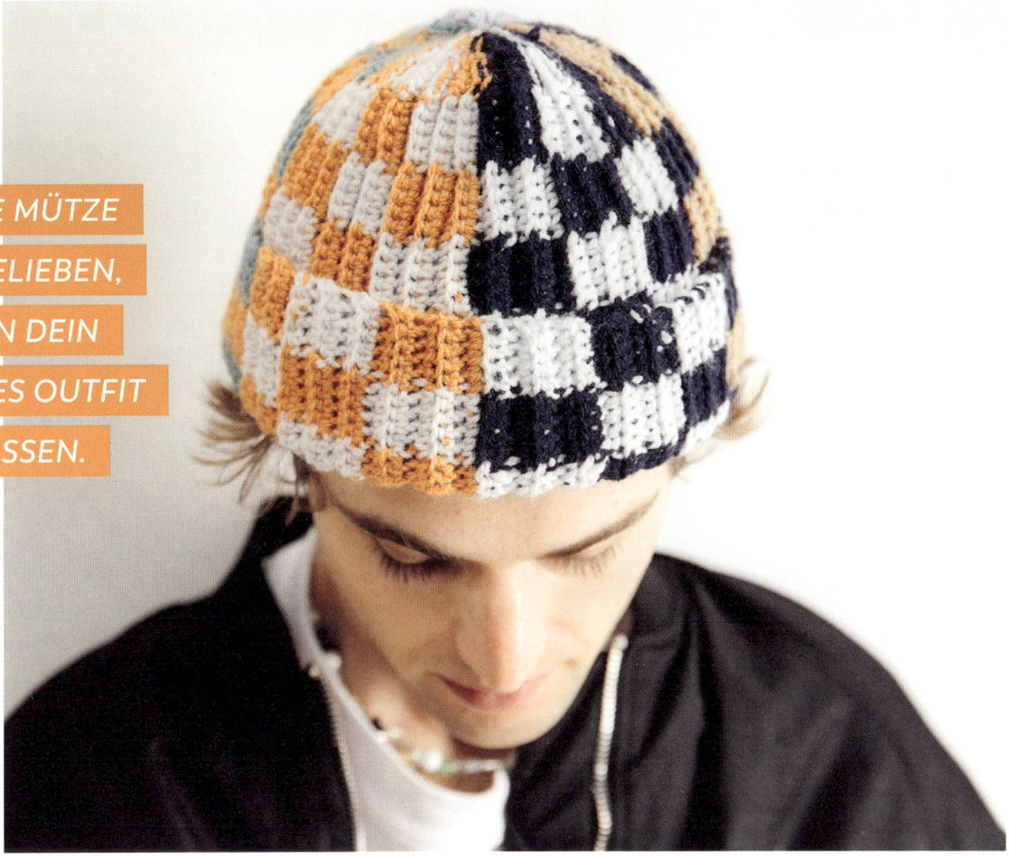

DREHE DIE MÜTZE NACH BELIEBEN, UM SIE AN DEIN JEWEILIGES OUTFIT ANZUPASSEN.

5 Lm des Anschlags häkeln und mit 1 Lm wenden.

R 4: In Dunkelblau je 1 Km in die folgenden 10 Km der Vor-R, * in Braun je 1 fM in die folgenden 5 fM der Vor-R, in Dunkelblau je 1 fM in die folgenden 5 fM der Vor-R, ab * noch 3x wdh und mit 1 Lm wenden.

R 5-75: In diesem Musterrhythmus weiterhäkeln, dabei fortlaufend nach 5 M die Farben tauschen und nach jeweils 15 R mit 2 neue Farben weiterhäkeln (= 47 cm), siehe Zählmuster.

Je nach Kopfumfang kannst du je 5 R mehr oder weniger häkeln.

Falls du hierfür ein Video-Tutorial benötigst, dann schaue doch gerne hier vorbei: https://youtu.be/5m6S9dvlnyc

FERTIGSTELLEN

Wenn du deine gewünschte Größe erreicht hast, häkelst du die letzte R und den Lm-Anschlag mit 1 R Km zusammen. Schneide das Garn nach ca. 20 cm ab und ziehe es durch die Schlinge, aber vernähe es nicht. Nun webe das Garn kreisförmig entlang des Km-Endes ein, ziehe es fest an um die Mütze zu schließen und vernähe den Faden, siehe Schemazeichnungen.

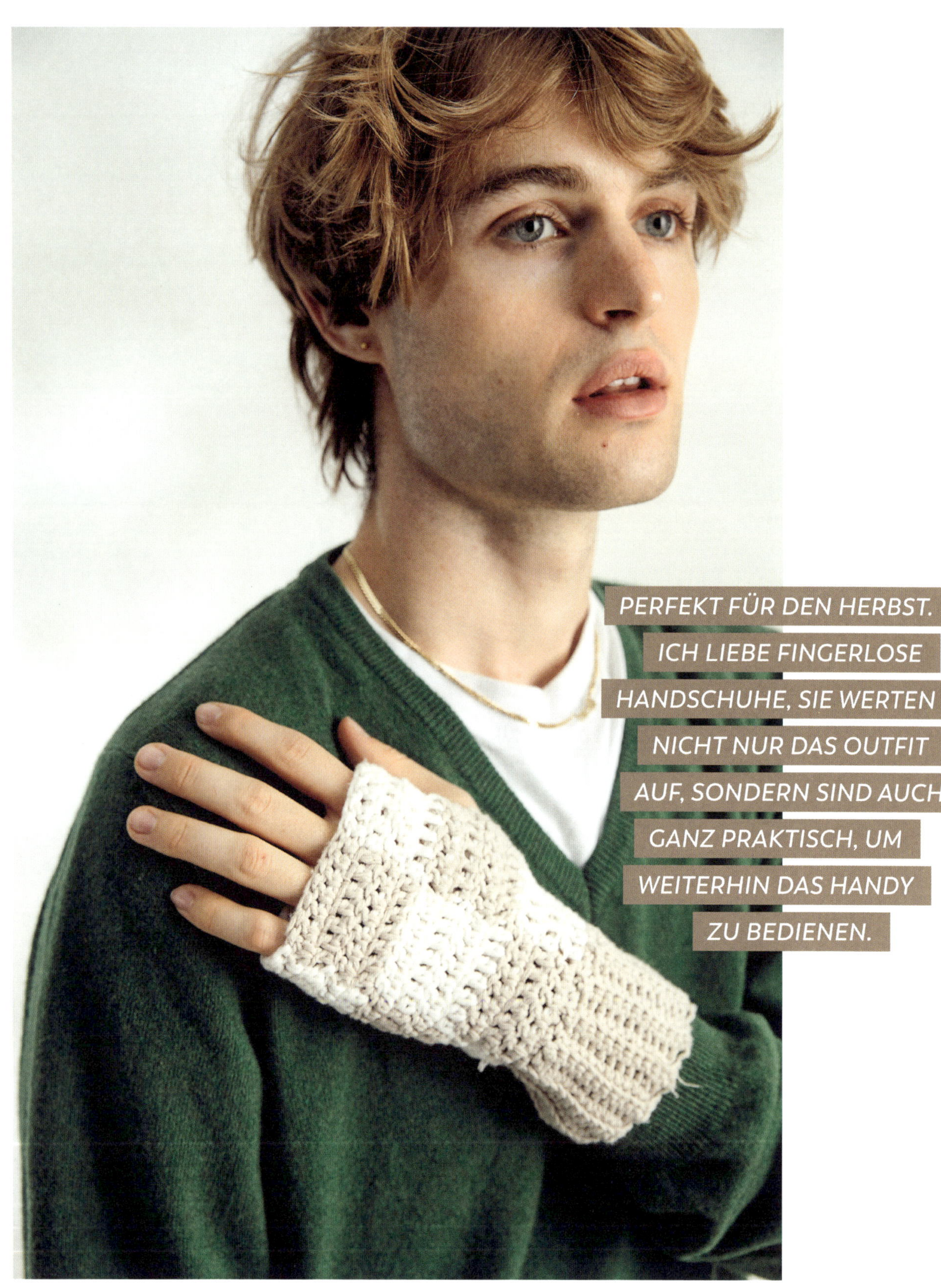

PERFEKT FÜR DEN HERBST. ICH LIEBE FINGERLOSE HANDSCHUHE, SIE WERTEN NICHT NUR DAS OUTFIT AUF, SONDERN SIND AUCH GANZ PRAKTISCH, UM WEITERHIN DAS HANDY ZU BEDIENEN.

CHECKERED FINGERLESS GLOVES

MATERIAL

- Hoooked DK Soft Cotton (100 % recycelte Baumwolle, LL 85 m/50 g) in Beige und Weiß, je 50 g
- Häkelnadel 3,0 mm
- Schere
- Wollnadel
- Maßband

Die Handstulpen haben einen Umfang von ca. 20 cm und passen somit einer Herrengröße Small oder einer Damengröße Medium. Die Größe kann sehr leicht angepasst werden. Beachte dazu die Hinweise in der Anleitung.

FARBWECHSEL

Für den Farbwechsel fortlaufend die letzte M einer Farbe bereits mit der neuen Farbe abmaschen und das jeweils nicht benötigte Garn überhäkeln.

ANLEITUNG

BUND (2x)

Beginne mit Beige. Häkle alle fM fortlaufend nur in das hintere Maschenglied der fM der Vor-R.

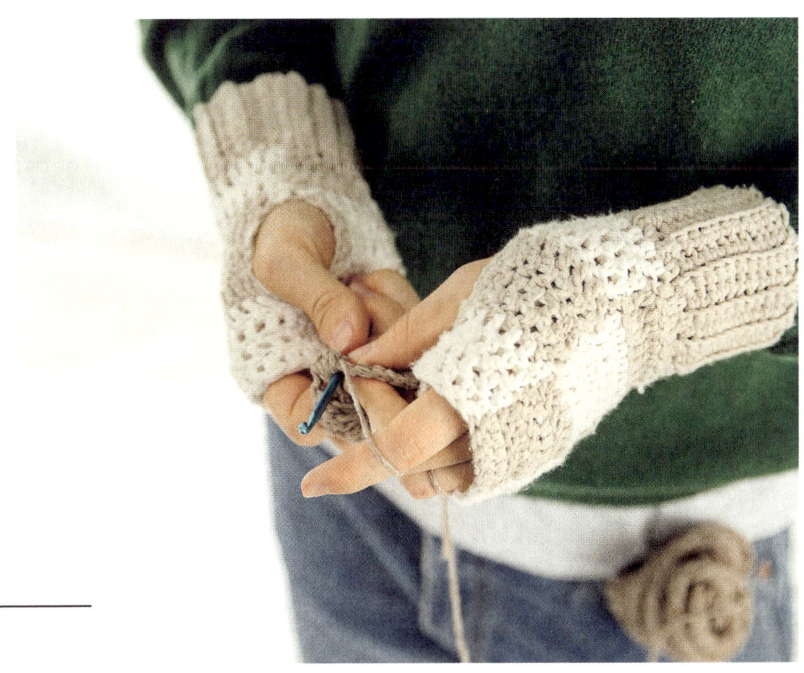

Falls du hierfür ein Video-Tutorial benötigst, dann schaue doch gerne hier vorbei: https://youtu.be/IBX0SSqCQIo

R 0: Schlage 11 Lm an.
R 1: 1 fM in die 2. Lm von der Nd aus, je 1 fM in die folgenden 9 Lm des Anschlags und mit 1 Lm wenden.
R 2-26: Je 1 fM in die folgenden 9 fM der Vor-R und mit 1 Lm wenden.
R 27: Je 1 fM in die folgenden 9 fM der Vor-R 1 Lm anschl und die Arbeit um 90° nach rechts drehen.

Hinweis: Je nach Handgelenk kannst du mehr oder weniger R häkeln.

Je nachdem, wie viele R du gehäkelt hast, häkelst du in der 1. R für den Handschuh mehr oder weniger fM, dabei muss die Maschenzahl durch 7 teilbar sein. In den folgenden R wird ein Quadrat (7 Stb) mehr oder weniger gehäkelt.

HANDSCHUH (2x)

R 1: Häkle nun in Beige gleichmäßig verteilt 28 fM über die Seitenkante.

Nun beginnen wir unser Schachbrettmuster.

R 2: 2 Steige-Lm (ersetzt das 1. Stb), je 1 Stb in die folgenden 6 fM der Vor-R, in Weiß je 1 Stb in die folgenden 7 fM der Vor-R, in Beige je 1 Stb in die folgenden 7 fM der Vor-R, in Weiß je 1 Stb in die folgenden 7 fM der Vor-R, wenden.
R 3: In Weiß 2 Steige-Lm (ersetzt das 1. Stb), je 1 Stb in die folgenden 6 fM der Vor-R, in Beige je 1 Stb in die folgenden 7 fM der Vor-R, in Weiß je 1 Stb in die folgenden 7 fM der Vor-R,

ZÄHLMUSTER

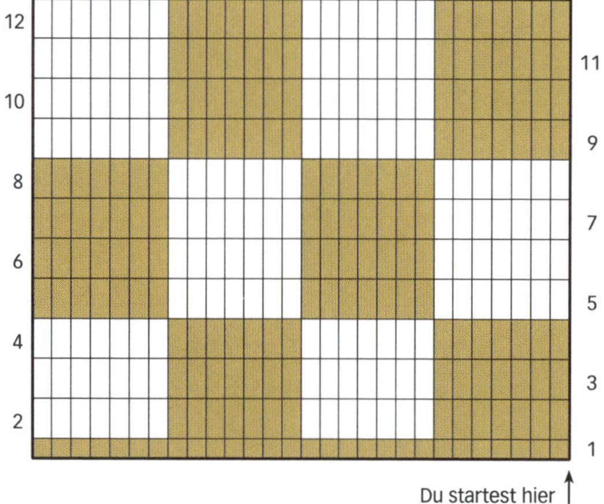

FERTIGSTELLUNG DAUMENLOCH

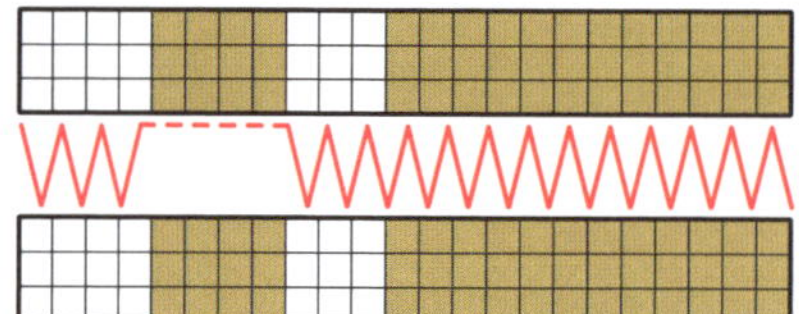

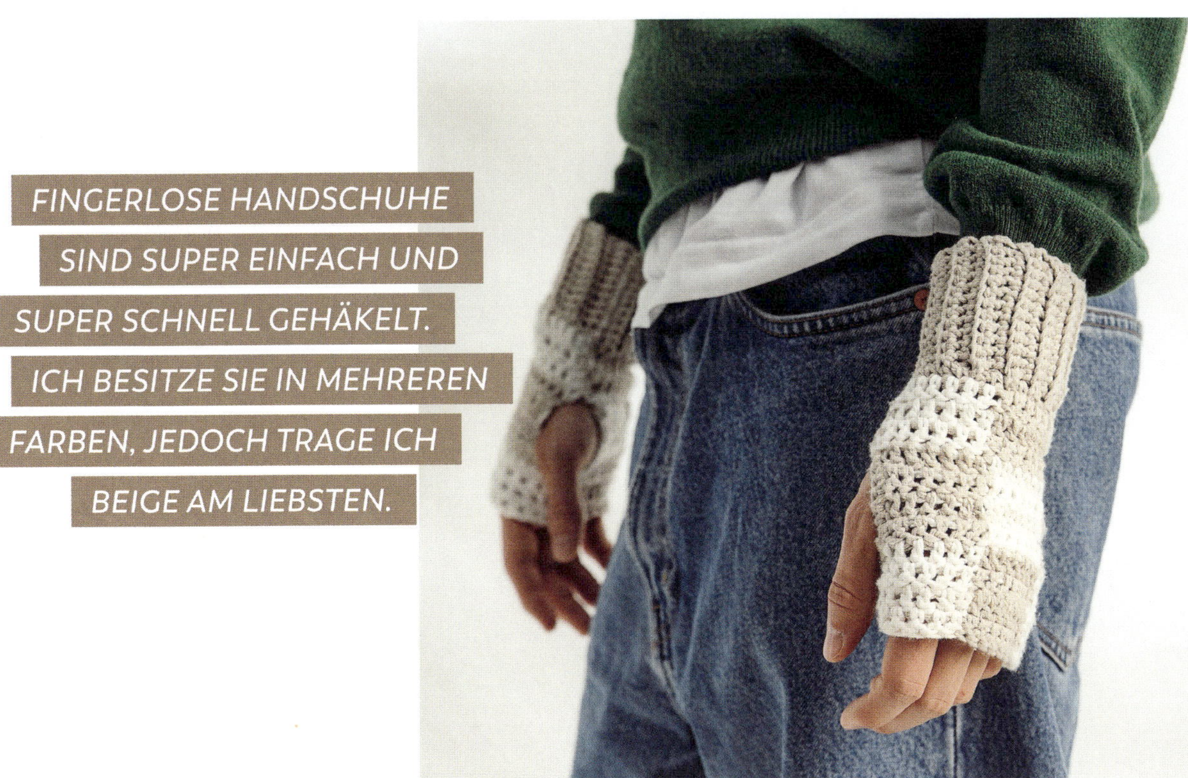

in Beige je 1 Stb in die folgenden 7 fM der Vor-R, wenden.
R 4: In Beige 2 Steige-Lm (ersetzt das 1. Stb), je 1 Stb in die folgenden 6 fM der Vor-R, in Weiß je 1 Stb in die folgenden 7 fM der Vor-R, in Beige je 1 Stb in die folgenden 7 fM der Vor-R, in Weiß je 1 Stb in die folgenden 7 fM der Vor-R, wenden.
R 5: Wie die 4. R häkeln.
R 6: Wie die 3. R häkeln.
R 7: Wie die 4. R häkeln.
R 8: Wie die 3. R häkeln.
R 9-12: In diesem Musterrhythmus weiterhäkeln, dabei die Farbverteilung wie in R 1-4 häkeln, siehe auch Zählmuster.

Nach 12 R häkelst du noch 1 Lm mit beiden Garnen, dann schneide das Garn nach ca. 20 cm ab und ziehe es durch die Schlinge, aber vernähe es noch nicht.
Optional kannst du den Handschuh auch länger gestalten. Häkle dafür einfach mehr R.

FERTIGSTELLEN

Wenn du deine gewünschte Größe erreicht hast, legst du die Arbeit rechts auf rechts zusammen und nähst die beiden Kanten zusammen. Lass dabei eine Lücke für dein Daumenloch, siehe Zeichnung zum Daumenloch.

WAVY ACID BAG

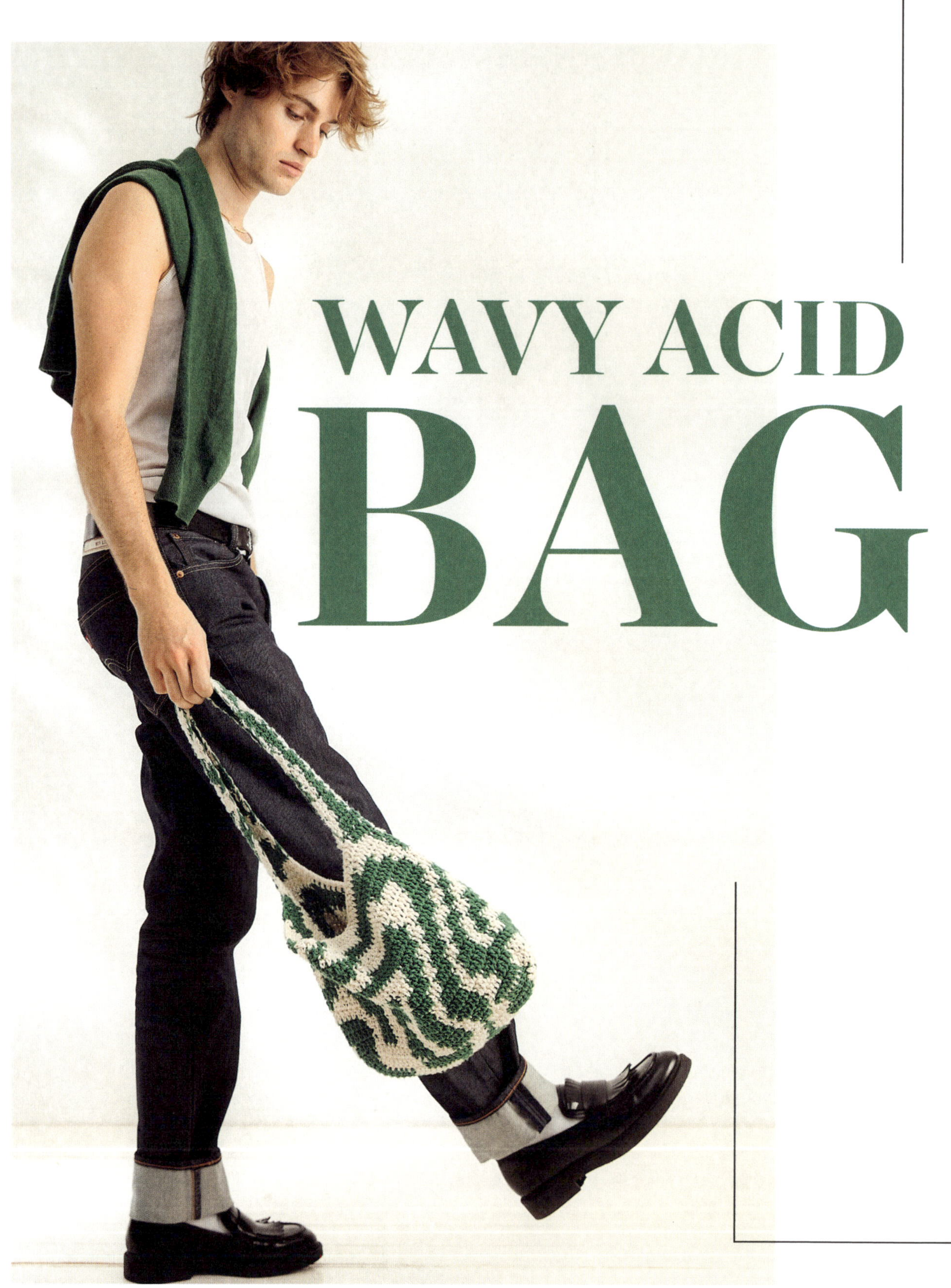

DU SUCHST NACH EINEM AUSGEFALLENEN Y2K (= YEAR 2000) INSPIRIERTEN TASCHEN-DESIGN? DANN IST DAS HIER GENAU RICHTIG. DER HINGUCKER SCHLECHTHIN.

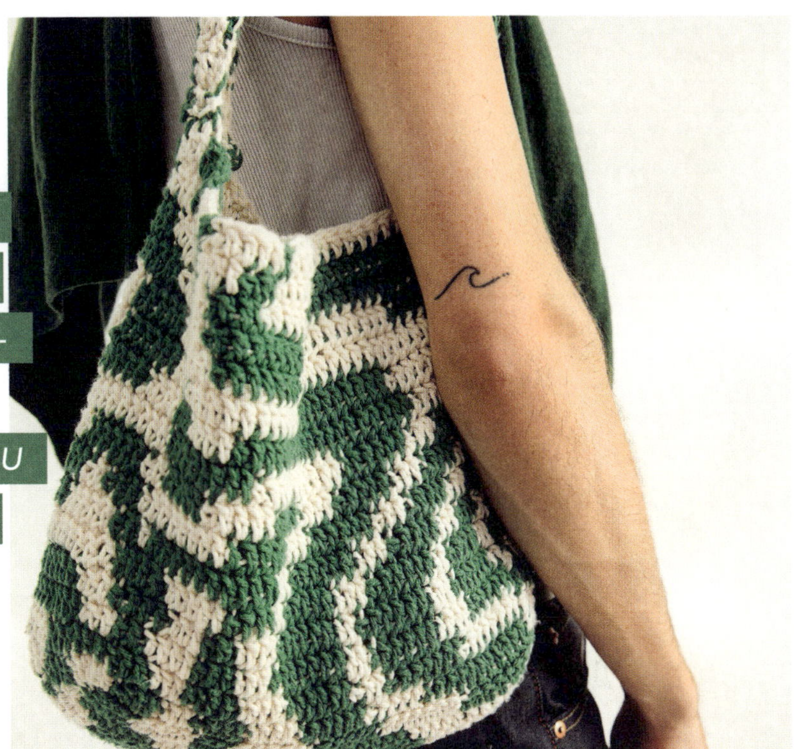

MATERIAL

- Hoooked Eco Barbante (80 % recycelte Baumwolle, 20 % andere Fasern, LL 200 m/200 g) in Grün und Weiß, je 150 g
- Häkelnadel 5,0 mm
- Schere
- Wollnadel

Tipp: Drucke dir das Muster aus und lege es dir zusammen.

Die Wavy-Acid-Tasche hat liegend ein Breite von ca. 33 cm und eine Höhe von ca. 27 cm, der Taschenriemen hat eine Länge von ca. 57 cm.

FARBWECHSEL

Für den Farbwechsel fortlaufend das letzte Stb einer Farbe mit beiden Garnen (doppelfädig, grün und weiß) abmaschen und das jeweils nicht benötigte Garn überhäkeln.

ANLEITUNG

BODEN

Beginne mit Weiß.
Es wird in R nach dem Zählmuster 1 gehäkelt.

R 0: Schlage 40 Lm an.
R 1: 2 Steige-Lm in Weiß (ersetzt das 1. Stb), 1 Stb in 3. Lm von der Nd aus, 8 Stb, wechsle nun zum grünen Garn und häkle 11 Stb und arb nach dem Zählmuster 1 zunächst in hin- und hergehenden R weiter bis zur 6. R.

Jede R beginnt mit 2 Steige-Lm als Ersatz für das 1. Stb und endet mit 1 Stb in die 2. Steige-Lm der Vor-R.

ZÄHLMUSTER BODEN

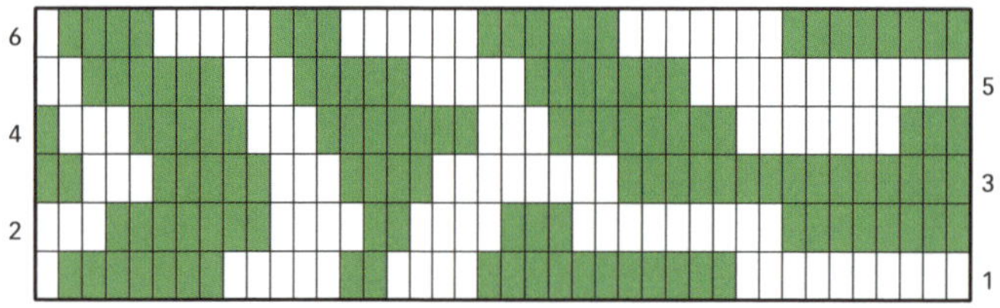

Du startest hier ↑

ZÄHLMUSTER VORDERSEITE

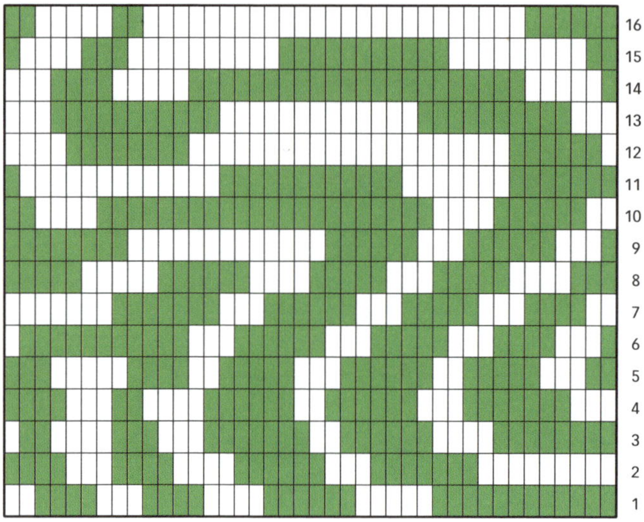

Du startest hier ↑

ZÄHLMUSTER RÜCKSEITE

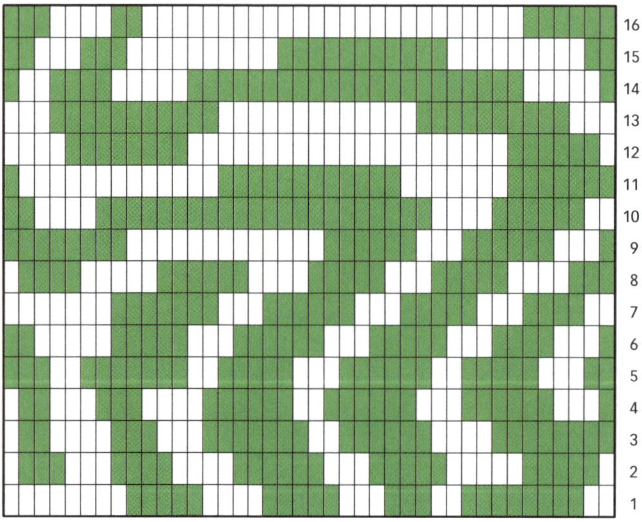

ZÄHLMUSTER LINKE SEITENWAND

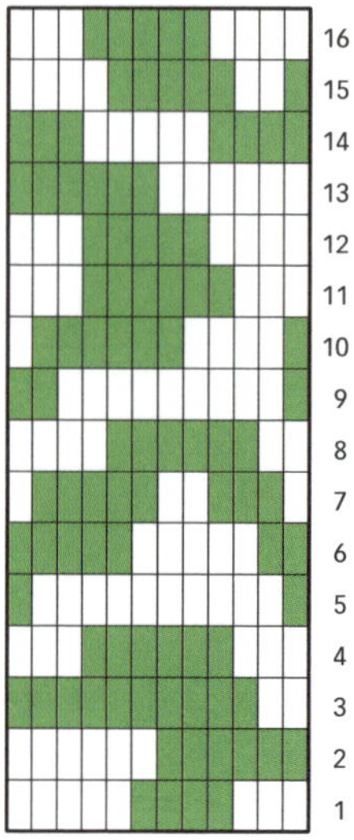

ZÄHLMUSTER RECHTE SEITENWAND

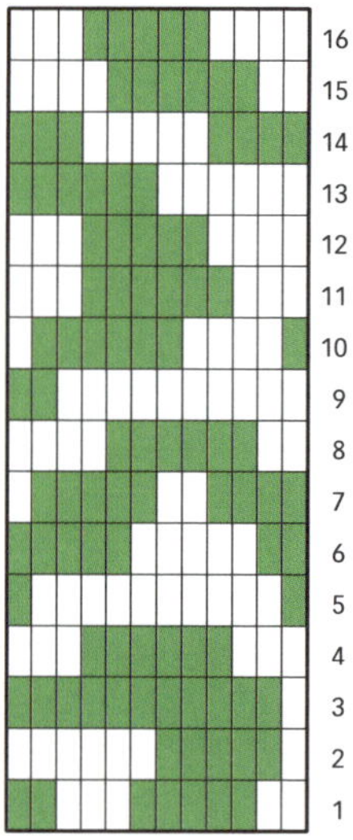

ZÄHLMUSTER TASCHENRIEMEN

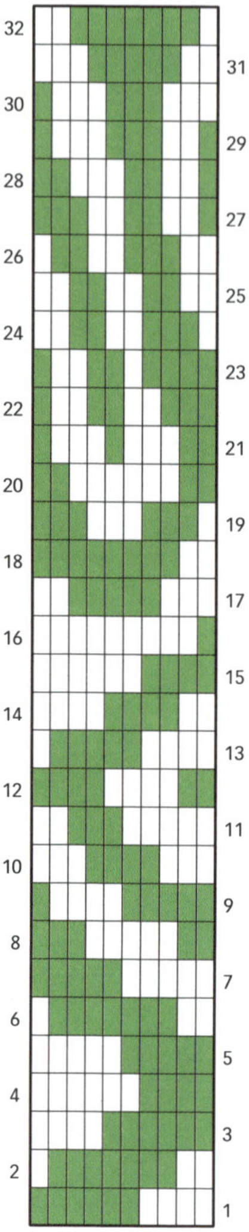

KÖRPER

Häkle nun in Rd nach den Zählmustern um den Boden herum.

Rd 1: Vorderseite: 2 Steige-Lm in Grün, 11 Stb, 5 Stb in Weiß, arb dann nach dem Zählmuster für die Vorderseite weiter.

Linke Seitenwand: 3 Stb in Weiß, 4 Stb in Grün, 5 Stb in Weiß, dabei werden in jedes der 6 Stb des Bodens 2 Stb gehäkelt (= 12 M).
Rückseite: 2 Stb in Weiß, 8 Stb in Grün, arb dann nach dem Zählmuster für die Rückseite weiter.
Rechte Seitenwand: 2 Stb in Weiß, 5 Stb in Grün, 3 Stb in Weiß, 2 Stb in Grün, dabei werden in jedes der 6 Stb des Bodens 2 Stb gehäkelt (= 12 M).

Rd 2-16: Nach den Zählmustern 2-5 in Rd weiterhäkeln.

Jede Rd beginnt mit 2 Steige-Lm als Ersatz für das 1. Stb und endet mit 1 Km in die 2. Steige-Lm.

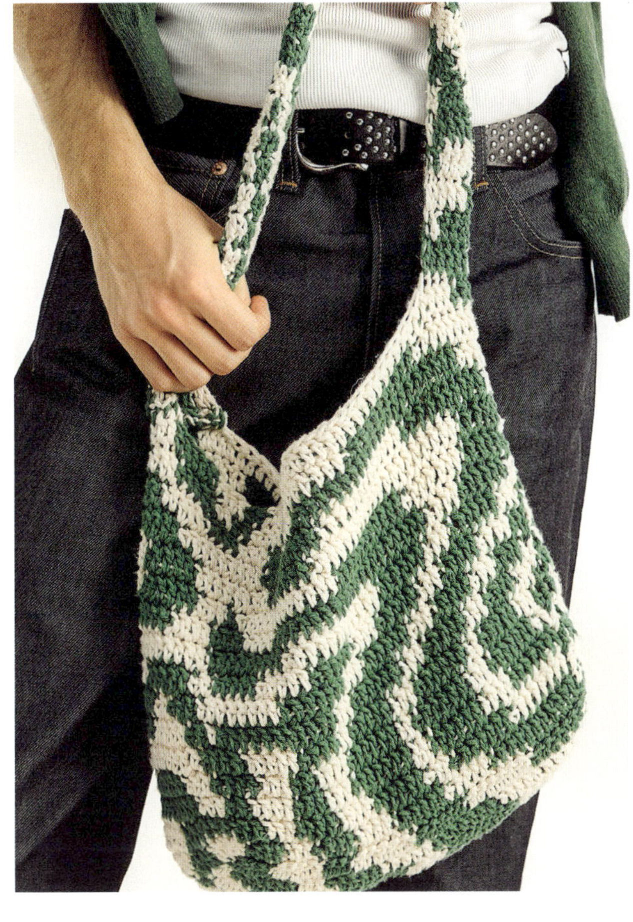

TASCHENRIEMEN

Der Riemen wird nach dem Zählmuster 6 in R direkt auf die mittleren 10 Stb der rechten Seitenwand gehäkelt wie folgt. Befestige das weiße Garn an der 2. M der Seitenwand mit einem Knoten.

R 1: 2 Steige-Lm in Weiß (ersetzt das 1. Stb), 3 Stb, 6 Stb in Grün, wenden.
R 2: 2 Steige-Lm in Weiß, 7 Stb in Grün, 2 Stb in Weiß, wenden.
R 3-31: Nach dem Zählmuster für den Taschenriemen weiterhäkeln.
R 32: 2 Steige-Lm in Weiß, 1 Stb, 7 Stb in Grün, 1 Stb in Weiß, 1 Lm mit beiden Garnen.

Die Garne nach ca. 20 cm abschneiden, durch die Schlinge ziehen und mit der Wollnd mittig an die linke Seitenwand nähen.

Falls du hierfür ein Video-Tutorial benötigst, dann schaue doch gerne hier vorbei: https://youtu.be/Wq2L-t-VvH8

SMILEY BAG

MATERIAL

- Hoooked Eco Barbante (80 % recycelte Baumwolle, 20 % andere Fasern, LL 200 m/200 g) in Rotbraun und Weiß, je 150 g
- Häkelnadel 5,0 mm
- Schere
- Wollnadel

Die Smiley-Tasche hat liegend eine Breite von ca. 32 cm und eine Höhe von ca. 25 cm, der Taschenriemen hat eine Länge von ca. 49 cm.

Tipp: Drucke dir das Muster aus und lege es dir zusammen.

FARBWECHSEL

Für den Farbwechsel fortlaufend das letzte Stb einer Farbe mit beiden Garnen (doppelfädig, rot und weiß) abmaschen und das jeweils nicht benötigte Garn überhäkeln.

ANLEITUNG

BODEN

Beginne mit Weiß.

R 0: Schlage 40 Lm an.
R 1: 2 Steige-Lm in Weiß (ersetzt das 1. Stb), 1 Stb in die 3. Lm von der Nd aus, 2 Stb, wechsle nun zum rotbraunen Garn und häkle 3 Stb, 3 Stb in Weiß, 9 Stb in Rotbraun und arb nach dem Zählmuster für den Taschenboden zunächst in hin- und hergehenden R weiter bis zur 6. R.

Jede R beginnt mit 2 Steige-Lm als Ersatz für das 1. Stb und endet mit 1 Stb in die 2. Steige-Lm der Vor-R.

KÖRPER

Häkle nun in Rd um den Boden herum.

Rd 1: Vorderseite: 2 Steige-Lm in Rotbraun, 6 Stb, 5 Stb in Weiß, 5 Stb in Rotbraun, 4 Stb in Weiß, arb dann nach dem Zählmuster für Vorder- und Rückseite weiter.

1. Seitenwand: 2 Stb in Weiß, 4 Stb in Rotbraun, 4 Stb in Weiß, 2 Stb in Rotbraun, dabei werden in jedes der 6 Stb des Bodens 2 Stb gehäkelt (= 12 M).
Rückseite: 7 Stb in Rotbraun, 5 Stb in Weiß, arb dann nach dem für Vorder- und Rückseite weiter.
2. Seitenwand: 2 Stb in Weiß, 4 Stb in Rotbraun, 4 Stb in Weiß, 2 Stb in Rotbraun, dabei werden in jedes der 6 Stb des Bodens 2 Stb gehäkelt (= 12 M).

Rd 2-16: Nach den Zählmustern für Vorder- und Rückseite und Seiten in Rd weiterhäkeln.

ICH LIEBE ES, EIGENE TASCHENDESIGNS ZU GESTALTEN UND MICH AN NEUES ZU WAGEN. ICH BIN IM NOVEMBER FÜR EINEN MONAT NACH MALLORCA GEFLOGEN. ES HAT FAST NUR GEREGNET. MAN HÄTTE ES SICH AUCH DENKEN KÖNNEN. MIR WAR LANGWEILIG UND ICH SUCHTE NACH ETWAS, DAS MICH AUFMUNTERT. SMILEYS FAND ICH DA GANZ PASSEND, SO ENTSTAND MEINE SMILEY BAG.

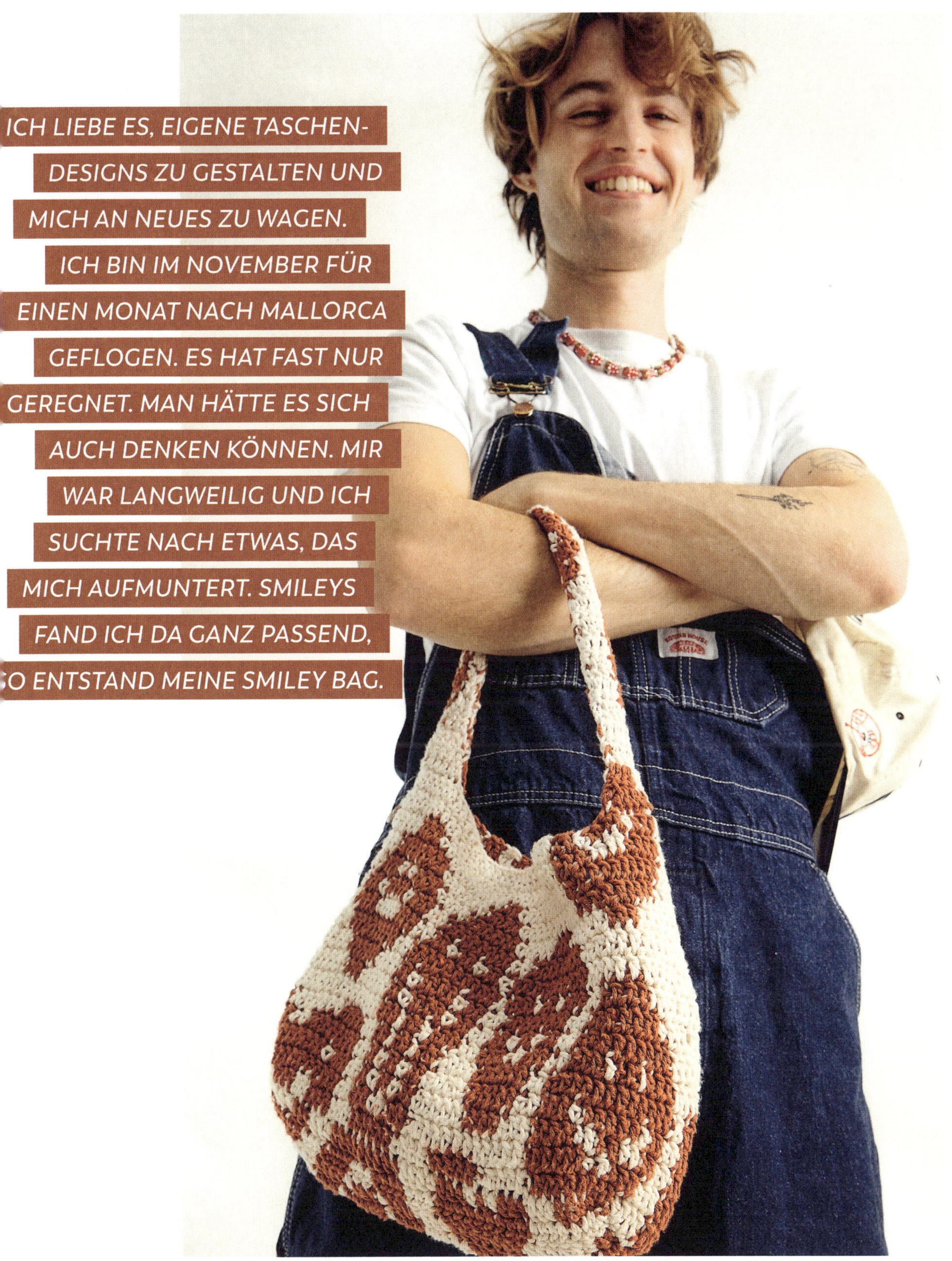

ZÄHLMUSTER TASCHENBODEN

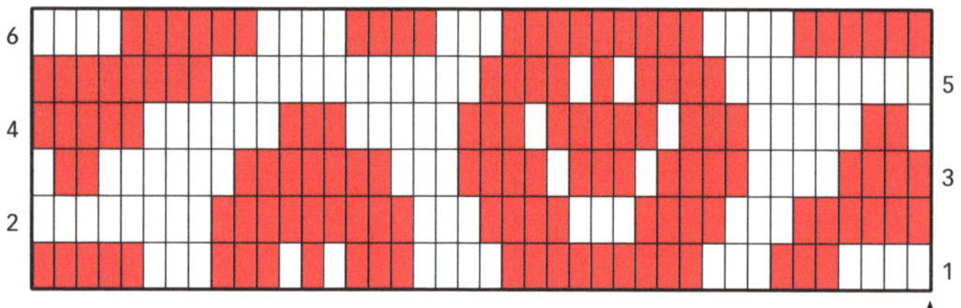

ZÄHLMUSTER VORDER- UND RÜCKSEITE

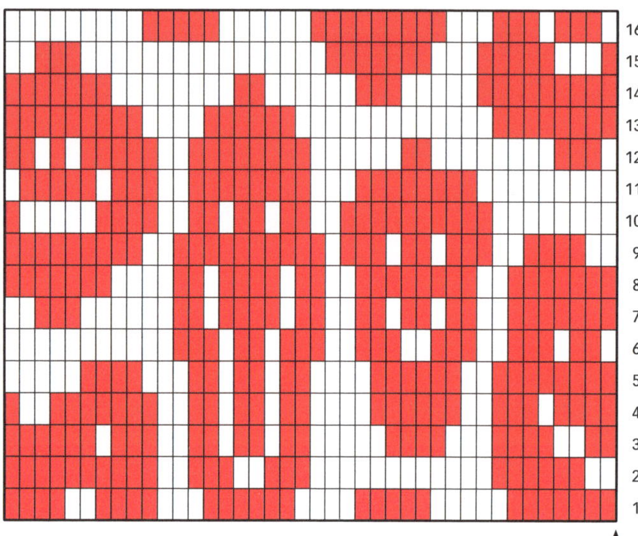

ZÄHLMUSTER SEITEN

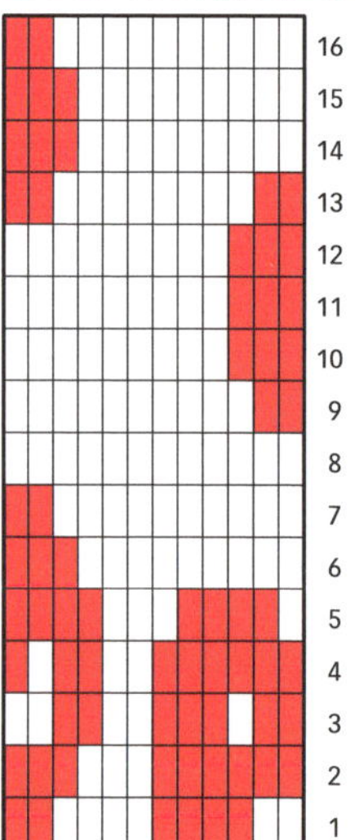

ZÄHLMUSTER TASCHENRIEMEN

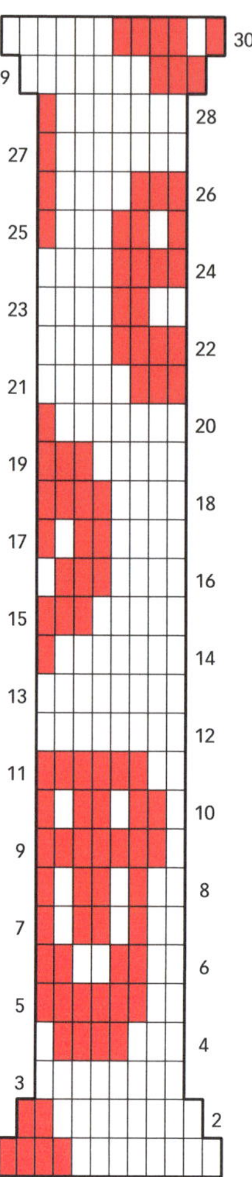

Jede Rd beginnt mit 2 Steige-Lm als Ersatz für das 1. Stb und endet mit 1 Km in die 2. Steige-Lm.

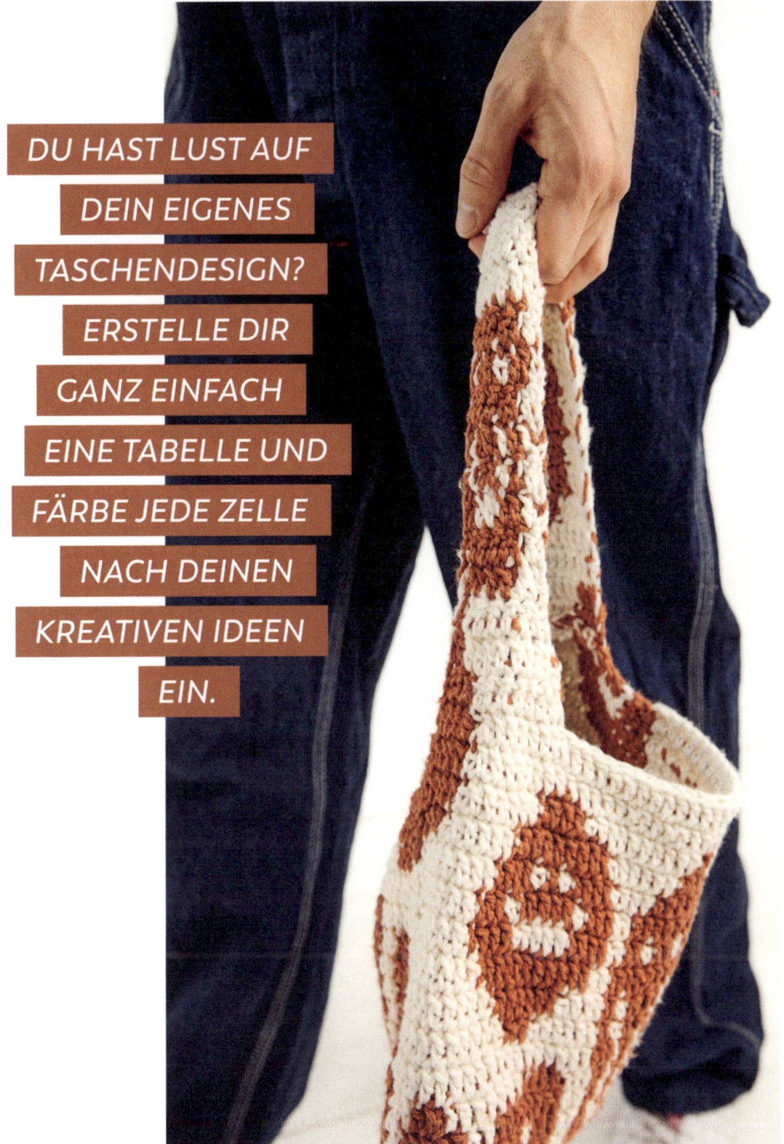

TASCHENRIEMEN

Der Riemen wird nach dem Zählmuster für den Taschenriemen in hin- und hergehenden R direkt auf die 12 Stb der rechten Seitenwand gehäkelt wie folgt.
Befestige das rotbraune Garn am linken Rand der Seitenwand mit einem Knoten und beginne mit 1 Rück-R.

R 1: 2 Steige-Lm in Rotbraun (ersetzt das 1. Stb), 3 Stb, 8 Stb in Weiß, wenden.
R 2: 2 Steige-Lm in Weiß, 2 Stb, dabei die beiden Stb zusammen abmaschen (= Abnahme), 6 Stb in Weiß, 1 Stb in Rotbraun, 2 Stb, dabei die beiden Stb zusammen abmaschen (= Abnahme), wenden.
R 3: 2 Steige-Lm in Weiß, 2 Stb, dabei die beiden Stb zusammen abmaschen (= Abnahme), 5 Stb, 2 Stb, dabei die beiden Stb zusammen abmaschen (= Abnahme), wenden.
R 4-28: Nach dem Zählmuster für den Taschenriemen weiterhäkeln.
R 29: 2 Steige-Lm in Weiß, die folgenden beiden Stb in die nächste Einstichstelle häkeln (= Zunahme), 5 Stb, 1 Stb in Rotbraun, die folgenden beiden Stb in die nächste Einstichstelle häkeln (= Zunahme).
R 30: 2 Steige-Lm in Rotbraun, 1 Stb in Weiß, die folgenden beiden Stb in Rotbraun in die nächste Einstichstelle häkeln (= Zunahme), 2 Stb in Rotbraun, 4 Stb in Weiß, die folgenden beiden Stb in Weiß in die nächste Einstichstelle häkeln (= Zunahme), 1 Lm mit beiden Garnen.

Die Garne nach ca. 20 cm abschneiden, durch die Schlinge ziehen und mit der Wollnd an die linke Seitenwand nähen.

FORGET-ME-NOT BOOKMARK

MATERIAL

- Hoooked DK Soft Cotton (100 % recycelte Baumwolle, LL 85 m/50 g) in Gelb und Hellblau, je 50 g oder Reste
- Häkelnadel 3,0 mm
- Schere
- Wollnadel

Das Forget-me-not-Lesezeichen hat eine Größe von ca. 22 cm.

ANLEITUNG

GELBES GRUNDGERÜST

Beginne mit Gelb.

Rd 0: Schlage 4 Lm an und schließe die Lm-Kette mit 1 Km in die 1. Lm zum Ring. Überhäkle dann den Anfangsfaden mit den folgenden Rd.
Rd 1: * 3 Lm, 1 Km in den Lm-Ring häkeln, ab * noch 4x wdh (= 5 Blütenblätter). Schlage 44 Lm an und häkle 1 Km in die 4. Lm um einen weiteren Ring zu bilden. Behäkle nun den 2. wie den 1. Ring: * 3 Lm, 1 Km in den Lm-Ring häkeln, ab * noch 4x wdh (= 5 Blütenblätter).

Schneide das Garn ab, ziehe es durch die Schlinge und vernähe es.

BLAUE BLUMENVERZIERUNG

Befestige das blaue Garn mit einem Knoten an einem rechten gelben Bogen aus 3 Lm.

Rd 2: 2 Lm, 1 Puffstich/Büschelmasche (= * 1 Umschlag, um den Lm-Bogen herum einstechen, Faden holen und lang ziehen, ab * 3x wdh, alle auf der Nadel befindlichen Schlingen auf einmal abmaschen) in denselben Lm-Bogen, 2 Lm, 1 Km in denselben Lm-Bogen, ** 1 Km in den folgenden Lm-Bogen, 1 Puffstich/Büschelmasche in denselben Lm-Bogen, 2 Lm, 1 Km in denselben Lm-Bogen, ab ** noch 3x wdh und die Rd mit 1 Km schließen. Nun behäkle jede Lm der Lm-Kette mit 1 Km (= 40 Km) bis zur 2. Blume. Häkle in jeden Bogen aus 3 Lm 4-5 Km, behäkle dann die andere Seite der Lm-Kette ebenfalls mit 40 Km und schließe die Rd mit 1 Km in die 1. blaue Masche. Schneide das Garn ab, ziehe es durch die Schlinge und vernähe es.

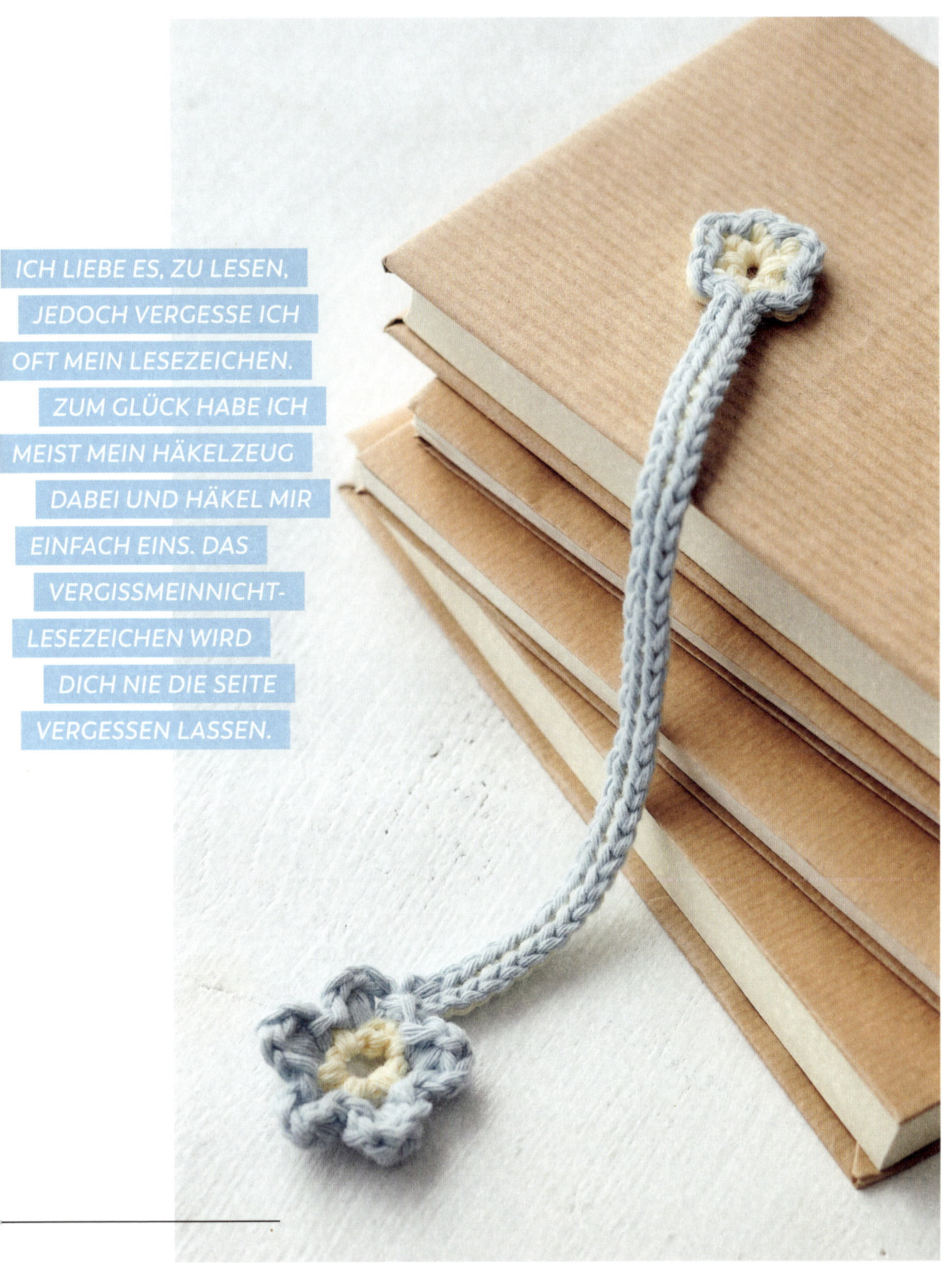

ICH LIEBE ES, ZU LESEN, JEDOCH VERGESSE ICH OFT MEIN LESEZEICHEN. ZUM GLÜCK HABE ICH MEIST MEIN HÄKELZEUG DABEI UND HÄKEL MIR EINFACH EINS. DAS VERGISSMEINNICHT-LESEZEICHEN WIRD DICH NIE DIE SEITE VERGESSEN LASSEN.

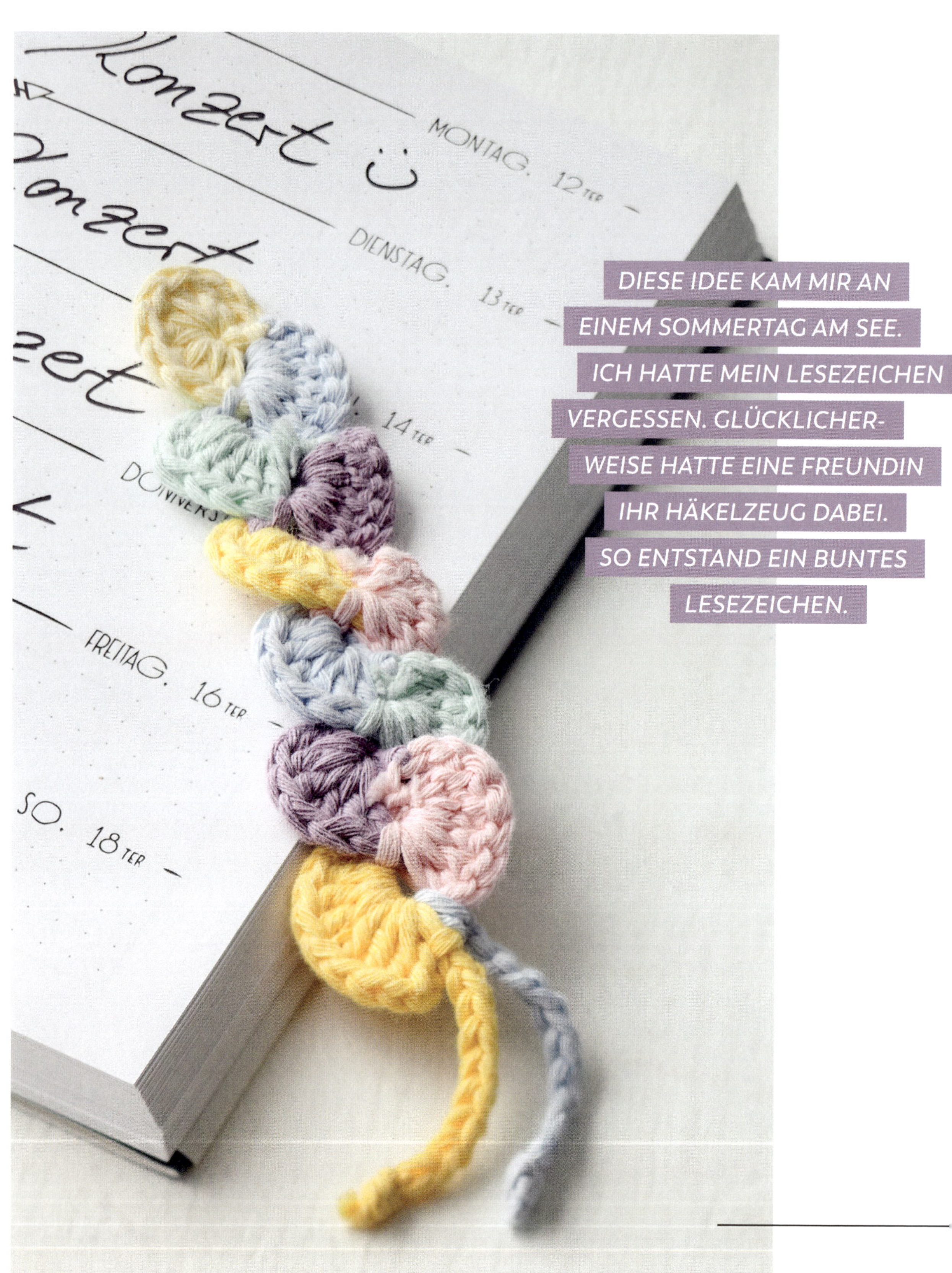

DIESE IDEE KAM MIR AN EINEM SOMMERTAG AM SEE. ICH HATTE MEIN LESEZEICHEN VERGESSEN. GLÜCKLICHERWEISE HATTE EINE FREUNDIN IHR HÄKELZEUG DABEI. SO ENTSTAND EIN BUNTES LESEZEICHEN.

SLUSHY BOOKMARK

MATERIAL

- Hoooked DK Soft Cotton (100 % recycelte Baumwolle, LL 85 m/50 g) in Pastellfarben deiner Wahl, je 50 g oder Reste
- Häkelnadel 3,0-4,0 mm
- Schere
- Wollnadel

Das Slushy-Lesezeichen hat eine Größe von ca. 14 cm, ohne die beiden Kordeln.

ANLEITUNG

Beginne mit einer Farbe deiner Wahl.

Rd 0: Schlage 4 Lm an und schließe die Lm-Kette mit 1 Km in die 1. Lm zum Ring.

Bogen 1: 2 Steige-Lm, 7 Stb in den Ring häkeln, 2 Lm, 1 Km in den Lm-Ring häkeln. Schneide das Garn ab, ziehe es durch die Schlinge, wende die Arbeit und häkle in einer neuen Farbe weiter.
Bogen 2-10: 2 Steige-Lm, 7 Stb in den zuvor gehäkelten Bogen aus 2 Lm häkeln, 2 Lm, 1 Km in denselben Lm-Bogen häkeln. Schneide das Garn ab, ziehe es durch die Schlinge, wende die Arbeit und häkle in einer neuen Farbe weiter.
Bogen 11: 2 Steige-Lm, 7 Stb in den zuvor gehäkelten Bogen aus 2 Lm häkeln, 2 Lm, 1 Km in denselben Lm-Bogen häkeln. Schlage weitere 15 Lm für die Kordel an, schneide das Garn ab und verknote es am Ende. Häkle eine zweite Kordel und knote sie am 10. Bogen an.

Vernähe nun alle Fäden.

HÄKELSCHRIFT

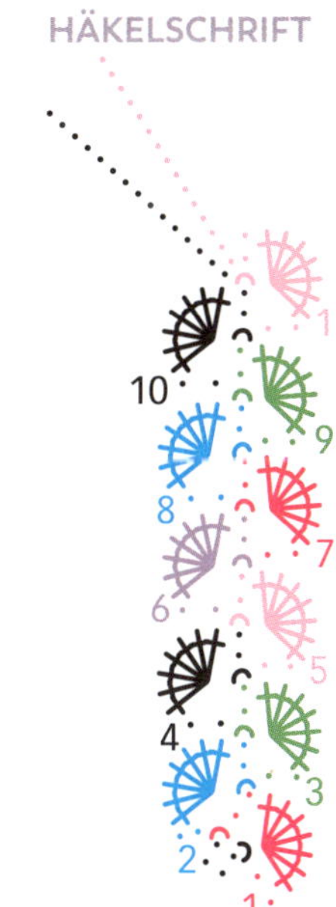

· = Luftmasche
ᴖ = Kettmasche
† = Stäbchen

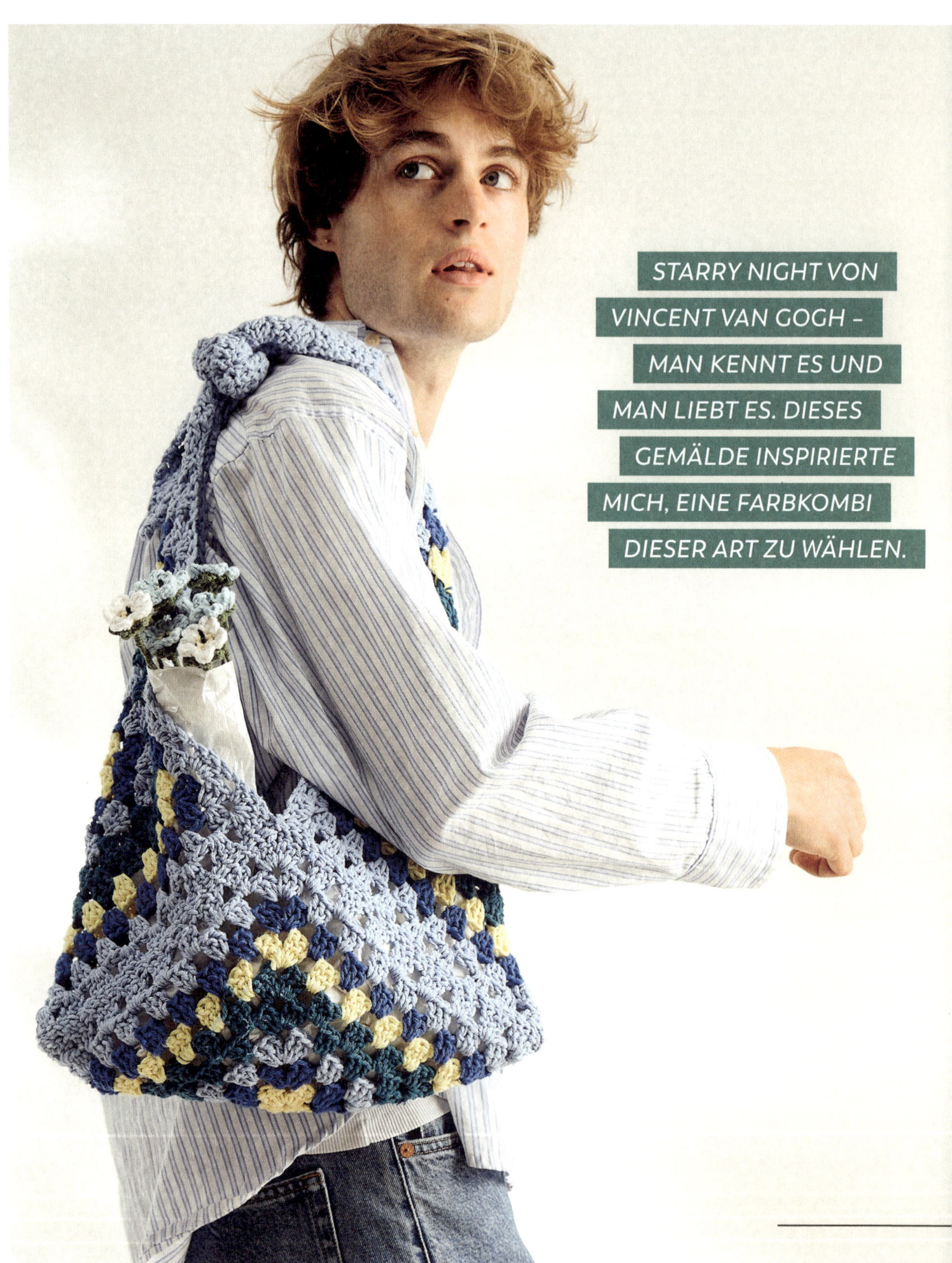

STARRY NIGHT VON VINCENT VAN GOGH – MAN KENNT ES UND MAN LIEBT ES. DIESES GEMÄLDE INSPIRIERTE MICH, EINE FARBKOMBI DIESER ART ZU WÄHLEN.

STARRY NIGHT BAG

MATERIAL

- Hoooked Eco Barbante (80 % recycelte Baumwolle, 20 % andere Fasern, LL 200 m/200 g) in Hellblau, 150 g, in Gelb, Petrol und Dunkelblau, je 50 g
- Häkelnadel 5,0 mm
- Schere
- Wollnadel

Die Starry-Night-Tasche in Blautönen hat liegend eine Breite von ca. 36 cm und eine Höhe von ca 36 cm, die Taschenriemen haben unverknotet jeweils eine Länge von ca. 36 cm.

FARBFOLGE

1 Rd in Gelb, 1 Rd in Dunkelblau, 1 Rd in Hellblau, 2 Rd in Petrol, 1 Rd in Gelb, 1 Rd in Dunkelblau, 2 Rd in Hellblau.

ANLEITUNG

GRANNY SQUARE (3x)

Beginne mit Gelb. Es wird in Rd gehäkelt.

Rd 0: Schlage 4 Lm an und schließe die Lm-Kette mit 1 Km in die 1. Lm zum Ring.
Rd 1: 2 Steige-Lm (ersetzt das 1. Stb), 2 Stb, * 2 Lm, 3 Stb, ab * noch 2x wdh, 2 Lm, 1 Km in die 2. Steige-Lm. Schneide das Garn ab und ziehe es durch die Schlinge.
Rd 2 (Dunkelblau): Befestige das dunkelblaue Garn mit einem Knoten an einer der Ecken/Lm-Bogen der 1. Rd. Häkle nun 2 Steige-Lm (ersetzt das 1. Stb), 2 Stb, 2 Lm und 3 Stb um die beiden Lm der Ecke. * 1 Lm, 3 Stb, 2 Lm und 3 Stb in die folgende Ecke häkeln. Ab * noch 2x wdh und ende mit 1 Lm und 1 Km in die 2. Steige-Lm. Schneide das Garn ab und ziehe es durch die Schlinge.
Rd 3 (Hellblau): Befestige das hellblaue Garn mit einem Knoten an einer der Ecken/Lm-Bogen der 2. Rd. Häkle nun 2 Steige-Lm (ersetzt das 1. Stb), 2 Stb, 2 Lm und 3 Stb um die beiden Lm der Ecke. * 1 Lm, 3 Stb in die folgende Lm der Vor-Rd häkeln. 1 Lm, 3 Stb, 2 Lm und 3 Stb in die folgende Ecke häkeln. Ab * noch 2x wdh und ende mit 1 Lm, 3 Stb um die folgende Lm der Vor-Rd, 1 Lm und 1 Km in die 2. Steige-

Lm. Schneide das Garn ab und ziehe es durch die Schlinge.

Rd 4-9: Nach dem Prinzip der 3. Rd oder nach der Häkelschrift 1 in der Farbfolge weiterhäkeln. Nach der 9. Rd alle Fäden vernähen.

RIEMEN (2x)

Beginne mit Hellblau. Es wird in R gehäkelt.

Häkle nun den Riemen an eine Ecke eines Granny Squares. Befestige dafür das hellblaue Garn mit einem Knoten an dem ersten deiner 6 Stb einer Ecke, siehe Häkelschrift 2.

R 1: 3 Steige-Lm (ersetzt das 1. DStb), 1 Stb, 1 hStb, 2 fM, 1 hStb, 1 Stb, 1 DStb, wenden.

R 2-18: 2 Steige-Lm (ersetzt das 1. Stb), 7 Stb, wenden.

Nun nach der Häkelschrift 3 weiterhäkeln.

R 19: 2 Steige-Lm, 2 zusammen abgemaschte Stb (= Abnahme), 5 Stb, wenden.

R 20: 2 Steige-Lm, 4 Stb, 2 zusammen abgemaschte Stb (= Abnahme), wenden.

R 21: 2 Steige-Lm, 2 zusammen abgemaschte Stb (= Abnahme), 3 Stb, wenden.

R 22: 2 Steige-Lm, 2 Stb, 2 zusammen abgemaschte Stb (= Abnahme), wenden.

HÄKELSCHRIFT 1

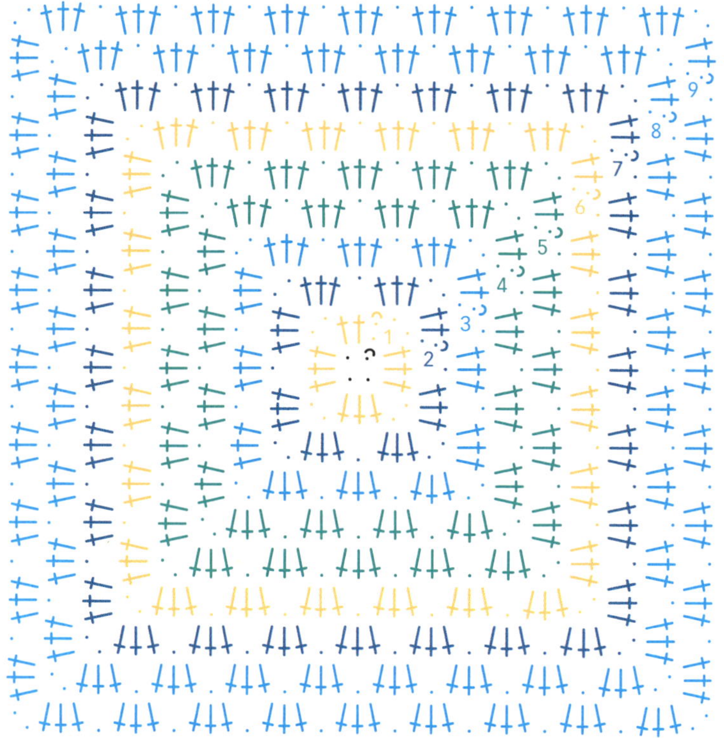

HÄKELSCHRIFT 2

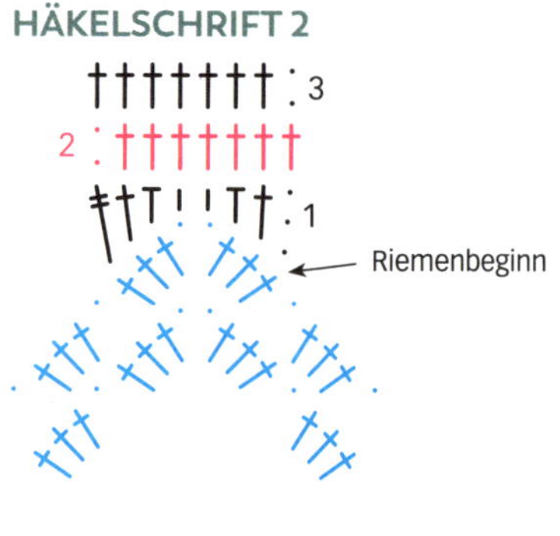

HÄKELSCHRIFT 3

24
23
22
21
20
19
18
17

· = Luftmasche
⌒ = Kettmasche
ı = feste Masche
† = Stäbchen
‡ = Doppelstäbchen

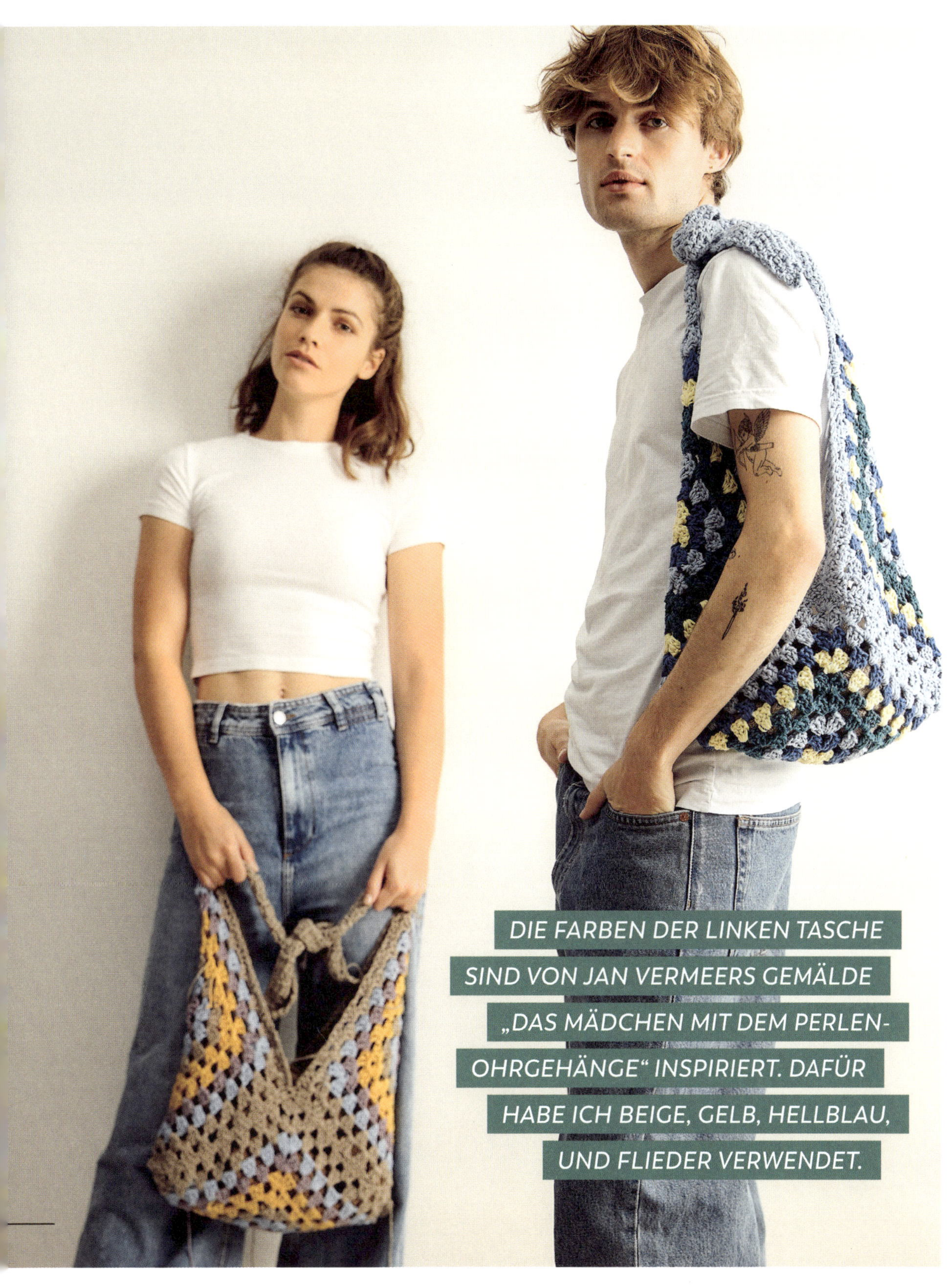

DIE FARBEN DER LINKEN TASCHE SIND VON JAN VERMEERS GEMÄLDE „DAS MÄDCHEN MIT DEM PERLEN-OHRGEHÄNGE“ INSPIRIERT. DAFÜR HABE ICH BEIGE, GELB, HELLBLAU, UND FLIEDER VERWENDET.

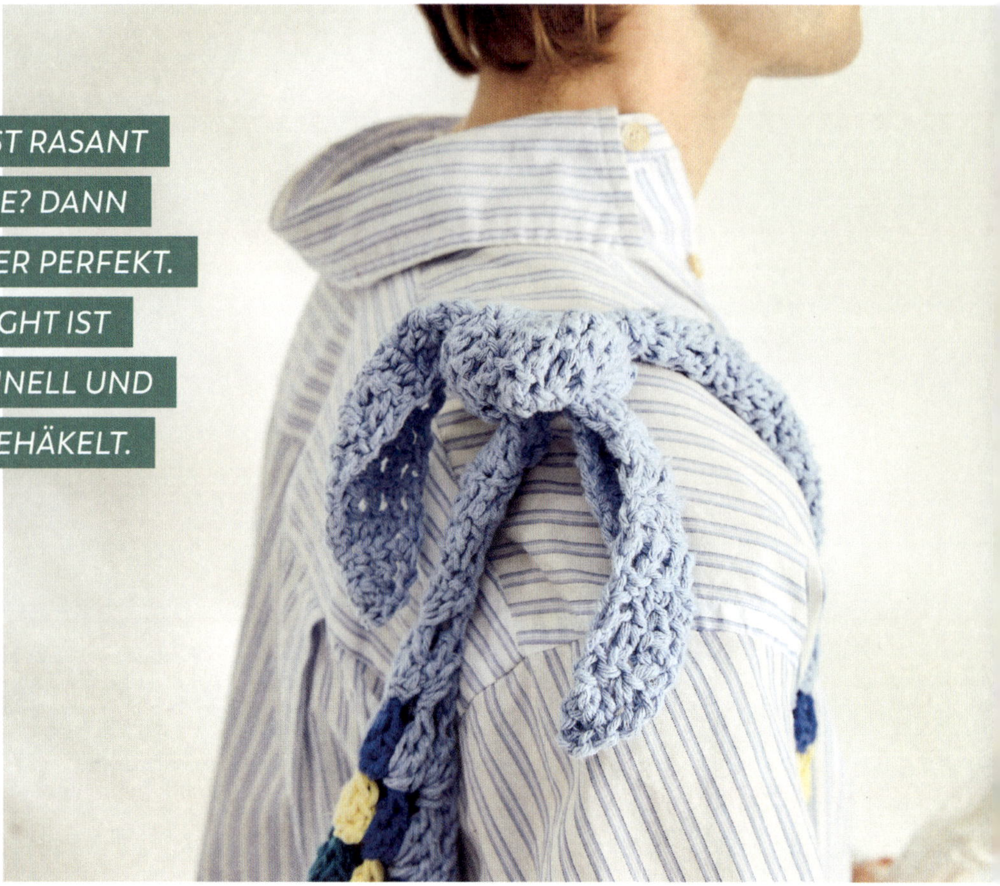

DU BRAUCHST RASANT EINE TASCHE? DANN IST DIESE HIER PERFEKT. STARRY NIGHT IST SUPER SCHNELL UND SIMPEL GEHÄKELT.

R 23: 2 Steige-Lm, 2 zusammen abgemaschte Stb (= Abnahme), 1 Stb, wenden.
R 24: 2 Steige-Lm, 2 zusammen abgemaschte Stb (= Abnahme).

Schneide das Garn ab, ziehe es durch die Schlinge und vernähe es.

FERTIGSTELLEN

Ordne nun die Granny Squares wie auf dem Foto zu sehen an und nähe sie mit etwa 1 m hellblauem Garn vorne und hinten zusammen. Verknote die Riemen zu einem Taschenträger.

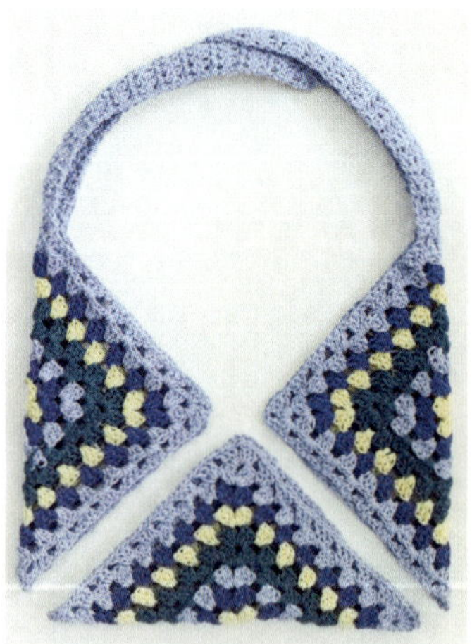

OPTION: CLUTCH

Für eine etwas kleinere Tasche häkelst du die Granny Squares kleiner. Beende die Granny Squares dafür bereits nach der 6. Rd.

Auch die Taschenriemen werden kürzer gehäkelt. Beginne dafür bereits nach der 14. R mit den Abnahmen, wie in der Häkelschrift 3 (R 19–24) dargestellt.

Hier siehst du eine Variante in Rot und Weiß gehäkelt sowie eine Variante in Rosa und Rot.

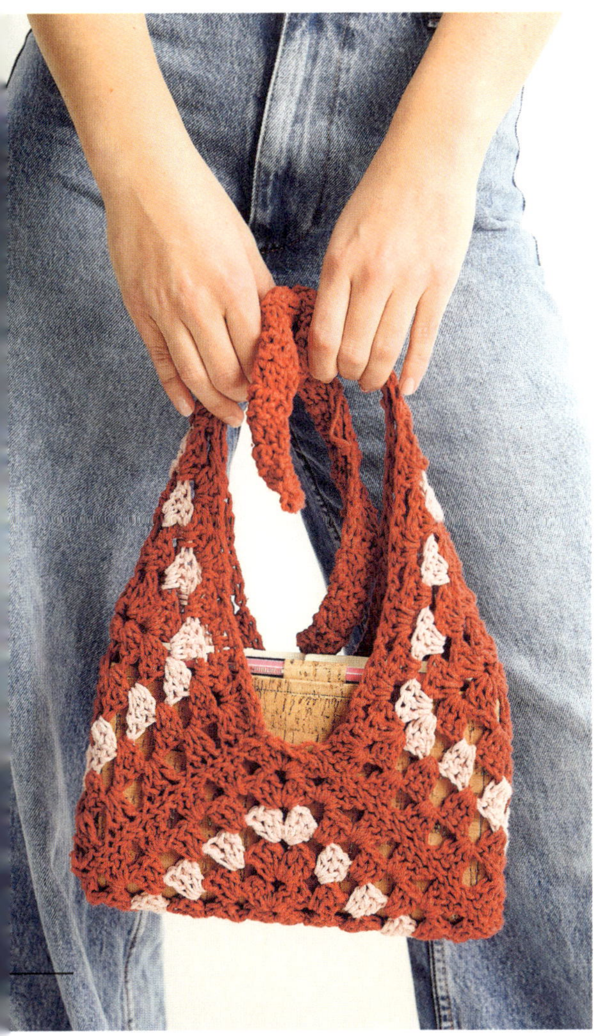

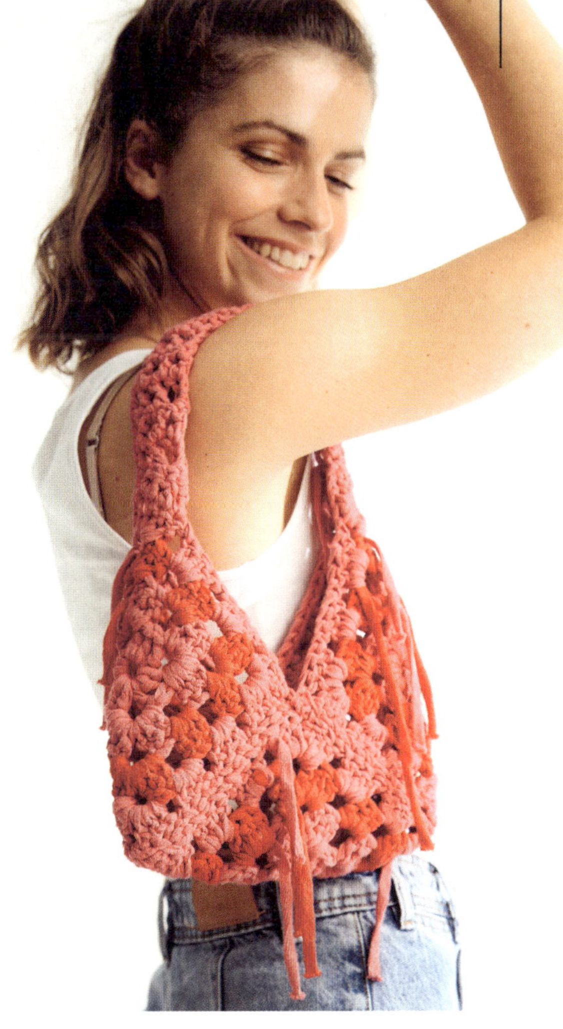

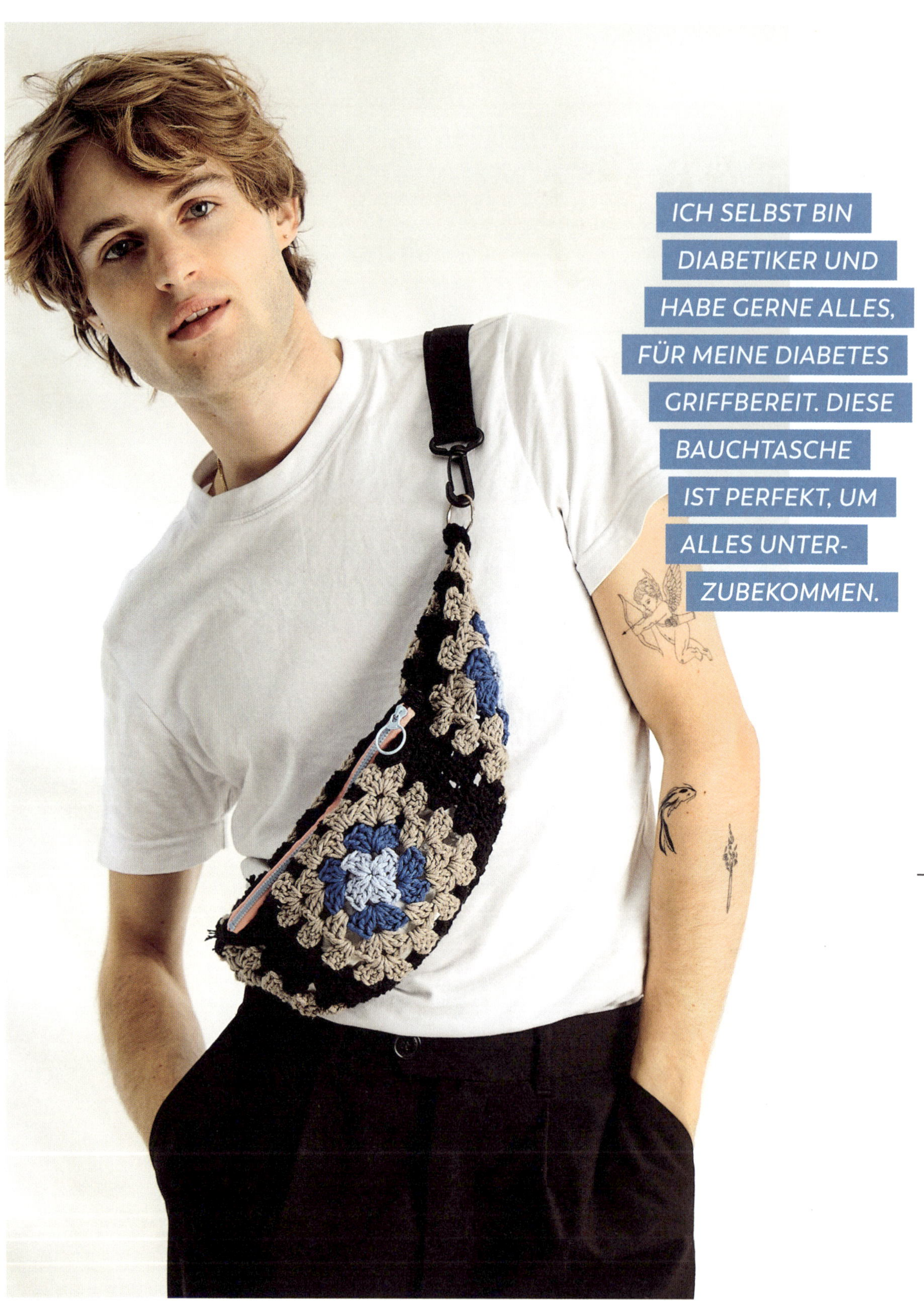

ICH SELBST BIN DIABETIKER UND HABE GERNE ALLES, FÜR MEINE DIABETES GRIFFBEREIT. DIESE BAUCHTASCHE IST PERFEKT, UM ALLES UNTER-ZUBEKOMMEN.

MATERIAL

- Hoooked Eco Barbante (80 % recycelte Baumwolle, 20 % andere Fasern, LL 200 m/200 g) in Schwarz, 150 g, in Beige, Hellblau und Dunkelblau, je 50 g
- Häkelnadel 5,0 mm
- Schere
- Wollnadel
- Nähmaschine (optional)
- Reißverschluss (optional)
- 1 Taschenriemen
- 2 Karabiner (optional)
- 2 Metallringe, ø 2-3 cm

Die Blue-Eye-Bag hat liegend eine Breite von ca. 44 cm und eine Höhe von ca. 14 cm.

ANLEITUNG

FARBFOLGE

1 Rd in Hellblau, 1 Rd in Dunkelblau, 2 Rd in Beige, 1 Rd in Schwarz.

GRANNY SQUARE (4x)

Beginne mit Hellblau. Es wird in Rd gehäkelt.

Rd 0: Schlage 4 Lm an und schließe die Lm-Kette mit 1 Km in die 1. Lm zum Ring.
Rd 1: 2 Steige-Lm (ersetzt das 1. Stb), 2 Stb, * 2 Lm, 3 Stb, ab * noch 2x wdh, 2 Lm, 1 Km in die 2. Steige-Lm. Schneide das Garn ab und ziehe es durch die Schlinge.
Rd 2 (Dunkelblau): Befestige das dunkelblaue Garn mit einem Knoten an einer der Ecken/Lm-Bogen der 1. Rd. Häkle nun 2 Steige-Lm (ersetzt das 1. Stb), 2 Stb, 2 Lm und 3 Stb um die beiden Lm der Ecke. * 1 Lm, 3 Stb, 2 Lm und 3 Stb in die folgende Ecke häkeln. Ab * noch 2x wdh und ende mit 1 Lm und 1 Km in die 2. Steige-Lm. Schneide das Garn ab und ziehe es durch die Schlinge.
Rd 3 (Beige): Befestige das beigefarbene Garn mit einem Knoten an einer der Ecken/Lm-Bogen der 2. Rd. Häkle nun 2 Steige-Lm (ersetzt das 1. Stb), 2 Stb, 2 Lm und 3 Stb um die beiden Lm der Ecke. * 1 Lm, 3 Stb in die folgende Lm der Vor-Rd häkeln. 1 Lm, 3 Stb, 2 Lm und 3 Stb in die folgende Ecke häkeln. Ab * noch 2x wdh und ende mit 1 Lm, 3 Stb um die folgende Lm der Vor-Rd, 1 Lm und 1 Km in die 2. Steige-Lm. Schneide das Garn ab und ziehe es durch die Schlinge.
Rd 4 und 5: Nach dem Prinzip der 3. Rd oder nach der Häkelschrift in der Farbfolge weiterhäkeln. Nach der 5. Rd alle Fäden vernähen.

BLUE EYE BAG

HÄKELSCHRIFT 1

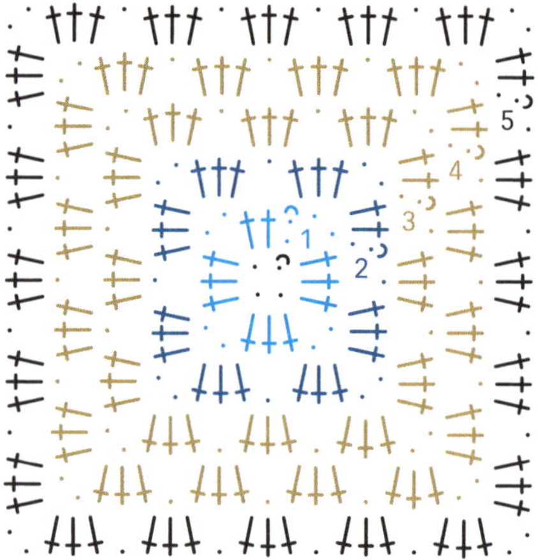

· = Luftmasche
ᴖ = Kettmasche
† = Stäbchen

TASCHENRIEMEN

Befestige die Metallringe an den entsprechenden Granny Squares wie auf dem Foto abgebildet und hänge die Karabiner ein.
Du kannst hierfür auch Taschenriemen häkeln wie auf S. 114 (Starry Night Tasche) beschrieben und gezeichnet.

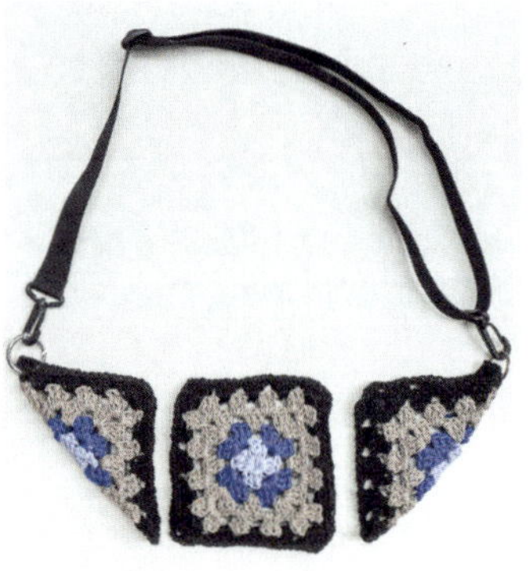

Befestige deinen Taschengurt an deiner Bauchtasche, falls du diese Variante gewählt hast oder verknote deine Taschenriemen.

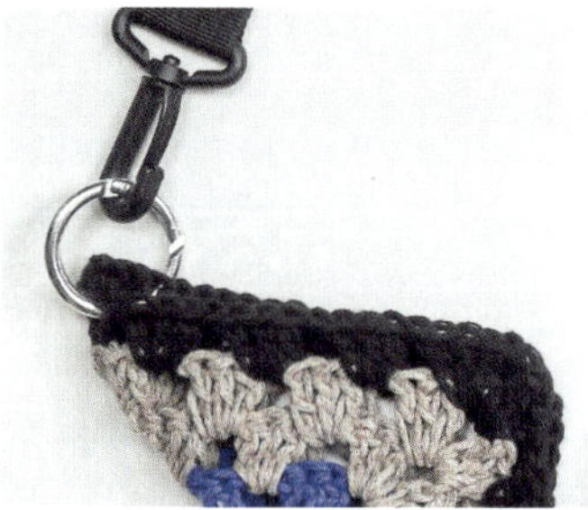

FERTIGSTELLEN

Ordne nun die Granny Squares wie auf dem Foto an und nähe mit schwarzem Garn und der Wollnd die Granny Squares vorne und hinten zusammen. Achte dabei darauf, dass du die obere Kante der mittleren Granny Squares offen lässt.

Nun kannst du einen Reißverschluss einnähen, um deine Bauchtasche zu schließen (optional). Du kannst die Öffnung aber auch offen lassen oder mit einem großen Knopf und einer gehäkelten Luftmaschen-Schlinge schließen.

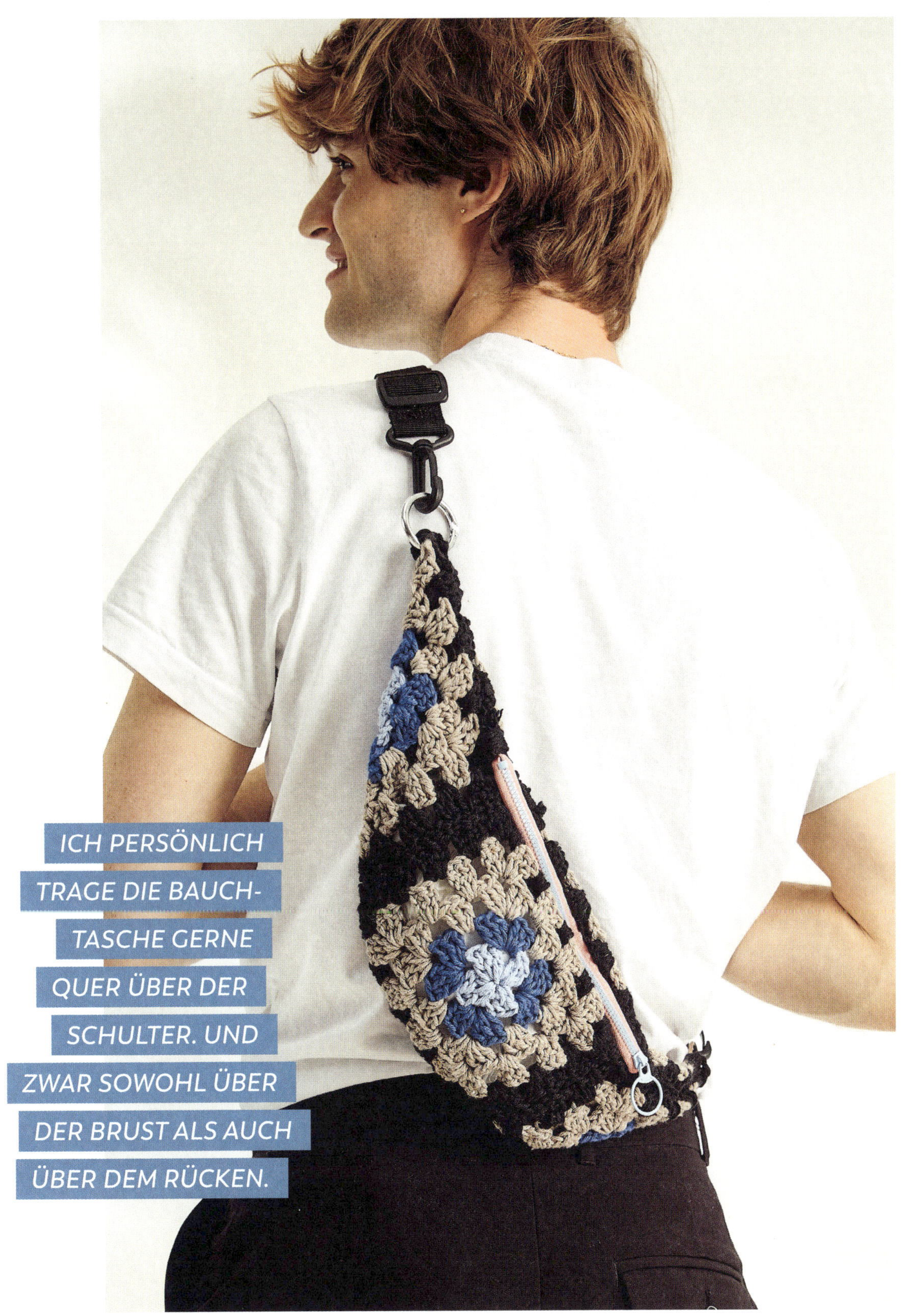

ICH PERSÖNLICH TRAGE DIE BAUCH-TASCHE GERNE QUER ÜBER DER SCHULTER. UND ZWAR SOWOHL ÜBER DER BRUST ALS AUCH ÜBER DEM RÜCKEN.

GOOD TO KNOW

LUFTMASCHE

Die Luftmasche ist die Basis jeder Häkelarbeit.

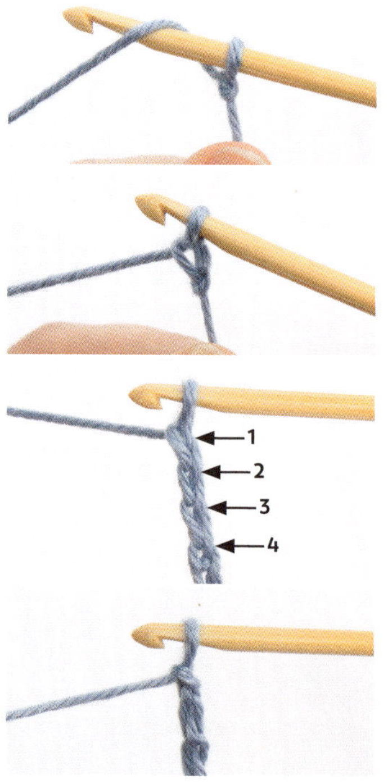

1 Den Fadenanfang direkt unter der Anfangsschlinge festhalten. Für die 1. Luftmasche den Arbeitsfaden mit der Häkelnadel holen, dafür die Nadel von unten um den Faden herum bewegen. Der Faden gleitet damit in den Haken. Der auf der Nadel liegende Faden wird auch als Umschlag bezeichnet.

2 Den Faden durch die Anfangsschlinge ziehen – die 1. Luftmasche ist gehäkelt.

3 Diesen Ablauf für jede folgende Luftmasche wiederholen, d.h. erneut den Faden auf die Nadel nehmen und durch die Schlinge ziehen. Dabei den Faden möglichst gleichmäßig festziehen. Beim Abzählen der Luftmaschen wird die Arbeitsschlinge, die auf der Nadel liegt, nicht mitgezählt.

4 So sieht die Rückseite der Luftmaschenkette aus. Von Masche zu Masche ist der Anfang jeder Fadenschlinge zu sehen.

STEIGELUFTMASCHE

Weil Häkelmaschen eine bestimmte Höhe besitzen, müssen Häkelnadel und Faden am Anfang der Reihe auf diese Höhe gebracht werden, damit die Reihe eine gerade Oberkante erhält. Nach dem Anschlag mit Luftmaschen werden hierfür die sogenannten Steigeluftmaschen gehäkelt. Die Zahl der erforderlichen Luftmaschen richtet sich nach der Maschenart, die gehäkelt werden soll.
Steigeluftmaschen ersetzen in der Regel die 1. Masche der 1. Reihe, die nicht wie gewohnt gehäkelt werden kann. In Anleitungen kann bei den Steigeluftmaschen ein Vermerk wie „ersetzt die 1. Masche" oder „zählt als 1. Masche" stehen.

KETTMASCHE

Zur Verdeutlichung sind die Kettmaschen in einer anderen Farbe über feste Maschen gehäkelt.

1 Die Häkelnadel unter den V-förmigen Maschengliedern einstechen und mit einem Umschlag den Faden holen.

2 Den Faden durch die Masche ziehen ...

3 ... und gleich weiter durch die Arbeitsschlinge ziehen, die auf der Nadel liegt.

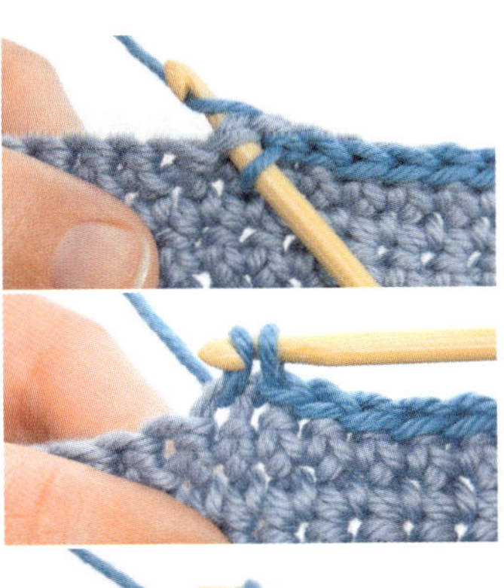

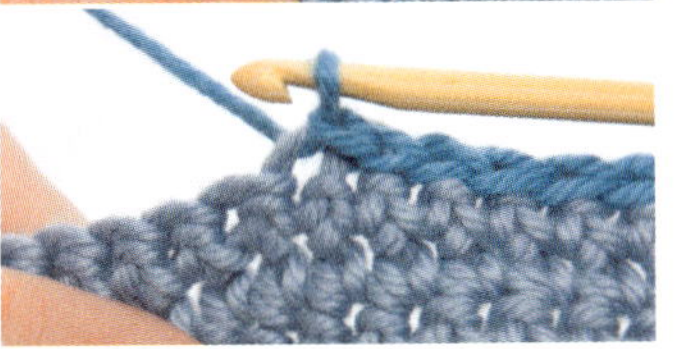

FESTE MASCHE

Zunächst die benötigte Anzahl Luftmaschen und zusätzlich 1 Luftmasche anschlagen.

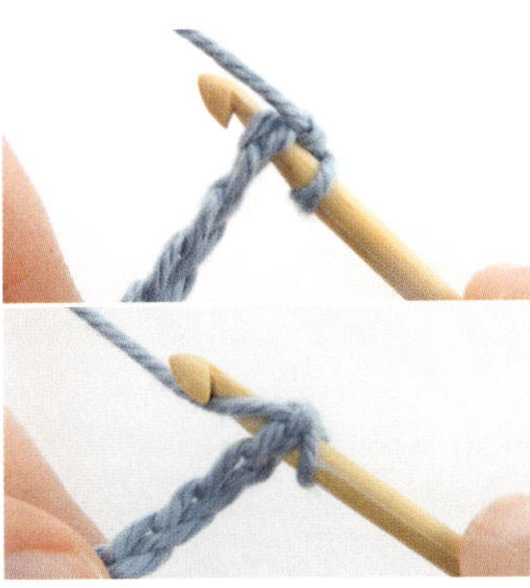

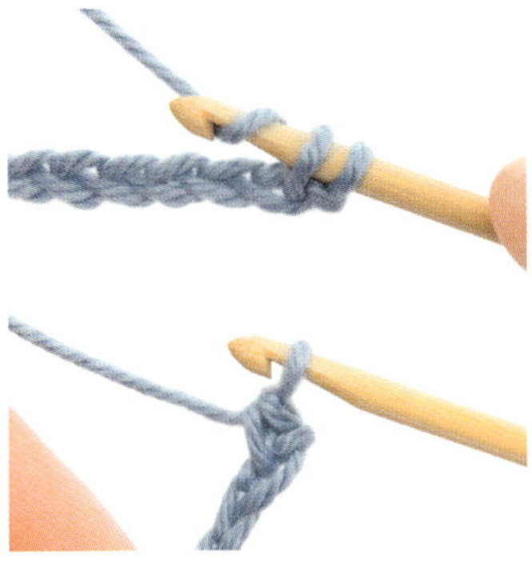

1 Mit der Häkelnadel in die 2. Luftmasche – ab der Nadel gezählt – einstechen, und zwar so, dass 2 Fäden der Luftmasche auf der Nadel liegen, 1 Faden liegt unter der Nadel.

2 Nun mit einem Umschlag den Arbeitsfaden auf die Nadel nehmen.

3 Den Faden durch die Luftmasche ziehen. Es liegen 2 Schlingen auf der Nadel. Nun den Faden erneut auf die Nadel nehmen.

4 Den Faden durch die 2 Schlingen auf der Nadel ziehen. Die 1. feste Masche ist gehäkelt.

HALBES STÄBCHEN

Zunächst die benötigte Anzahl Luftmaschen und zusätzlich 2 Luftmaschen anschlagen, um die Höhe eines halben Stäbchens für die 1. Reihe zu erreichen.

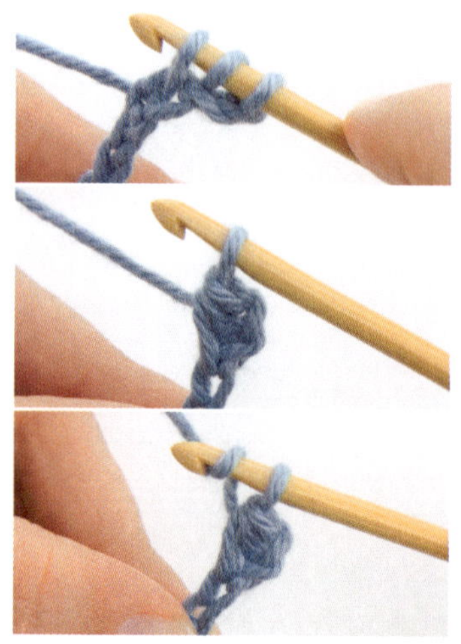

1 Für das 1. halbe Stäbchen einen Umschlag auf die Nadel nehmen und in die 3. Luftmasche – ab der Nadel gezählt – einstechen. Den Arbeitsfaden holen und durch die Luftmasche ziehen. Es liegen 3 Schlingen auf der Nadel.

2 Den Faden erneut auf die Nadel nehmen und durch alle 3 Schlingen auf der Nadel ziehen. Das 1. halbe Stäbchen ist gehäkelt.

3 Für das nächste halbe Stäbchen wieder einen Umschlag aufnehmen und in die nächste Luftmasche häkeln.

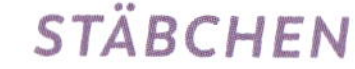

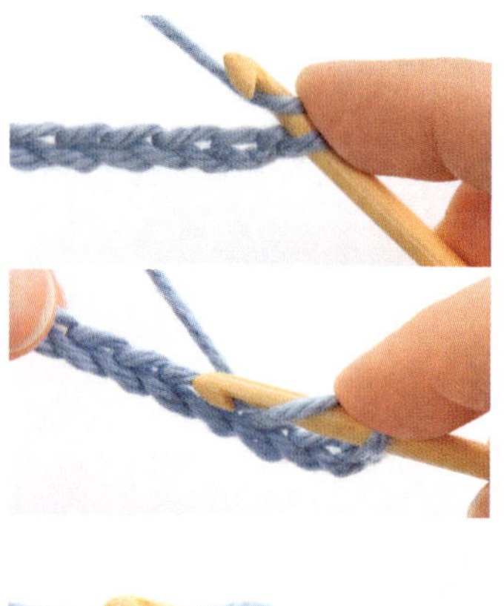

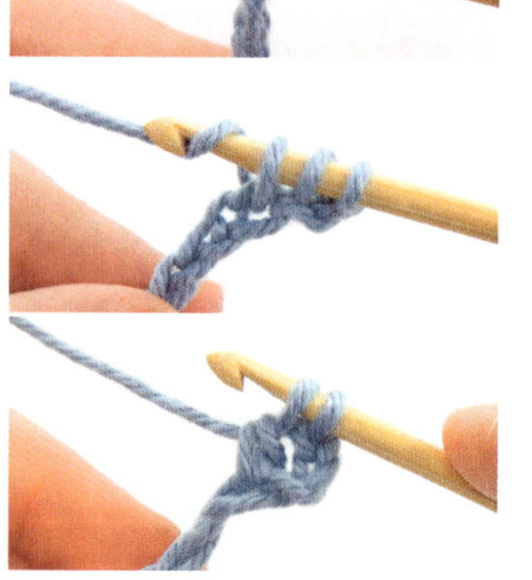

STÄBCHEN

Zunächst die benötigte Anzahl Luftmaschen und zusätzlich 3 Luftmaschen anschlagen, um die Höhe eines Stäbchens für die 1. Reihe zu erreichen.

1 Für das 1. Stäbchen einen Umschlag auf die Häkelnadel nehmen.

2 Nun in die 4. Luftmasche – ab der Nadel gezählt – einstechen, und zwar so, dass 2 Fäden der Luftmasche auf der Nadel liegen, 1 Faden liegt unter der Nadel.

3 Nach dem Einstechen den Arbeitsfaden erneut auf die Nadel nehmen.

4 Den Faden durch die beiden Maschenglieder der Luftmasche ziehen. Es liegen 3 Schlingen auf der Nadel. Nun nochmals einen Umschlag bilden.

5 Den Faden anschließend durch die ersten 2 Schlingen auf der Nadel ziehen. Es liegen noch 2 Schlingen auf der Nadel.

DOPPELSTÄBCHEN

Zunächst die benötigte Anzahl Luftmaschen und zusätzlich 4 Luftmaschen anschlagen, um die Höhe eines Doppelstäbchens für die 1. Reihe zu erreichen.

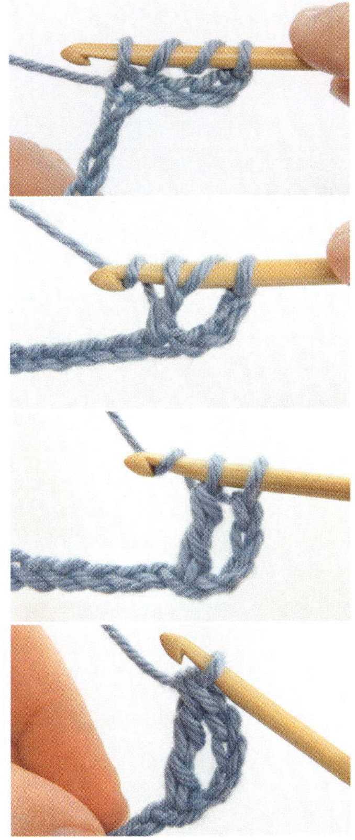

1 Für das 1. Doppelstäbchen 2 Umschläge auf die Nadel nehmen und in die 5. Luftmasche – ab der Nadel gezählt – einstechen. Erneut einen Umschlag auf die Nadel nehmen und den Faden durch die Luftmasche ziehen. Es liegen nun 4 Schlingen auf der Nadel.

2 Den Faden wieder auf die Nadel nehmen und durch die ersten 2 Schlingen auf der Nadel ziehen. Es liegen 3 Schlingen auf der Nadel. Dann erneut den Arbeitsfaden auf die Nadel nehmen.

3 Den Faden durch die nächsten 2 Schlingen ziehen. Es bleiben 2 Schlingen auf der Nadel. Den Arbeitsfaden ein letztes Mal aufnehmen.

4 Den Faden durch die letzten 2 Schlingen ziehen. Das 1. Doppelstäbchen ist gehäkelt.

MEHRFACHSTÄBCHEN

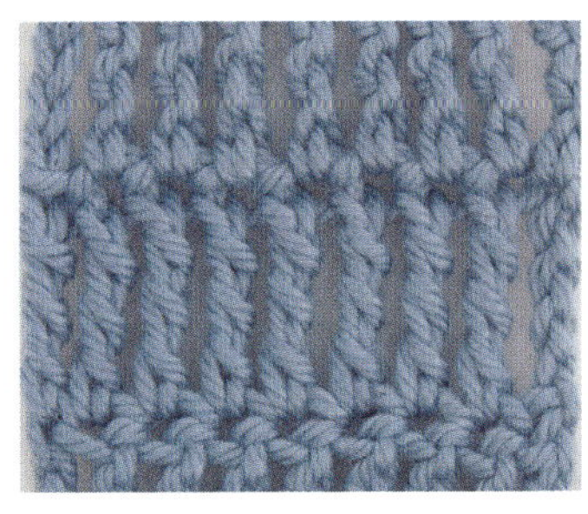

Ob dreifach, vierfach oder noch höher – alle Mehrfachstäbchen entstehen im Prinzip wie ein Doppelstäbchen.
Entscheidend ist die Anzahl der Umschläge, die vor dem Einstechen auf der Häkelnadel liegen – 3 Umschläge für das Dreifachstäbchen, 4 Umschläge für das Vierfachstäbchen usw. Die Schlingen werden stets paarweise und immer wieder mit einem neuen Umschlag abgemascht. Mit jedem zusätzlichen Anfangs-Umschlag wird die Masche höher. Das Foto zeigt Dreifachstäbchen.
Auch die Anzahl der Wendeluftmaschen muss der Maschenhöhe angepasst werden. Für ein Dreifachstäbchen sind es 5 Wendeluftmaschen, für jedes nächsthöhere Mehrfachstäbchen muss eine Wendeluftmasche mehr gehäkelt werden. Man erkennt ein Mehrfachstäbchen an den leicht schräg liegenden Querfäden, die übereinander liegen.

IN REIHEN HÄKELN

Vom Häkeln in Reihen spricht man, wenn man bis zu einem bestimmten Punkt – meist dem Reihenende – häkelt, die Arbeit wendet und auf der anderen Seite, der linken Seite der Arbeit, zum Ausgangspunkt zurückhäkelt.
Rechtshänder häkeln immer von rechts nach links in die Maschen der Vorreihe (bzw. des Anschlags am Anfang) und Linkshänder häkeln von links nach rechts.
Der Anschlag zählt praktisch als Reihe 0, die 1. Reihe und alle weiteren ungeraden Reihen sind die sogenannten Hinreihen und bilden die Vorderseite (die schöne oder rechte Seite) des Häkelstücks, die 2. und alle weiteren geraden Reihen sind die sogenannten Rückreihen und bilden die Rückseite (die linke Seite). Alle Maschen besitzen eine eindeutige Vorder- und Rückseite, die das Maschenbild beeinflussen.

WENDELUFTMASCHE

Da die Arbeit für die 2. und alle folgenden Reihen gewendet wird, spricht man ab der 2. Reihe nicht mehr von Steige-, sondern von Wendeluftmaschen. Diese Wendeluftmaschen können am Ende der Vorreihe und vor dem Wenden gehäkelt werden. Man kann aber auch die letzte Masche der Vorreihe häkeln, die Arbeit dann wenden und die erforderlichen Wendeluftmaschen häkeln. Auch in diesem Fall können die Wendeluftmaschen als Masche zählen oder nicht.

IN RUNDEN HÄKELN

Beim Häkeln in Runden wird die Arbeit nicht gewendet, sondern die letzte Masche einer Reihe wird mit der 1. Masche derselben Reihe verbunden und damit zur Runde geschlossen. Im Gegensatz zur Arbeit in Reihen wird hier immer auf der rechten Seite der Arbeit gehäkelt, sodass von allen Maschen stets nur die Vorderseite zu sehen ist. Dies hat erheblichen Einfluss auf die Maschenbilder der meisten Maschen.

RUNDE MIT EINER KETTMASCHE SCHLIESSEN

1 Um eine Runde mit 1 Kettmasche zu schließen, in die Masche einstechen und den Faden holen.

2 Den Faden durch die Masche und weiter durch die Arbeitsschlinge ziehen. Die Runde ist geschlossen. Für die nächste Runde wieder 1 Anfangsluftmasche häkeln.

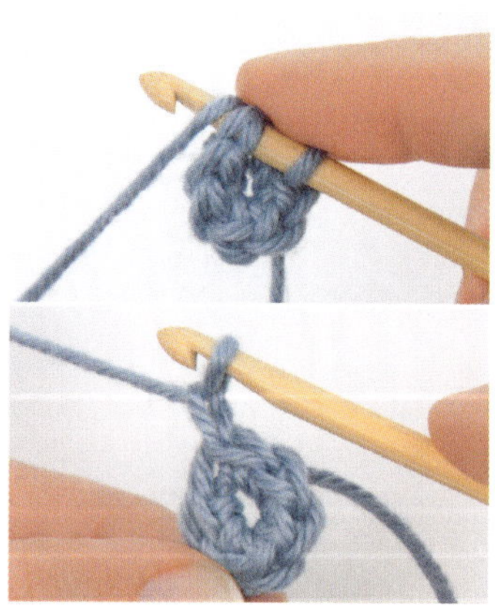

MAGIC-RING

Beim Beginn mit einem Magic-Ring wird die Öffnung komplett und dauerhaft geschlossen.

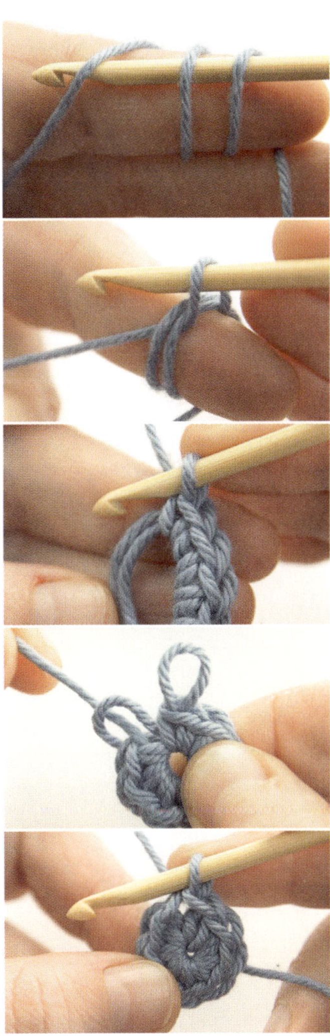

1 Für den Magic-Ring das Fadenende 2x von vorne nach hinten um den linken Zeigefinger wickeln, das Fadenende liegt rechts, der Arbeitsfaden links. Dann mit der Häkelnadel von rechts unter den 3 Fäden auf dem Finger einstechen und den Arbeitsfaden von links außen unter den beiden anderen Fäden durchholen.

2 Der Finger kann aus dem doppelten Fadenring herausgezogen und die Schlinge auf der Häkelnadel mit dem Arbeitsfaden verkleinert und an den Ring herangezogen werden.

3 Die 1. Runde beginnt mit den für die Maschen dieser Runde erforderlichen Steigeluftmaschen. Die Maschen der 1. Runde werden um den doppelten Fadenring gehäkelt.

4 Ist die gewünschte Maschenzahl für die 1. Runde gehäkelt, wird der Ring in zwei Schritten zusammengezogen. Dafür am Fadenende ziehen. Der Ring zieht sich zusammen, es bleibt eine kleine Schlaufe.

5 Noch einmal am Fadenende ziehen. Man spürt einen kleinen Widerstand. Dieser sollte sich lösen und der Ring sich vollständig schließen.

ABNAHME EINZELNER MASCHEN

Ob an den Rändern oder innerhalb einer Reihe oder Runde – das Prinzip der Abnahme von einzelnen Maschen ist in beiden Fällen gleich: Es werden 2 Maschen zusammengehäkelt. Dabei gehen die Maschenkörper unterhalb des Abmaschgliedes ineinander über, an der Kante bleibt nur ein einzelnes Abmaschglied sichtbar. Man nennt diesen Vorgang „zusammen abmaschen".

2 FESTE MASCHEN ZUSAMMEN ABMASCHEN

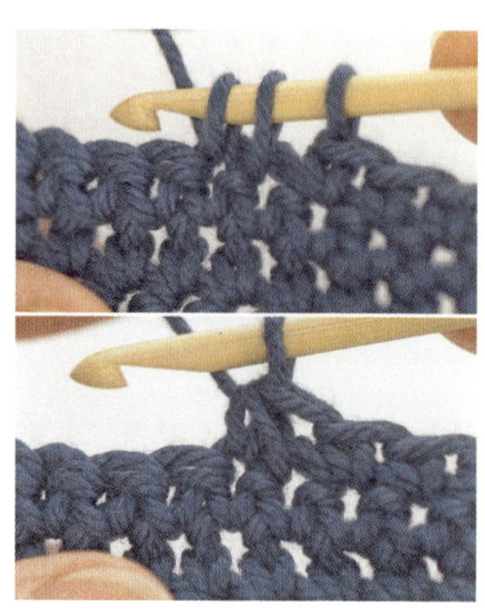

1 Sollen 2 feste Maschen zusammen abgemascht werden, für die 1. feste Masche einstechen und den Faden durchholen. Für die 2. feste Masche in die nächste Masche einstechen und den Faden durchholen. Es liegen 3 Schlingen auf der Nadel.

2 Den Faden noch einmal holen und durch alle 3 Schlingen ziehen. Die Maschen sind zusammen abgemascht, die Maschenzahl verringert sich um 1 Masche und es ergibt sich 1 gemeinsames Abmaschglied.

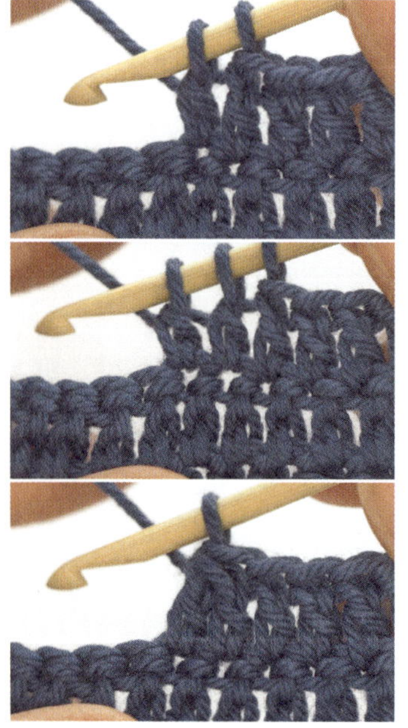

2 EINFACHE STÄBCHEN ZUSAMMEN ABMASCHEN

1 Sollen 2 Stäbchen zusammen abgemascht werden, zunächst das 1. Stäbchen bis auf die letzten beiden Schlingen abmaschen. Dafür 1 Umschlag auf die Nadel nehmen, einstechen und Faden durchholen, den Faden erneut holen und durch die ersten 2 Schlingen ziehen.

2 Diesen Vorgang für das 2. Stäbchen wiederholen, dabei in die nächste Masche einstechen. Es liegen 3 Schlingen auf der Nadel (= die jeweils letzte Schlinge beider Stäbchen und die Arbeitsschlinge).

3 Den Faden noch einmal holen und durch alle 3 Schlingen ziehen. Es sind 2 Stäbchen zusammen abgemascht, die Maschenzahl hat sich um 1 Masche verringert.

ZUNAHME EINZELNER MASCHEN

Ob an den Rändern oder innerhalb einer Reihe oder Runde – das Prinzip der Zunahme von einzelnen Maschen ist in beiden Fällen gleich. Es werden 2 Maschen in dieselbe Einstichstelle gehäkelt, die Masche wird somit „verdoppelt".

ZUNAHME EINZELNER MASCHEN INNERHALB DER REIHE

In die Einstichstelle der zuletzt gehäkelten festen Masche noch einmal 1 feste Masche häkeln. Die Masche ist verdoppelt, die Maschenzahl um 1 Masche erhöht.

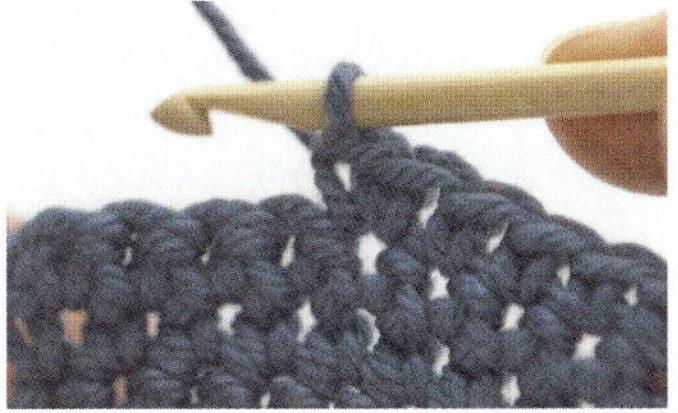

ZUNAHME EINZELNER MASCHEN AN KANTEN

Für Zunahmen an den Seitenkanten in die 1. und in die letzte Masche einer Reihe mit festen Maschen jeweils 2 feste Maschen häkeln.

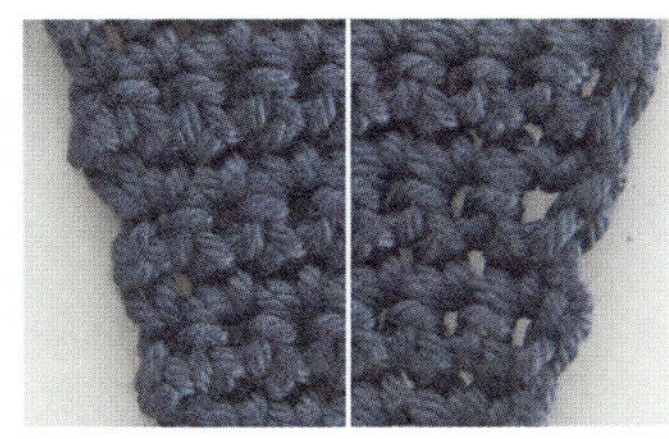

Bei höheren Maschen wie z.B. Stäbchen, am Reihenanfang nach den Wendeluftmaschen das 1. Stäbchen direkt in die letzte Masche der Vorreihe häkeln.
Am Reihenende 2 Stäbchen in die oberste der 3 Wendeluftmaschen häkeln.

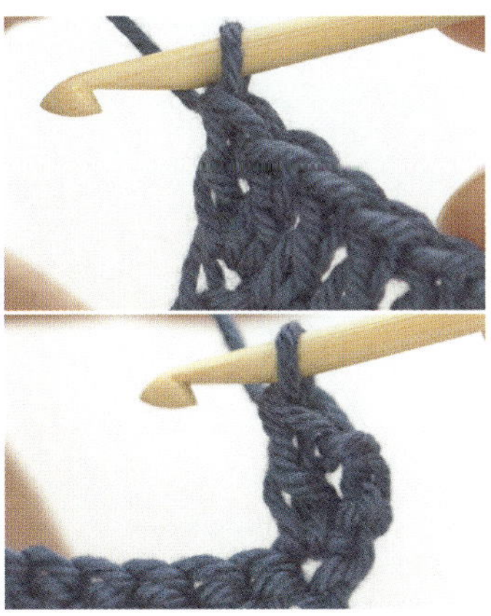

IN DAS HINTERE MASCHENGLIED HÄKELN

Die Maschen werden nur in die hinteren Maschenglieder der vorangehenden Reihe gehäkelt, es wird also nur der hinten liegende Faden des Maschenglieds erfasst.

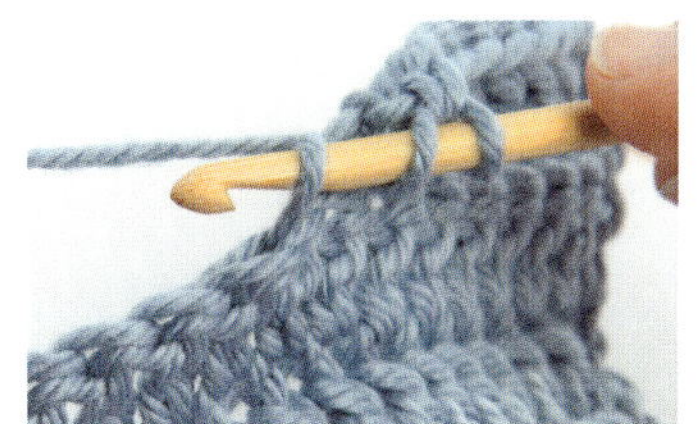

FARBWECHSEL

Der Wechsel zur neuen Farbe erfolgt bereits mit der letzten Masche in der alten Farbe – hier gezeigt am Beispiel von festen Maschen.

1 Für die letzte feste Masche der Reihe einstechen und den Faden durchholen.

2 Den Faden der neuen Farbe auf die Nadel nehmen und durch die beiden Schlingen auf der Nadel ziehen. Die Arbeitsschlinge erscheint in der neuen Farbe. Man spricht von einer Masche, die in der neuen Farbe abgemascht ist.

3 Eine Luftmasche häkeln, dann wenden. Es folgt die 1. Reihe in der neuen Farbe.

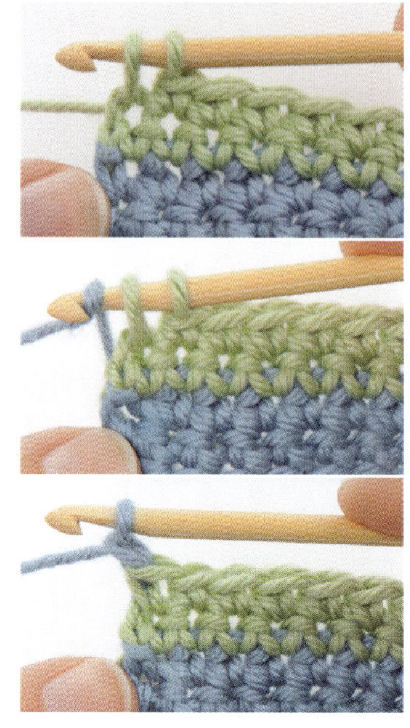

Hinweis: Wenn für ein Streifenmuster die Farbe nach 2 Reihen oder einer anderen geraden Reihenanzahl wechselt, können die Fäden bis zum erneuten Wechsel am Rand mitgeführt werden. So lässt sich das ständige Abschneiden und viele Vernähen umgehen.

GARN ÜBERHÄKELN/ MITFÜHREN

Den nicht verwendeten Faden an der Häkelkante auf die Abmaschglieder der zuletzt gehäkelten Reihe legen. Wie üblich in die Masche einstechen, Faden durchholen, Schlingen abmaschen. Bei diesem Vorgang wird der mitgeführte Faden umfasst und ist in den Maschenkörper eingebunden.

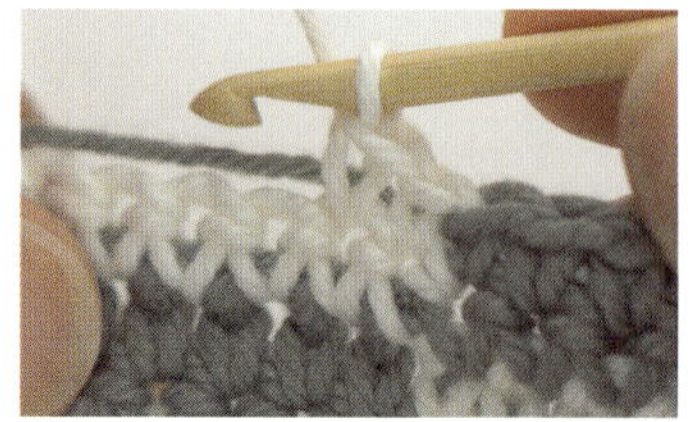

Hinweis: Auch wenn am Reihenbeginn die Garnfarbe nicht erneut gewechselt wird, ist es ratsam, die ungenutzten Spannfäden bis zu den seitlichen Kanten einzuhäkeln und vor dem Häkeln der Wendeluftmasche von vorne nach hinten über den Arbeitsfaden zu legen, sodass er eingebunden ist. Somit sind Dicke und Optik des Häkelteils über der ganzen Fläche gleich.

KNÖTCHENSTICH

An der entsprechenden Stelle, an der das Knötchen liegen soll, ausstechen. Den Faden zwei- bis dreimal um die Nadel wickeln und knapp neben der Ausstichstelle wieder einstechen. Die Wicklungen um die Nadel gleichmäßig locker anziehen, sodass diese an der Einstichstelle auf dem Stoff liegen. Dann den Faden durch die Wicklungen ziehen und das Knötchen vorsichtig anziehen.

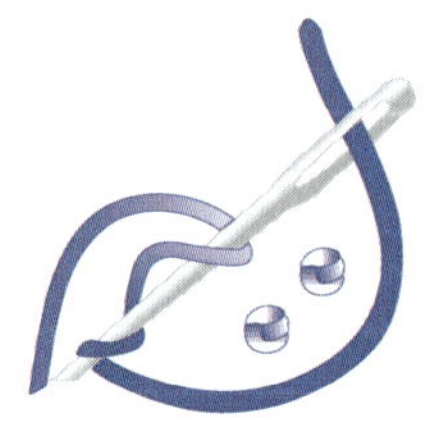

TEILE ZUSAMMENNÄHEN

Beim Zusammennähen der Häkelteile ist es sinnvoll, das Garn verwenden, mit dem auch gehäkelt wurde. Ausnahmen davon bilden Effektgarne, die nicht gleichmäßig dick sind. Auch sehr dicke Garne sind ungeeignet. In diesem Fall am besten ein farblich passendes, glattes Garn mit ähnlicher Materialzusammensetzung verwenden.

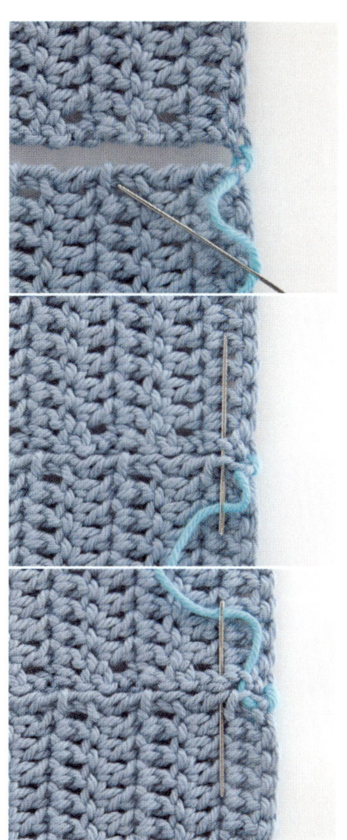

1 Teile mit der Rückseite nach oben, Kante an Kante, aneinander legen. Genäht wird von rechts nach links. Den Fadenanfang des Häkelteils mitbenutzen. Im Foto hat der Nahtfaden zur Verdeutlichung eine andere Farbe. Zuerst die Ecken mit einem Querstich verbinden. Dafür auf dem oberen Häkelteil von oben nach unten einstechen und beim unteren Häkelteil im Anfangspunkt wieder nach oben ausstechen. Den Faden durchziehen.

2 Für den nächsten Stich der Naht beim unten liegenden Teil einstechen und beim oberen Teil ausstechen. Den Faden durchziehen.

3 Nun wieder beim oberen Teil einstechen und auf gleicher Höhe beim unteren Teil ausstechen, den Faden durchziehen. Die Arbeitsschritte fortlaufend wiederholen. Bei Stäbchenreihen jeweils einen Verbindungsstich auf halber Reihenhöhe sowie einen zwischen den Reihen ausführen. Bei festen Maschen werden die Verbindungsstiche stets nach einer Reihe auf gleicher Höhe ausgeführt. Das Nahtende mit einem extra Querstich fixieren.

ABKÜRZUNGEN

anschl = anschlagen
arb = arbeiten
DStb = Doppelstäbchen
fM = feste Masche(n)
hStb = halbe(s) Stäbchen
Häkelnd = Häkelnadel
Km = Kettmasche(n)
LL = Lauflänge
Lm = Luftmasche(n)
M = Masche(n)
Nd = Nadel(n)
R = Reihe(n)
Rd = Runde(n)
Rückr = Rückreihe(n)
Stb = Stäbchen
U = Umschlag/Umschläge
Vor-R = Vorreihe(n)
Vor-Rd = Vorrunde(n)
wdh = wiederholen

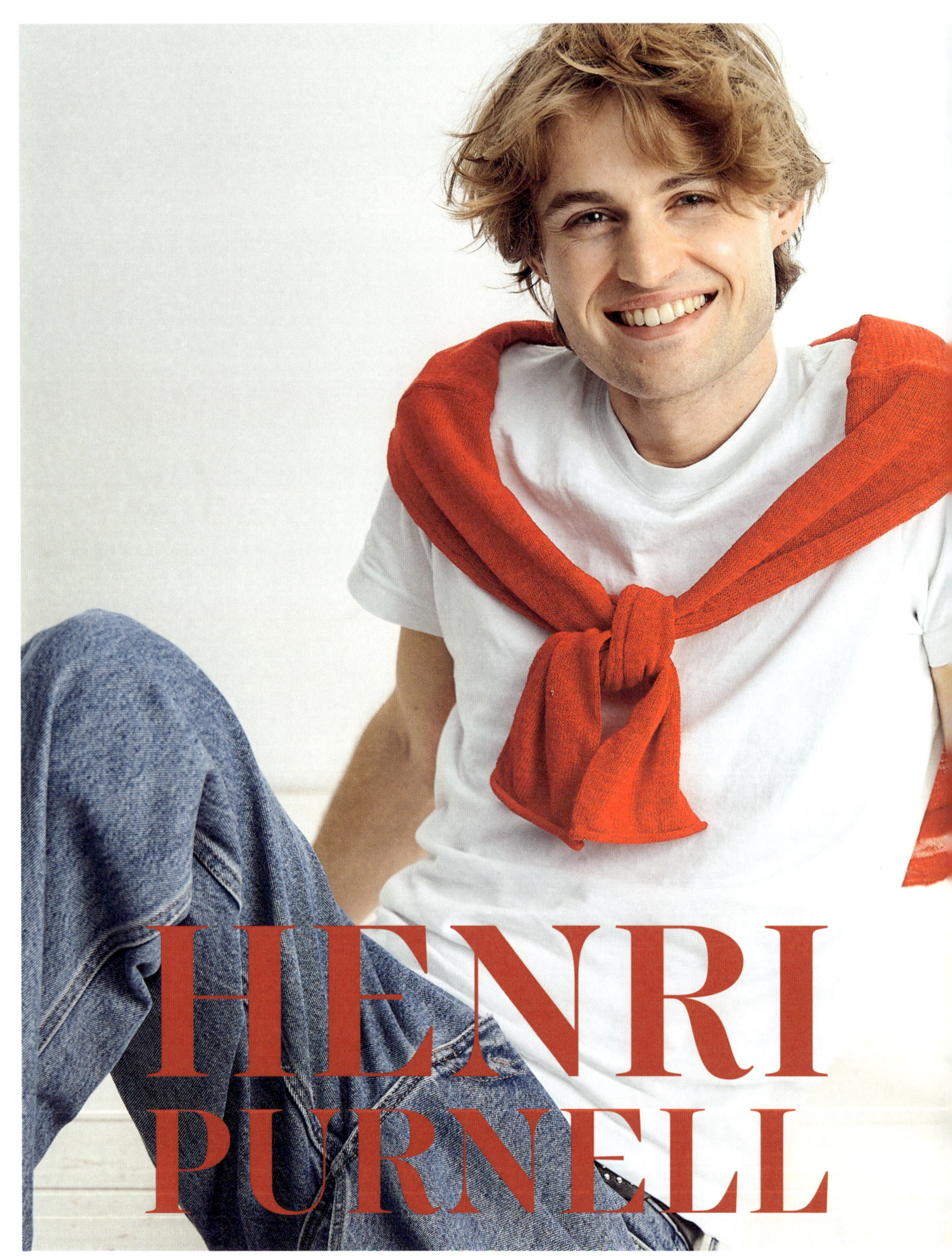

HENRI PURNELL

Henri Purnell ist halb Brite und halb Deutscher. Geboren in Offenbach am Main, wuchs der 25 jährige in München auf und lebt nun in Berlin. Er begeistert Millionen von Menschen mit seiner Kunst, sei es seine Musik oder seine DIY-Kreationen. Content Creation hat bei Henri Purnell viele Gesichter: Bereits als Kind hat er seine Leidenschaft für Musik und Instrumente, wie das Klavier und das Saxofon, entdeckt. Mit 14 hat er angefangen, eigene Songs zu schreiben. Als Producer arbeitete er auf seinen Tracks mit zahlreichen herausragenden Sänger:innen zusammen. Mittlerweile singt der Indie-Künstler seine Tracks selbst. Aber es geht auch komplett anders: Neben der Musik hat er während der Corona-Pandemie neue Ideen ausprobiert: Seine Designs aus Häkeln, Sticken und DIY haben plötzlich seine Community genauso begeistert wie seine Musik. Das hat ihm gezeigt, dass Kreativität völlig verschiedene Gesichter und Ausdrucksformen haben kann. Zu Beginn des Lockdowns im Jahr 2020 begeisterte Harry Styles mit seinem Patchwork-Cardigan auch Henri so sehr, dass er zur Häkelnadel griff. So entstand ein komplett neues Kapitel in seinem Leben. Henri brachte sich über YouTube-Tutorials die Technik selbst bei. Dabei fiel ihm auf, dass es kaum coole und trendige Tutorials auf YouTube gab. Schnell war für ihn klar, dass er dies ändern möchte. So teilte er seine Neuinterpretation seines Harry-Styles-Cardigans auf YouTube und erzielte mehrere hunderttausend Klicks. Auch über seine anderen Social-Media-Kanäle versucht Henri die Menschen so oft es geht mitzunehmen und an seinem Leben teilhaben zu lassen. So wird jede neue Idee zu einem Gemeinschaftsprojekt. Nun steht ein neues großes Projekt vor der Tür: ein Häkelbuch. Hier sammeln sich Anleitungen seiner liebsten Häkelprojekten. Henri möchte mit seinen Kreationen in Verbindung mit seiner Musik und seiner ersten EP das verstaubte Bild des Häkelns neu interpretieren. So häkelt er sich seine Kostüme für Musik-Videos und Musik-Cover selbst und inszeniert die Technik als Kunst neu. In diesem Buch findest du zahlreiche Projekte von gehäkelten Blumen, über trendige Accessoires bis hin zu ausgefallenen Kleidungsstücken. Lerne Henri Purnells Häkelwelt kennen und erfahre mehr über die Hintergrundgeschichte seiner Häkelprojekte.

DANKE!

Dieses Häkelbuch kam in erster Linie durch meine Community auf Social Media zustande, meinen Besties. Daher danke ich euch allen da draußen, dass wir gemeinsam dieses Buch möglich gemacht haben.

Ein riesen Dank an meine größten Supporter: meinen Eltern und meinen Schwestern Laura & Emi. Danke, dass ihr mich immer unterstützt habt und in jeder Hinsicht jedes Mal auf neue von meinen Häkelkreationen begeistert wart. Danke, dass ihr auch das eine oder andere Mal als Model herhalten musstet.

Des Weiteren danke ich meinen Freunden Pema, Belina und Moni, die mich bei vielen Kreationen und beim Schreibprozess unterstützt haben.

Einen großen Dank geht an meine Management-Team Alina, Yassi, Kathi & Flo die dieses Projekt zustande gebracht haben und mich hierbei assistierten. Auch ein großes Dankeschön an mein Musikmanagement: Lisa, Sven, Phil & Jan für die vielen Häkelideen für die Musik. Vor allem in dem Prozess, das Häkeln mit meiner Musik zu verbinden und als Kunst neu zu erfinden.

Außerdem danke ich meinem Musiklabel Believe Natalie und Laura, für die Unterstützung der Veröffentlichung meiner EP und für die Einbindung meiner Häkelprojekte.

Ich danke auch dem frechverlag für die tolle Umsetzung und Betreuung des Buches, besonders Mareike und Christiane für die Leitung des Projektes. Vielen Dank an Eva für die tollen Bilder, die den Inhalt des Buches schön ausschmücken. Zu guter Letzt danke ich dem Lektorat für die zahlreichen Fehler, die ausgebessert werden mussten.

Auch danke ich meinem Fotografen Lih für das tolle Cover Bild, meiner Oma Lili für das große Blumen-Fachwissen, meiner Nichte Juni, die mich in den letzten Zügen des Schreibens stärkte und motivierte.

Zudem danke ich meinem Schwager Giorgio für die smarte Idee einer Granny Square Tasche.

Danke auch an das großartige Team von Hoooked für den zahlreichen Support an Garn und an Corinna von Prym für die Ausstattung meiner Häkelutensilien.

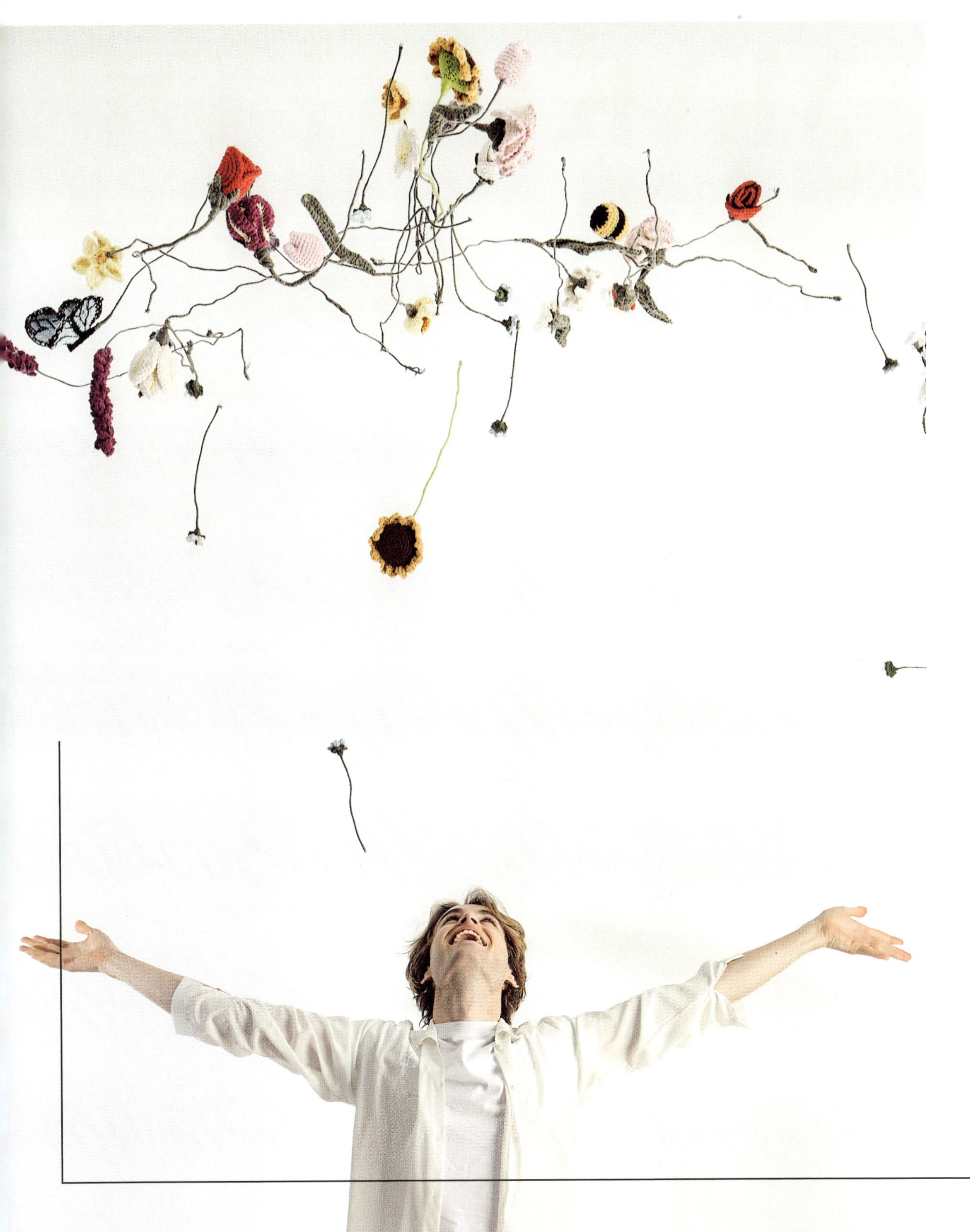

MAKING-OF
KOMMT MIT HINTER DIE KULISSEN

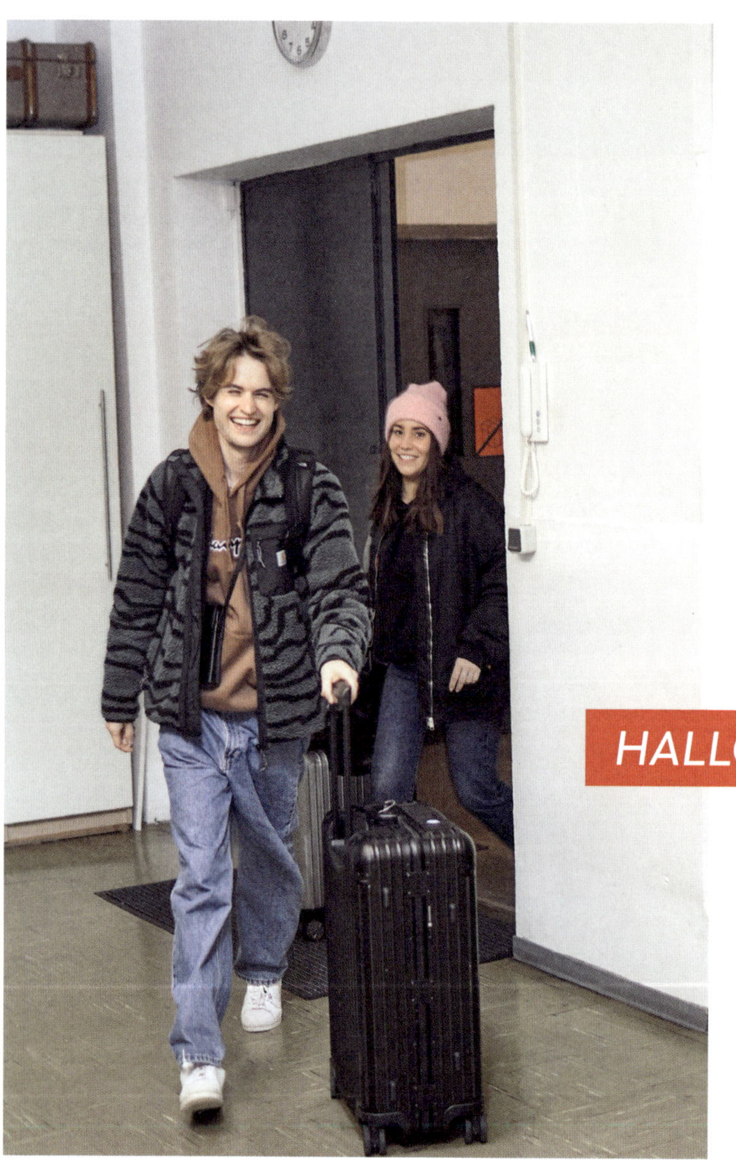

Hey Besties, bis ein Buch fertig ist, gibt es viele unterschiedliche Schritte, die zu beachten sind. Die Modelle häkeln und das Schreiben der Anleitungen sind dabei nur der Anfang. Die Blumen, Mützen, Taschen, Pullover, Lesezeichen etc. müssen im Buch ordentlich in Szene gesetzt und fotografiert, die Texte mehrmals Korrektur gelesen und die Häkelschriften und anderen Zeichnungen angefertigt werden, um nur ein paar Dinge zu nennen. Auf diesen Seiten zeige ich euch, wie es im Fotostudio war:

HALLO STUTTGART!

Für meine Managerin Alina und mich ging es morgens in Berlin richtig früh los, damit wir pünktlich um 11:00 Uhr im Fotostudio in Stuttgart eintrafen.

Als erstes hat sich Haar- und Make-up Artistin Jasmin darum gekümmert, dass ich auf den Fotos so gut wie möglich aussehe.

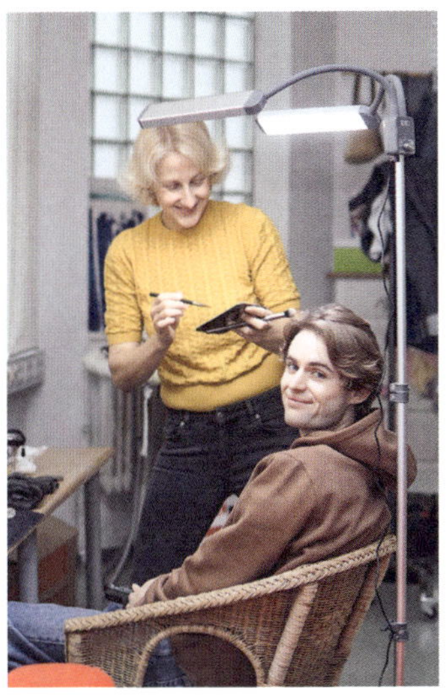

Aber nicht nur ich musste abgepudert werden, auch unser Modell Anna wurde noch einmal professionell gestylt.

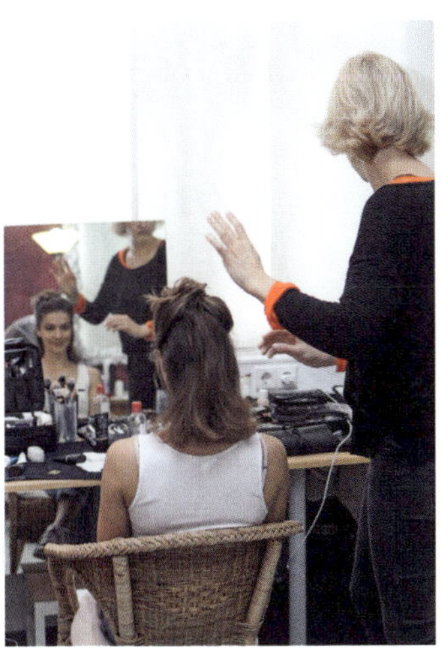

Dann ging es los mit dem eigentlichen Shooting. Hier habe ich gerade die Blumen zusammengestellt, die ich auf dem Flower-Crown-Foto auf Seite 39 trage.

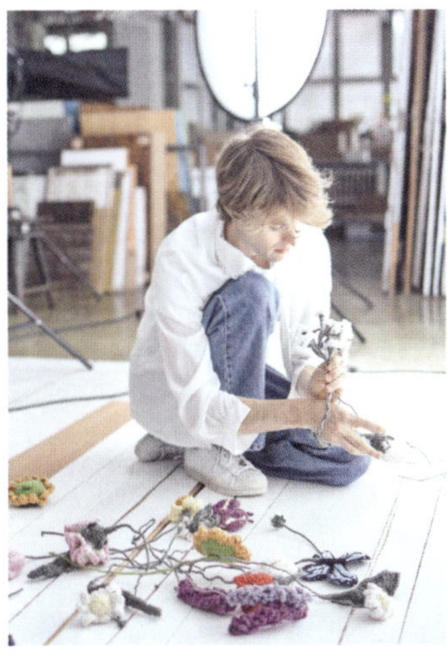

Zwischendurch habe ich mit Cris noch ein Interview geführt, um euch noch etwas mehr über mich und meine Häkelleidenschaft zu erzählen.

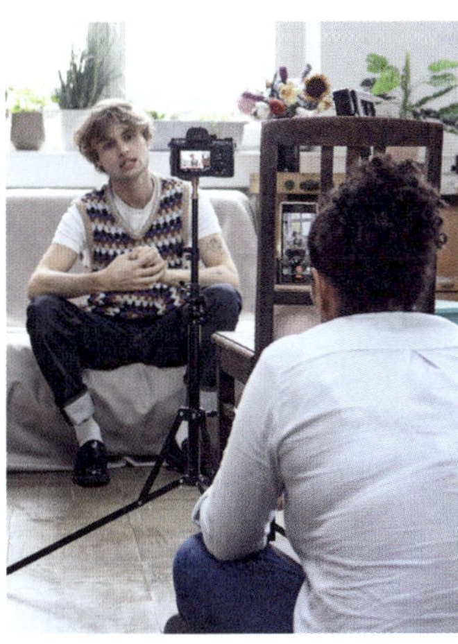

Und meine Besties habe ich während des Shootings natürlich auch nicht vergessen und mit den neuesten Infos auf Insta, Tiktok und Co. versorgt.

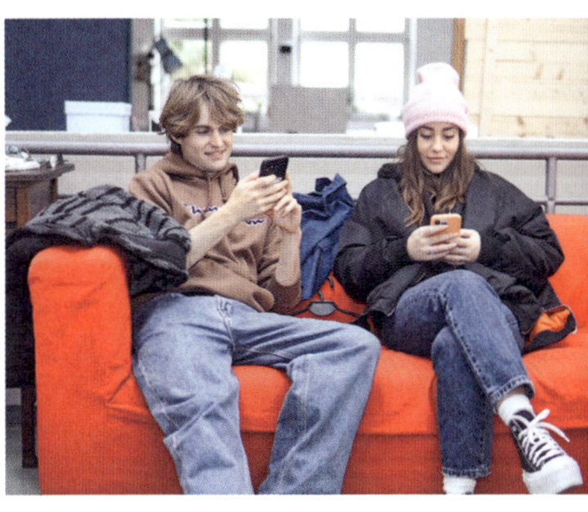

Nach zwei Tagen war es dann geschafft und alle Fotos waren im Kasten. Hier seht ihr noch einmal das Team von den zwei Shooting-Tagen. Von links nach rechts: Mareike (Produktmanagerin), Eva (Fotografin), Janina (Haar- und Make-up-Artistin), ich ☺, Alina (meine Managerin), Anna (Model).

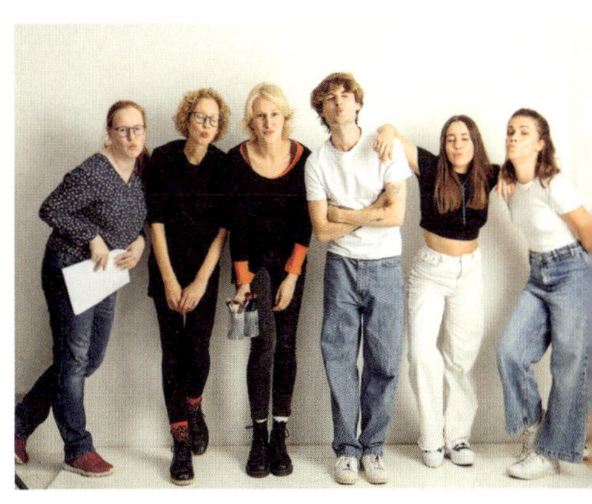

BUCHEMPFEHLUNGEN FÜR DICH

Noch mehr kreative Bücher zum gleichen Thema gesucht?

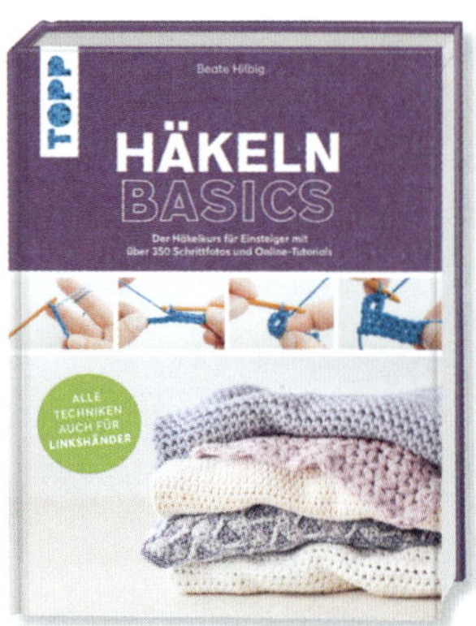

ISBN 978-3-7724-4891-1

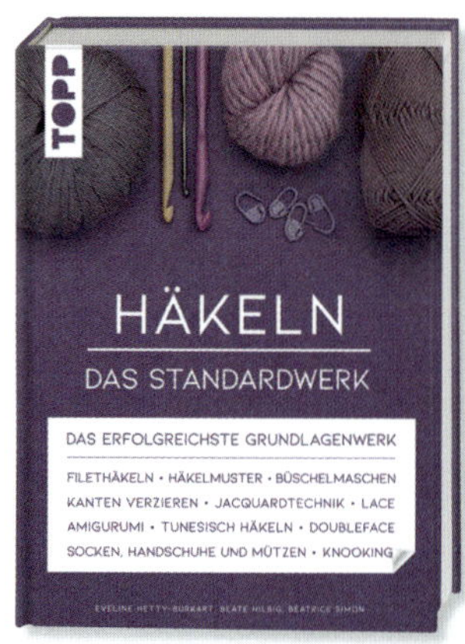

ISBN 978-3-7724-4885-0

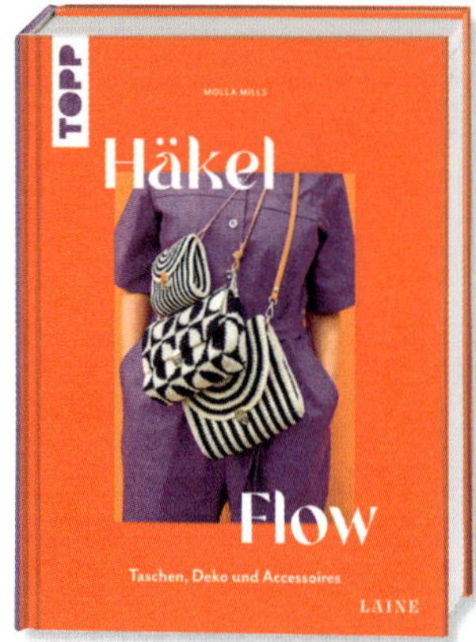

ISBN 978-3-7358-7031-5

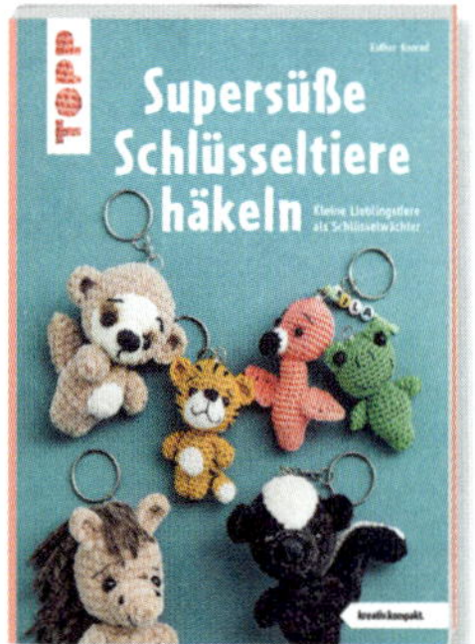

ISBN 978-3-7358-7050-6

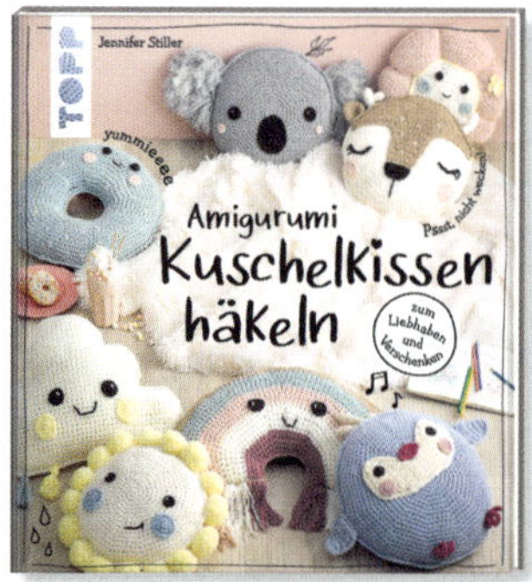

ISBN 978-3-7358-7013-1

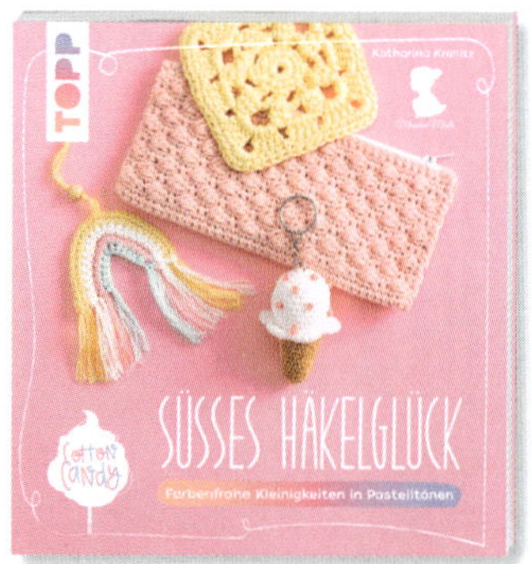

ISBN 978-3-7724-4897-3

Noch mehr Kreativ-Bücher findest du auf www.TOPP-kreativ.de

#TOPPPROJEKT

Die eigene Kreativität zeigen: TOPPprojekt mit anderen Kreativen teilen und Teil der Gemeinschaft werden.

DIY-begeistert und auf Instagram? Dann unbedingt mitmachen! Hier gibt's Tipps und Feedback zu den eigenen Projekten. Außerdem verlosen wir jeden Monat ein Überraschungspaket. Um am Gewinnspiel teilzunehmen, einfach ein Bild vom Kreativ-Projekt aus unseren Büchern mit #TOPPprojekt posten und unserem Account @frechverlag folgen. Mehr Infos auf TOPP-kreativ.de/TOPPprojekt

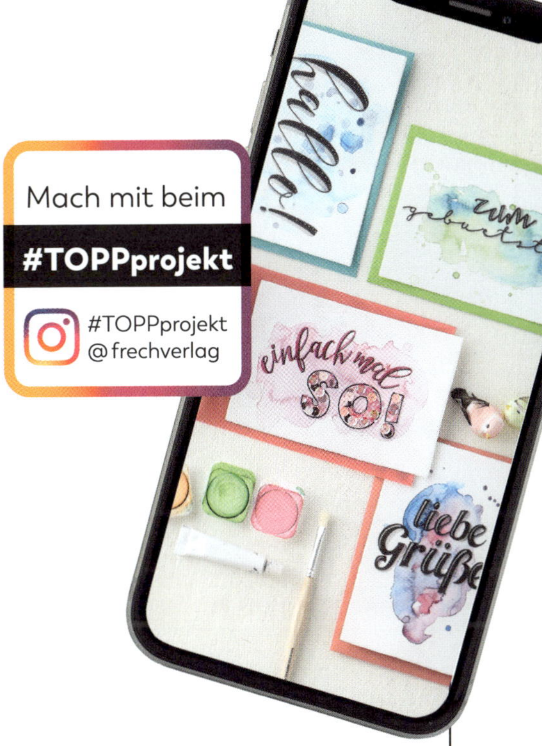

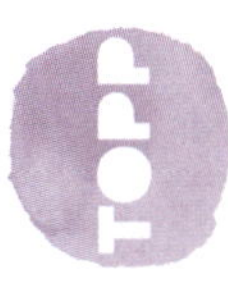

Webseite

Auf TOPP-kreativ.de gibt es ein riesiges Angebot von über 1.000 Kreativbüchern, Sets und mehr zu entdecken.

Newsletter

Immer als Erstes von unseren Neuheiten und Sonderaktionen erfahren: TOPP-kreativ.de/newsletter

Instagram

@frechverlag

Pinterest

pinterest.com/frechverlag

Facebook

facebook.com/frechverlag

DigiBib

Hier gibt es zusätzlich zu einigen unserer Bücher digitale Extras, wie Video-Tutorials, Plotter-Dateien, Vorlagen, Übungsblätter und vieles mehr. Einfach im Impressum eines TOPP-Buchs nachschauen, ob dort ein Code vorhanden ist, und exklusive Inhalte freischalten. TOPP-kreativ.de/digibib

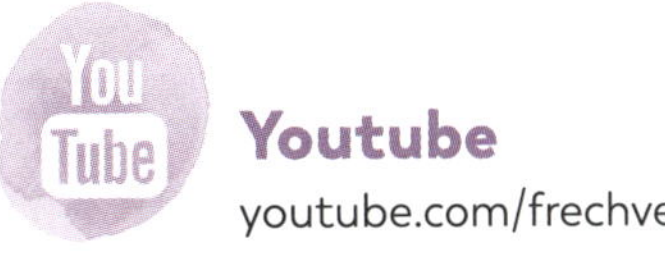

Youtube

youtube.com/frechverlag

IMPRESSUM

Hilfestellung zu allen Fragen, die Materialien und Kreativbücher betreffen:
Frau Erika Noll berät Sie. Rufen Sie an oder schreiben Sie eine E-Mail:
Telefon: 0711/12375720* *normale Telefongebühren
E-Mail: mail@kreativ-service.info

Fotos: Lih Tsan, Capadol (Cover); frechverlag GmbH, 70839 Gerlingen; lichtpunkt, Michael Ruder, Stuttgart (alle übrigen)
Produktmanagement: Lisa Sutor, Mareike Upheber
Lektorat, Häkelschriften und Schemazeichnungen: Sabine Schidelko, Nürnberg
Cover und Layout: Eva Hook
Satz: Petra Theilfarth
Druck und Bindung: Neografia, Slowakei

1. Auflage 2023

ISBN 978-3-7358-7047-6
Best.-Nr. 27047

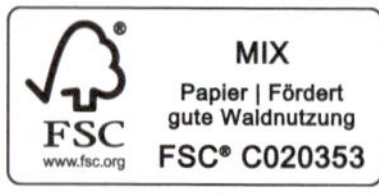

Penguin Random House Verlagsgruppe
FSC® N001967

HE

PUR